高等学校创新性数智化应用型经济管理规划教材（智能会计系列）

总主编 / 李雪　　主审 / 徐国君

韩真真 ◎ 主编

赵珍珍　张灿灿 ◎ 副主编

云会计信息系统

立信会计出版社
LIXIN ACCOUNTING PUBLISHING HOUSE

图书在版编目(CIP)数据

云会计信息系统 / 韩真真主编. --上海：立信会计出版社，2024.7. --("十四五"高等学校创新性数智化应用型经济管理规划教材). -- ISBN 978-7-5429-7671-0

Ⅰ.F232

中国国家版本馆 CIP 数据核字第 2024QM7978 号

策划编辑　方士华
责任编辑　孙　勇
助理编辑　战小雨
美术编辑　吴博闻

云会计信息系统
YUNKUAIJI XINXI XITONG

出版发行	立信会计出版社
地　　址	上海市中山西路 2230 号　　邮政编码　200235
电　　话	(021)64411389　　传　真　(021)64411325
网　　址	www.lixinaph.com　　电子邮箱　lixinaph2019@126.com
网上书店	http://lixin.jd.com　　http://lxkjcbs.tmall.com
经　　销	各地新华书店
印　　刷	上海华业装潢印刷有限公司
开　　本	787 毫米×1092 毫米　　1/16
印　　张	13.75
字　　数	352 千字
版　　次	2024 年 7 月第 1 版
印　　次	2024 年 7 月第 1 次
书　　号	ISBN 978-7-5429-7671-0/F
定　　价	49.00 元

如有印订差错,请与本社联系调换

总 序

教材是高校实现人才培养目标的重要载体,教材及教材建设对高校发展具有举足轻重的作用。与培养模式相对应的教材是培养合格人才的基本保证,是实现培养目标的重要工具。由于历史原因,在财经类教材的出版方面,相关出版社出版研究型本科或者高职高专、中等职业等层次的教材较多,而应用型本科教材较少。虽然近年来一些应用型本科教材也陆续出版,但总体而言,这些教材还是缺乏权威性、普适性、实用性、创新性。造成这种状况的原因主要在于:出版社对财经类应用型本科教材的出版还不够重视,没有进行有效组织;财经类应用型本科院校多为新建院校,教材建设相对滞后,主观上也较愿意使用研究型本科教材;在教材使用中存在比较严重的混用现象,教材目标读者群不明确,如不少教材声称既适用于研究型本科院校又适用于应用型本科院校,或者既适用于本科院校又适用于高职高专院校。

由于目前财经类应用型本科教材种类和数量匮乏或质量欠佳,财经类应用型本科院校不得不沿用传统研究型教材。这些教材本身的质量很好、级别很高,但是并不适用于应用型本科院校的教学,教师和学生普遍反映不好用。即使在全国范围看,也还没有相对成套、成熟的、适合财经类应用型本科院校的教材。现有财经类教材存在的主要问题包括:①教材的定位和要求较高;②教材的内容偏多、难度大;③教材着重于理论解释,相关案例、实训等内容较少,缺乏普适性、实用性。

与此同时,信息技术的快速发展使学生的学习习惯和阅读习惯发生了改变,不断朝个性化、自主学习式的方向发展,传统的单一纸质版教材已经无法适应这种变化。翻转课堂、慕课、微课等网络课程的兴起,混合式教学的不断推进,也对立体化教材建设提出了新的要求。教材作为一种课堂上的教学工具,一种传播媒介,理应顺势而为,随课堂形式、学生学习方式的改变而改变,朝着数字化、立体化、可视化的方向发展。因此,编写一套适应学生水平、便于学生接受的立体化财经类应用型本科教材迫在眉睫。

我们组织具有多年应用型人才培养经验的优秀教师和实务界专家编写了这套高等学校创新性数智化应用型经济管理规划教材。本系列教材有《会计基本技能》《出纳实务》《基础会计》《中级财务会计》《成本会计》《管理会计》《会计信息系统》《财务管理》《审计学》《高级财务会计》《商业分析》《税法》《经济法》《金融学》《Excel在会计和财务管理中的应用》等品种。为了保证教材的质量,我们为本系列教材聘请了知名高校的专家教授进行专门指导和审核。每本教材至少有一名本学科的知名专家或学科带头人提出审核指导意见、至少有一名高等院校教学一线的高级职称教师参与组织编写、至少有一名行业协会、实务界专家或教学研究机构人员提出编写建议。

本系列教材的特色如下。

1. 应用性

应用型本科的教材建设应坚持培养应用型本科人才的定位,充分吸收和借鉴传统的普通本科教材与高职高专类教材建设的优点和经验,以就业为导向,做到理论上高于高职高专类教材、动手能力的培养上高于传统的本科院校教材。本系列教材体现了应用型本科的定位,体现了素质教育和"以学生发展为本"的教育理念,遵循了高等教育教学基本规律,重视知识、能力和素质的协调发展,根据应用型人才培养模式对学生的创新精神、实践能力和适应能力的要求,在内容选材、教学方法、学习方法、实验和实训配套等方面突出了应用性特征。

2. 针对性

本系列教材的编写符合会计学、财务管理和审计学等专业的培养目标、培养需求、业务规格和教学大纲的基本要求,与各专业的课程结构和课程设置相对应,与课程平台和课程模块相对应。本系列教材在结构纵横的布局、内容重点的选取、示例习题的设计等方面符合教改目标和教学大纲的要求,把教师的备课、试讲、授课、辅导答疑等教学环节有机地结合起来。

3. 立体化

本系列教材为立体化教材,实现了由传统纸质教材向"纸质教材+数字资源"的转变,通过技术手段将晦涩难懂的理论知识转变为直观的具体知识,以立体化、数字化的方式呈现,包括图文、动画、音频、视频等多种形式,生动、有趣且易懂,不仅可以激发学生的学习兴趣,还有利于教学效果的提升。

4. 趣味性

本系列教材注重趣味性,使用了大量的例题和案例,每章都加入了"思政育人""相关思考""延伸阅读"等内容,使读者能够加深理解,便于掌握相关内容。在案例、例题等的设计选用上重点突出趣味性,易于引发读者的共鸣。

5. 先进性

本系列教材反映了应用型会计人才教育教学改革的内容,能够反映学科领域的新发展。教材的整体规划、内容构建等均体现了创新性。教材还强调了系列配套,包括教材、学习参考书、教学课件等。立体化教材在内容修订上更具有明显优势,线上资源可以随时根据政策法规、理论知识或工作实务等的变化进行调整,更有利于保持教材内容的先进性。

6. 基础性

本系列教材打破传统教材自身知识框架的封闭性,尝试多方面知识的融会贯通,注重知识层次的递进,体现每一门科目的基本内容,同时在具体内容上突出实际运用知识能力,做到"教师易教,学生乐学,技能实用"。

7. 易于自学性

自学能力是大学生的一项基本能力。学生只有具备了自主学习的能力,才能最终建立起终身学习的保障体系,这也是应用型本科人才培养的客观要求。应用技术型高校的生源素质与普通高校相比存在一定的差距,除一部分是高考发挥失误的学生外,还有一部分学生在学习习惯、基础知识等方面存在一定的欠缺,这就要求教材能够调动这部分学生的学习积极性,在理论方面尽量通俗易懂,在实践方面尽量采用案例式教学。为了有利于学生课后自主学习,本系列教材配套了学习指导书和教学课件。

因此,本系列教材的定位准确,特色明显,适用于应用型本科院校教学,便于学生的自学和教师的教学。

本系列教材凝聚了众多教授和专家多年来的经验和心血。当然，由于我们的经验和人力有限，教材中难免存在不足，我们期待着各位同行、专家和读者的批评指正。我们将根据经济发展和会计环境的变迁不断修订教材，以便及时反映学科的最新发展和人才培养的最新变化。

本系列教材自2014年出版后，得到市场的认可，深受广大高校师生的欢迎。为了更好地回馈读者，我们从2017年起启动本系列教材第二版的修订工作，2019年启动第三版的修订工作，2021年启动第四版的修订工作。各种教材的修订版已陆续出版。我们会一如既往地做好教材修订和相关服务工作，希望广大读者对本系列教材继续给予支持。

李 雪

2024年1月

前言

本书为"'十四五'高等学校创新性数智化应用型经济管理系列规划教材(智能会计系列)"之一,具有应用性、针对性、先进性、基础性、立体化、易于自学性的特点,在充分吸收和借鉴传统的普通本科教材与高职高专类教材建设的优点和经验的基础上,以就业为导向,力求在理论上高于高职高专类教材,同时在动手能力的培养上高于传统的本科教材。

一、本书的写作思路及内容安排

"云会计信息系统"是财经类各专业学生必学的一门技术性较强专业课程。在本书的编写过程中,编者结合大量案例及详细操作步骤进行编写,并加入"思政育人""延伸阅读""相关思考""本章小结""本章重要概念""本章练习""操作视频"等内容,以培养学生的动手能力和创新能力。本书案例丰富,针对性强,注重将理论知识与实务工作紧密结合,以增强学生理论与实践相结合的能力;详细的图、表及操作步骤,有助于学生理解和掌握相关知识。本书共分为十章,主要内容包括云会计信息系统概述,云会计平台管理,云会计初始化,总账管理,发票管理,工资管理,固定资产管理,出纳管理,期末处理,云会计账簿管理、报表管理与可视化分析。本书既可作为普通高等教育经济管理类专业教材,也可供相关专业人员自学云会计信息系统参考。

二、本书的编写特点

本书从应用型人才培养的角度,用通俗易懂的语言深入浅出地介绍浪潮云会计平台在会计和财务管理中的应用,本书的特色如下。

(1) 校企合作,双元开发,产教融合。本书由高校教师与浪潮集团合作编写,注重理论与实践相结合,上机实验丰富,可操作性强,体现了"理论教学构筑学生的知识结构,实践教学构筑学生的职业技能结构"的教学原则。

(2) 逻辑性强。本书以行动导向为理念,以项目教学为方法,以典型工作任务为主线,对建账、日常业务处理、期末处理、财务报表编制与指标分析等内容展开编写,逻辑清晰。

(3) 实践性强。在内容安排上,本书注重教、学、训、练、用的结合,以培养学生动手操作能力为原则,既注重实务工作中云会计平台的财务应用,又兼顾知识技能的拓展。本书图文并茂,穿插丰富案例,模拟实务工作,力争缩短课堂和实际工作的距离。

(4) 以就业为导向,紧扣应用型人才培养的主旋律。本书的内容设计突出理论联系实际,强调操作能力的培养,注重知识、能力和素质的协调发展,为学生的就业打下坚实基础。

(5) 配套资料丰富并具有立体化特色。本书配备了丰富的立体化资料,针对教学内容提供了系列微课;在各项目工作场景中设置了"思政育人"板块,通过典型工作领域的思政育人案例,融入积极向上、遵纪守法、精益求精、爱国教育等方面的思政育人元素,以争实现"润物细无声"的效果。

本书由韩真真主编,赵珍珍、张灿灿担任副主编,多位优秀教师和实务界专家参编。具体分工如下:姜林负责编写第一章云会计信息系统概述,杨志伟负责编写第二章云会计平台管理,张灿灿负责编写第三章云会计初始化,韩真真、赵珍珍共同负责编写第四章总账管理,韩真真负责编写第五章发票管理、第六章工资管理,张灿灿负责编写第七章固定资产管理,韩真真负责编写第八章出纳管理,赵珍珍负责编写第九章期末处理,许琪、韩真真共同负责编写第十章云会计账簿、报表管理与可视化分析。

  在本书编写的过程中,我们参考了大量相关教材和论著,在此向有关作者致以深深的谢意!

  编者对本书的编写进行过多次讨论和研究,力求内容编排合理。书中若有疏漏不足之处,敬请读者批评指正。

编 者

2024 年 6 月

目　录

第一章　云会计信息系统概述 ·· 1
- 第一节　会计信息系统概述 ·· 2
- 第二节　云会计信息系统 ·· 6
- 本章小结 ·· 12
- 本章重要概念 ·· 12
- 本章练习 ·· 12

第二章　云会计平台管理 ·· 14
- 第一节　云会计平台简介 ·· 15
- 第二节　云会计平台注册与登录 ·· 19
- 第三节　云会计平台管理 ·· 20
- 本章小结 ·· 31
- 本章重要概念 ·· 31
- 本章练习 ·· 31

第三章　云会计初始化 ·· 33
- 第一节　初始化概述 ·· 34
- 第二节　基础档案设置 ·· 36
- 第三节　会计科目设置 ·· 43
- 第四节　期初余额录入 ·· 50
- 本章小结 ·· 55
- 本章重要概念 ·· 55
- 本章练习 ·· 55

第四章　总账管理 ·· 57
- 第一节　总账概述 ·· 58
- 第二节　凭证录入 ·· 60
- 第三节　凭证管理 ·· 77
- 本章小结 ·· 88

本章重要概念 ·· 88
本章练习 ·· 88

第五章　发票管理 ·· 90
第一节　发票管理系统初始化 ·· 91
第二节　发票管理系统日常业务处理 ·· 99
第三节　发票管理系统凭证管理 ··· 111
本章小结 ·· 113
本章重要概念 ·· 113
本章练习 ·· 113

第六章　工资管理 ·· 115
第一节　工资管理系统初始化 ·· 116
第二节　工资管理系统日常业务处理 ·· 132
第三节　工资管理系统凭证管理 ··· 136
本章小结 ·· 138
本章重要概念 ·· 138
本章练习 ·· 138

第七章　固定资产管理 ·· 140
第一节　固定资产系统初始化 ·· 141
第二节　固定资产日常业务处理 ··· 144
本章小结 ·· 151
本章重要概念 ·· 151
本章练习 ·· 152

第八章　出纳管理 ·· 153
第一节　出纳管理系统初始化 ·· 154
第二节　出纳管理系统日常业务处理 ·· 155
本章小结 ·· 166
本章重要概念 ·· 166
本章练习 ·· 166

第九章　期末处理 ·· 167
第一节　期末处理概述 ·· 168

第二节　期末业务处理	168
本章小结	185
本章重要概念	185
本章练习	185

第十章　云会计账簿、报表管理与可视化分析　187
第一节　账簿管理	188
第二节　报表管理	197
第三节　可视化分析	204
本章小结	206
本章重要概念	206
本章练习	206

第一章 云会计信息系统概述

- 内容提要
- 重点难点
- 学习目标
- 知识框架
- 思政育人
- 第一节 会计信息系统概述
- 第二节 云会计信息系统
- 本章小结
- 本章重要概念
- 本章练习

内容提要

本章主要讲解了会计信息系统及云会计信息系统的相关内容,包括会计信息系统的定义、目标、分类、构成要素及演变,帮助学生理解会计信息系统和管理信息系统的关系;还介绍了云计算的定义、模式和特点,云会计信息系统的定义、构成以及云会计信息系统的优势和面临的挑战。

重点难点

本章重点是会计信息系统的定义、目标、分类、构成要素及演变,云计算的定义、模式和特点,云会计信息系统的定义,云会计信息系统的优势和面临的挑战;难点是掌握云会计信息系统的优势和面临的挑战。

学习目标

通过本章学习,学生应熟悉会计信息系统的定义、目标、分类、构成要素及演变,熟悉云计算的定义、模式和特点,掌握云会计信息系统的定义、构成以及云会计信息系统的优势和面临的挑战。

知识框架

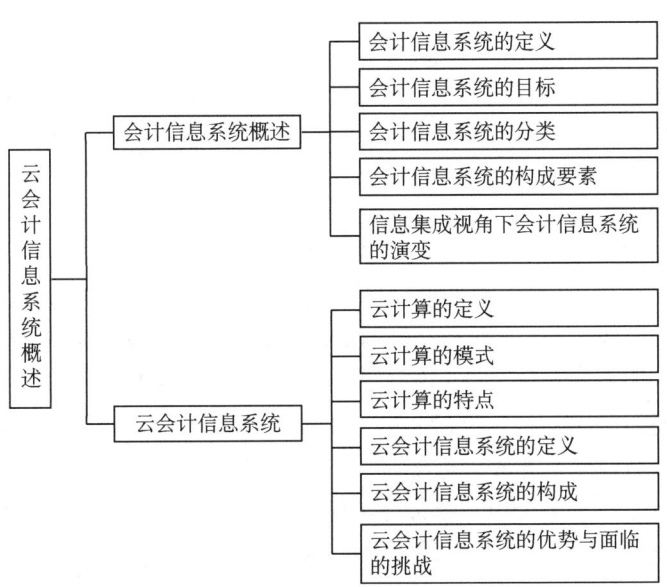

思政育人　　　　中国数字云财务发展日趋成熟

艾媒咨询(iiMedia Research)的数据显示,2022年中国信创产业规模达16 689.4亿元,2027年有望达到37 011.3亿元。艾媒咨询分析师认为,在供给侧和需求侧的双重推动下,财务管理服务市场不断扩大,中国数字云财务发展前景广阔。在政策、市场需求、技术突破等因素的驱动下,数字云财务的行业覆盖率有望进一步提高。

当前,财务管理服务呈现出精细化、专业化的发展态势,各细分赛道的服务企业不断涌现,而大型企业凭借产品布局和服务能力的优势,逐渐发展成综合类服务企业。从业务特征分析,综合类服务企业在服务深度和广度上的双向发展使其在生态化、协同化的大趋势下具备更强的发展潜力。例如,在数字云财务领域,已呈现出梯队化的发展态势。

随着大数据、云计算、区块链、5G技术、人工智能等技术日趋成熟,新技术不断赋能数字云财务行业。新一代财务共享云平台以内部会计核算为基础,向外部业务、税务场景融合转换,连接第三方生态平台,帮助企业打通业财税生态数据链,实现内通外联,实现业务和财务数据全方位协同融合,从而全面提升财务效率。

资料来源:艾媒咨询.2022年中国数字云财务行业发展研究报告[EB/OL].(2022-08-17)[2023-05-30]. https://zhuanlan.zhihu.com/p/554751623.

【思政寄语】

党的二十大报告指出,要坚持把发展经济的着力点放在实体经济上,推进新型工业化,加快建设制造强国、质量强国、航天强国、交通强国、网络强国、数字中国。习近平总书记深刻指出,加快数字中国建设,就是要适应我国发展新的历史方位,全面贯彻新发展理念,以信息化培育新动能,用新动能推动新发展,以新发展创造新辉煌。国产化软件在财务软件产业的市场份额不断攀升,用友、金蝶、每刻科技、浪潮等数字云财务企业也在各自的赛道中颇有建树,我们作为未来的"财务人",应该为民族品牌的崛起感到自豪,也为它们能够解决中国企业的实际问题而感到骄傲。责任感和爱国热情在我们心中油然而生。

第一节　会计信息系统概述

一、会计信息系统的定义

人的一生中,大部分时间都可能与会计信息系统相关。无论是购买学习用品,还是在线缴纳考试报名费用,都已不由自主地进行了一次会计交易。我们从超市里收到了一张账单或从信用卡管理机构收到每月的对账单,均属于接触会计信息的行为。产生这些信息的系统被称为会计信息系统(accounting information system,AIS)。

我们可能会仅作为接收者与会计信息系统发生联系,也可能会在更大程度上以更正规的方式更广泛地使用该系统。例如,我们可以在信息系统中保持详细的交易记录和财务报告,所有的交易都可以记录在一个数据文件中(在手工操作中将其称为"会计账簿")。通过这些交易记录可以计算出每月、每季或每年的报表,从而比较该期间内的收入和支出情况,并反映出期末时的资产和负债。这些报表包括"损益表"和"资产负债表"。如果我们对规划感兴趣,还可以做预算。为保持银行账户的准确性,在银行每月给我们提供银行对账单时,我们还要准备好银行往来对账表。

如果我们有机会在一家公司实习会计工作,无论是手工记账,还是使用计算机系统自动记账,我们都要意识到实际上是在和会计信息系统打交道。

其实，与管理信息系统一样，会计信息系统尚无明确并统一的定义。本书认为，会计信息系统是一种基于会计的管理活动，具体指利用信息技术对会计数据进行采集、存储和处理，完成会计核算任务，并提供会计管理、分析与决策相关的会计信息的系统。其实质是将会计数据转化为会计信息的系统，强调的是人机交互的完整系统，集成了人、信息处理设备和运行规程三个元素，并具有以下特征。

（1）以推动企业实现战略目标为立足点。

（2）以符合会计管理工作和会计改革的需求为主要目标。

（3）以解决企业会计核算和管理所面临的问题为主要功能，充分利用现代信息处理技术，维系日常的会计交易活动，自动（或半自动）采集、存储、处理、分析、传递和反馈会计信息；支持会计管理的控制功能；为企业管理（包括会计和财务管理）提供有用的分析和辅助决策信息。

通过会计信息系统，可以实现如下功能。

（1）数据收集与处理：会计信息系统可以自动收集和记录企业的财务数据，包括收入、支出、资产、负债等。通过对数据进行分类、计算和汇总，生成财务报表和分析报告。

（2）信息存储与管理：会计信息系统可以安全地存储和维护企业的财务数据和相关记录。这些数据可以按需求进行检索和查询，方便管理人员进行审计、核对和分析。

（3）决策支持与报告：会计信息系统可以生成各种财务报表和管理报告，如资产负债表、损益表、现金流量表等。这些报表和报告可以为企业管理者提供准确的财务状况和经营绩效信息，支持管理决策的制定和执行。

（4）内部控制与风险管理：会计信息系统可以帮助企业建立健全内部控制机制，确保财务数据的准确性、完整性和安全性。通过对数据进行监控和分析，及时发现和应对潜在的风险和问题。

综上所述，会计信息系统在企业运营和管理中扮演着重要的角色，它可以提高财务数据的准确性和处理效率，为企业决策提供有力支持。

二、会计信息系统的目标

会计信息系统以推动企业实现战略目标为立足点，以符合会计管理工作和会计变革的需求为主要目标。会计信息系统是为企业服务的，是企业会计管理工作中必不可少的组成部分，因此，会计信息系统的目标应服从于企业、信息系统和会计管理三者的需求。其主要可归纳为以下五点。

1. 提供准确和可靠的财务信息

会计信息系统的首要目标是确保财务数据的准确性和可靠性。通过自动化记录和处理财务数据，系统能够大大减少人为错误，提供准确的财务信息，为决策者提供可信的参考依据。

2. 支持管理决策

会计信息系统通过生成各种财务报表和分析报告，为管理层提供了有关企业财务状况和经营绩效的详尽信息。这些信息可以用于制定战略和经营决策，帮助管理者更好地了解企业的财务现状，识别问题和机会，并作出明智的决策。

3. 实现合规需求

会计信息系统能够帮助企业遵守财务报告和税务法规的合规性要求。通过内置的规则和控制机制,系统可以监测和管理财务活动,确保企业的财务报表符合相关法规和准则,降低合规风险。

4. 提高工作效率

会计信息系统能够自动处理各种繁琐的会计任务,如数据录入、分类、计算和报告生成等。这大大简化了人工操作流程,大幅减少了时间成本,提高了工作效率和生产力水平。

5. 促进信息共享和协作

会计信息系统提供了一个集中化的数据平台,使各个部门和人员能够共享和访问统一的财务数据。这促进了内部的协作和沟通,提高了各部门之间的信息共享和工作效率。

通过实现以上目标,会计信息系统能够为企业提供全面而有效的财务管理支持,帮助企业实现经营目标并提高竞争力。

三、会计信息系统的分类

根据 AIS 提供的功能和管理层次高低,会计信息系统可以分为会计核算系统、会计管理系统和会计决策支持系统。

1. 会计核算系统

会计核算系统是会计信息系统的基础。其主要功能是处理传统财务信息,并向会计管理系统和会计决策支持系统提供来自企事业单位经济事项的最原始的会计核算数据,包括账务处理、工资核算、材料核算、成本核算、固定资产核算和销售核算等。

2. 会计管理系统

会计管理系统是会计决策支持系统的基础,也是会计信息系统的中间层次。其主要作用是在核算处理的基础上,根据会计决策支持系统的会计决策信息,完成对资金、成本、销售收入和利润等方面的管理和控制,并将决策执行的结果反馈给会计决策支持系统,充分发挥会计信息系统的监督、管理和控制职能。例如,资金管理子系统用来对资金的使用、周转进行控制和分析。

3. 会计决策支持系统

会计决策支持系统建立在前两个层次之上,是会计信息系统的最高层次。各组织的实际情况和管理水平差别很大,因此每个组织对会计决策支持系统的要求也有很大不同。然而,其基本功能是帮助会计问题的决策者进行科学的经营决策和预测工作,主要包括长短期投资预测、风险预测与控制、利润预测、不同情况下的投入产出预测和决策等。

四、会计信息系统的构成要素

任何阶段的 AIS 都是人与计算机硬件和软件的结合,其构成要素包括硬件、会计软件、人员、规程和数据。

1. 硬件

硬件是指实现数据的输入、处理、输出等一系列基本设备。例如,一般必备的输入设备是键盘和鼠标,必备的输出设备是显示器;处理设备主要是指计算机主机。

2. 会计软件

AIS 的存在离不开会计软件的支持。凡是具备相对独立完整的会计数据输入、处理和输出功能模块的软件,如账务处理、固定资产管理、工资管理等,均可以视为会计软件。企业获取会计软件的传统方式包括购买通用软件、自行开发、委托外部单位开发、企业与外部单位联合开发。伴随云计算技术的成熟,软件供应商能够以软件服务的方式提供给用户所需的会计软件服务,按需收费,这也是本书后续重点介绍的"购买软件服务"的云会计。

3. 人员

会计信息化的人员主要是指会计软件的使用及维护人员,如果是自行开发,则还包括开发人员。对于云会计而言,企业只是云会计软件的使用者,而维护人员和开发人员皆由云会计供应商负责。

4. 规程

规程包括各种与会计有关的法规、规章。主要包括两大类,一类是法规、规章,包括有关会计的一般性法规,另一类是专门针对会计信息化的规章。例如,《企业会计信息化工作规范》是当前指导我国会计信息化工作的重要指南。

5. 数据

会计信息系统的重要任务是提供会计信息。会计信息通常以数据形式存在,包括会计信息、数据库、数据文件、文本文件等。

二维码1-1
知识点讲解:
会计信息系统的构成要素

五、信息集成视角下会计信息系统的演变

信息集成是"来源唯一,实时共享"的概括,其中,"来源唯一"是指一个部门、一个员工从一个应用程序录入数据,减少重复劳动,避免差错;"实时共享"是指数据统一存入数据库,只有经过授权的人员才可以实时获取更新后的信息。在信息集成视角下,AIS 可以分为部门内集成、企业内集成和企业间集成。

1. 部门内集成

初始阶段的会计电算化可以认为是部门内集成的 AIS。此阶段 AIS 基于经济事件的财务影响,注重信息的准确性,要求按照特定规则、在特定时机、采用特定方法记录那些改变组织资产、负债或所有者权益构成的业务事件数据,主要功能是实现会计核算的自动化。在物理上,这种系统基本独立于其他部门的信息系统,因此只能提供事后的统计、分析和评价。

2. 企业内集成

此阶段的信息系统特点是过程集成,其中企业资源计划(ERP)最具代表性,可以在功能上实现企业内部产、供、销及财务的信息集成。与传统的会计信息系统不同,ERP 不仅仅以编制财务报表为目标,还能够和其他业务执行系统融为一体。在业务发生时,AIS 实时采集详细的业务、财务信息,执行处理和控制规则,从而实现企业内信息集成。

3. 企业间集成

此阶段的 AIS 不仅要实现企业内部过程集成,还要实现企业间的过程集成。这必须借助强大的网络设施把企业业务、客户、供应商紧密联结在一起,甚至包括银行、税务等外部信息系统的信息交换、协作。传统 ERP 已无法实现这一功能,必须依赖新兴的云计算技术才能实现。

相关思考 1-1

会计信息化、会计软件、会计信息系统的含义

2014 年 1 月 6 日起开始施行的《企业会计信息化工作规范》中所称会计信息化,是指企业利用计算机、网络通信等现代信息技术手段开展会计核算,以及利用上述技术手段将会计核算与其他经营管理活动有机结合的过程。

会计软件是指企业使用的,专门用于会计核算、财务管理的计算机软件、软件系统或其功能模块。会计软件具有以下功能:①为会计核算、财务管理直接采集数据;②生成会计凭证、账簿、报表等会计资料;③对会计资料进行转换、输出、分析、利用。

会计信息系统是指由会计软件及其运行所依赖的软硬件环境组成的集合体。

资料来源:财政部.财政部关于印发《企业会计信息化工作规范》的通知[EB/OL].(2013-12-06)[2023-05-30].https://www.gov.cn/gongbao/content/2014/content_2640865.htm.

二维码1-2 拓展阅读:《企业会计信息化工作规范》

第二节 云会计信息系统

一、云计算的定义

二维码1-3 拓展阅读:阿里云计算能力全球第一:云计算领域的中国力量

云计算(cloud computing)作为一种新型的计算和商业模式在越来越多的领域得到推广和应用。根据美国国家标准与技术研究院的权威概念,云计算是一种按使用量付费的模式。这种模式提供可用的、便捷的、按需的网络访问,允许用户进入可配置的计算资源共享池,包括网络、服务器、存储、应用软件、服务等。这些资源能够被快速提供,只需投入很少的管理工作,或与服务供应商进行很少的交互。狭义上的云计算指IT基础设施的交付和使用模式,即通过网络以按需、易扩展的方式获得所需资源;广义上的云计算指服务的交付和使用模式,即通过网络以按需、易扩展的方式获得所需服务。这种服务不仅限于IT和软件,也包括互联网相关的其他服务。云计算意味着计算能力也可作为一种商品通过互联网进行流通。对云计算的定义有多种,一句话概括,云计算是基于互联网的相关服务的增加、使用和交付模式。

 延伸阅读1-1

数据中心、云计算、大数据之间的区别与联系

大数据(big data)和云计算有明显的区别。大数据是指在移动互联网和物联网环境下产生的巨量数据,需要进行处理、分析和挖掘,以获取有价值的信息;云计算是一种技术解决方案,旨在满足计算、存储、数据库等一系列IT基础设施的按需构建需求。虽然两者都与信息技术相关,但它们属于不同的层面和范畴。

大数据与云计算之间又有着非常紧密的联系,大数据是云计算非常重要的应用场景,而云计算则为大数据的处理和数据挖掘提供了最佳的技术解决方案。

大数据分析常和云计算联系到一起,因为实时处理大型数据集需要像Map Reduce一样的框架来向数十、数百甚至数千台计算机分配任务。大数据分析需要特殊的技术来有效地处理大量数据,并容忍处理时间的增长。适用于大数据的技术包括大规模并行处理(MPP)数据库、数据挖掘电网、分布式文件系统、分布式数据库、云计算平台、互联网和可扩展的存储系统。大数据一般指处理海量数据,通常日处理的数据量达到PB级别以上,主要用于挖掘、分析以及智能商业板块。

大数据必然与云计算相关,数据中心是云计算的基础,从技术上看,大数据与云计算的关系密不可分,大数据无法用单台的计算机进行处理,必须采用分布式架构。它的特色在于对海量数据进行分布式数据挖掘,但它必须依托云计算的分布式处理、分布式数据库和云存储、虚拟化技术,随着云时代的来临,大数据也吸引了越来越多的关注。

数据中心是云计算的基础设施。我们通常讲到的服务器资源分配、带宽分配、业务支撑能力、流量防护和清洗能力,都是建立在数据中心的基础上的。数据中心通常分布在不同的核心城市,并辐射到周边城市,提供基础支撑。这些数据中心一般都符合国家机房一级标准,具备极强的容灾能力。许多厂商会选择两地三中心等方式来架设机房,以确保云计算服务的稳定性和可靠性。云计算是在数据中心的基础上提供的从基础服务到增值服务的一种资源利用方式,为用户提供多样化的云端服务。

资料来源:知乎用户 DZaCN8.阿里工程师告诉你:大数据、数据中心,云计算之间有什么区别和联系?[EB/OL].(2020-07-03)[2023-05-30]. https://zhuanlan.zhihu.com/p/154096784.

二、云计算的模式

云计算通常包括基础设施即服务、平台即服务、软件即服务、数据即服务等几个层次的服务。

1. 基础设施即服务

基础设施即服务(Infrastructure as a Service,IaaS)是指用户通过互联网从完备的计算机基础设施获得服务,其中最常见的应用是硬件服务器租用。

2. 平台即服务

平台即服务(Platform as a Service,PaaS)实际上是指将软件研发的平台作为一种服务,以 SaaS 的模式提交给用户。因此,PaaS 也是 SaaS 模式的一种应用。但是,PaaS 的出现可以加快 SaaS 应用的开发速度,尤其是软件的个性化定制开发。

3. 软件即服务

软件即服务(Software as a Service,SaaS)是指一种通过互联网提供软件的模式,在这种模式下,用户无须购买软件,而是租用基于 Web 的软件来实现面向企业或个人的经营活动。

4. 数据即服务

数据即服务(Date as a Server,DaaS)是指云端公司负责建立全部的 IT 环境,收集用户需要的基础数据并且进行数据分析,最后通过编程接口提供数据分析结果或算法,让数据成为一种服务。

三、云计算的特点

1. 超大规模

云计算平台通常由大规模的服务器集群、存储设备和网络设备组成,提供巨大的计算和存储能力。这使得云计算能够同时处理大量的用户请求,并且能够存储和处理大规模的数据。Google 云计算已经拥有上百万台服务器,Amazon、IBM、微软、Yahoo 等的云平台均拥有几十万台服务器。企业私有云一般也拥有成百上千台服务器。通过分布式计算和并行处理的技术,可以快速处理和分析大量数据,支持大数据分析、机器学习和人工智能等应用。超大规模的云计算赋予用户前所未有的计算能力,具有动态伸缩特点,满足用户规模增长的需求。

2. 虚拟化

云计算支持用户在任意位置、使用各种终端获取应用服务。请求的资源来自"云",而不是固定的有形实体,因此具有虚拟化特征。用户只需一台笔记本或者一部手机,就可以通过网络服务满足各项需求。

3. 高可靠性

云计算平台采用分布式架构，将计算和存储资源分布在不同的数据中心或区域。这使得云计算能够支持地理上分散的用户或企业，并通过使用数据多副本容错、计算节点同构可互换等措施提供更高的容错性和可用性，因此，使用云计算比使用本地存储更具可靠性。但云计算尚不能百分之百保证数据的安全性和保密性，这也是许多组织和机构选择云服务须考虑的关键因素。

4. 按需服务

云计算为用户提供了按需自助服务的能力。类似其他商品，"云"是一个庞大的资源池，可以按需购买。用户可以根据自己的需求，在云平台上自主选择和配置所需的计算资源、应用程序和服务，随时创建、删除和管理虚拟机、存储空间等资源，无需等待、提交申请或进行复杂的操作。

四、云会计信息系统的定义

云会计的概念最早由程平、何雪峰（2011）提出，指"以互联网为媒介，向企业提供会计核算、会计管理和会计决策服务的虚拟会计信息系统"。本书认为，云会计是利用云计算技术和理念构建的会计信息化基础设施和服务，而云会计信息系统是指基于云计算技术构建的会计管理信息系统。它集成了会计处理、财务报表生成、预算管理、固定资产管理、成本控制、审计跟踪等功能，满足企业在财务管理和会计处理方面的需求。云会计信息系统采用云服务架构，软件和数据存储都部署在云端服务器上，用户可以通过互联网进行访问和使用。

五、云会计信息系统的构成

云会计信息系统只是会计软件运行的硬件环境发生了较大变化，核心会计核算处理及流程同会计信息化系统一致。企业仍需要遵守统一的财经法规、会计准则、会计制度，会计处理流程仍是原始凭证的收集、记账凭证填制和审核、记账、算账、报账、结账等一系列过程。因云会计是将会计处理平台和数据放在云端，相比于传统会计软件、ERP 中会计信息系统，它在硬件、软件、人、规程和数据等构成要素上又有自身的特点，具体构成如下。

1. 云会计信息系统的硬件

（1）服务器：云会计信息系统通常部署在服务器上，用来存储和处理大量的会计数据。服务器可以是物理服务器或虚拟服务器。

（2）存储设备：用于存储会计数据和系统的相关文件，如硬盘阵列、网络存储设备等。

（3）网络设备：用于连接服务器和用户设备之间的网络，包括路由器、交换机、防火墙等。

（4）终端设备：用于访问云会计系统的用户设备，如个人电脑、笔记本电脑、平板电脑、智能手机等。

（5）打印设备：用于打印会计报表和其他相关文件的设备，如打印机、复印机等。

（6）其他辅助设备：包括电源设备、UPS（不间断电源）等，用于保证系统的稳定运行和数据的安全性。

这些硬件设备共同构成了云会计信息系统的基础设施，支持其高效运行和提供服务。需要注意的是，云会计信息系统通常是基于云计算技术构建的，因此涉及的硬件资源可能会因具体的云服务提供商而有所不同。

2. 云会计信息系统的软件

企业在选择云会计信息系统软件时，需要根据自身的需求和预算，评估各个软件的功能、易用性和可扩展性，以选择最适合的软件。同时，与软件供应商进行充分的沟通和测试，确保软件能够满足企业的具体要求。常见的云会计信息系统软件有以下几种。QuickBooks Online 是 Intuit 公司推出的一款云会计软件，提供了财务管理、报表生成、发票和付款等功能，适用于中小型企业和个体户。Xero 是一款来自新西兰的云会计软件，提供财务报表、发票管理、流水账等功能，适用于中小型企业和会计师事务所。Sage Intacct 是来自英国的一款专业的云会计软件，适用于中小型企业和会计咨询公司，提供财务管理、成本核算、预算管理等功能。NetSuite 是由 Oracle 推出的一款全面的云企业管理软件，包括财务管理、供应链管理、销售管理等功能，适用于中大型企业和跨国公司。SAP Business ByDesign 是 SAP 公司推出的一款综合性的云企业管理软件，包括财务管理、人力资源管理、采购管理等功能，适用于中大型企业。此外，本书介绍的云会计信息系统软件是浪潮云会计软件。作为浪潮集团在企业云服务领域的核心产品之一，它提供了全方位、综合性的财务管理解决方案，适用于各行业和规模的企业。

3. 云会计信息系统的人员

云会计信息系统涉及的相关人员有以下几类。

（1）会计人员：会计人员是云会计信息系统使用和管理的主体。他们负责进行财务数据的录入、核算、报表生成等操作，确保财务信息的准确性和完整性。他们需要熟悉会计原理和财务报告要求，并掌握云会计系统的操作技能。

（2）系统管理员：系统管理员负责云会计信息系统的安装、配置和维护工作。他们负责管理系统的用户、权限设置、数据备份和恢复等任务，确保系统的稳定运行和数据的安全性。他们需要具备相关的计算机技术和系统管理经验。

（3）技术支持人员：技术支持人员是负责云会计信息系统技术支持和故障排除的专业人员。他们提供系统的培训和使用指导，解答用户的问题和疑惑，并处理系统的故障和异常情况。他们需要具备扎实的技术知识和良好的沟通能力。

（4）管理人员：管理人员是云会计信息系统的决策者和监管者。他们负责制定会计政策和流程、监督和评估财务数据的准确性和合规性。他们需要了解云会计信息系统的功能和运作原理，以便更好地理解和分析财务信息。

除了上述角色，云会计信息系统的使用还可能涉及其他相关人员，如企业高层管理人员、审计师和税务专家等。他们在不同的场景和需求下，会利用云会计系统进行数据分析、审计和报税等工作。具体的人员配置根据企业规模和需求的不同而有所差异。

4. 云会计信息系统的规程

云会计信息系统的规程指的是在使用云会计信息系统时应遵循的一系列规定和程序，以确保系统安全、高效运行。以下是一些常见的云会计信息系统规程。

（1）安全与访问控制规程：规定了确保云会计信息系统安全性的措施，包括数据加密、访问控制、用户身份验证和权限管理等。此外，还需要规定合适的访问政策，确保只有合法授权的人员能够访问和操作系统。

（2）数据备份与灾难恢复规程：规定了云会计信息系统的数据备份策略和灾难恢复计

划,包括数据备份的频率、存储位置、备份的可行性验证等。同时,还需要规定在发生灾难性事件时的数据恢复流程和步骤。

(3) 用户权限与操作规程:规定了不同用户的权限和权限分配策略。例如,哪些用户具有管理权限、数据录入权限、报表查看权限等。同时,还需要规定用户在操作系统时应遵循的规定和要求,确保数据的一致性和准确性。

(4) 数据质量与审核规程:规定了保障数据质量和数据准确性的控制措施,包括数据校验、内部审核流程和数据质量监控等。此外,还需要制定系统操作的审计规程,定期对系统的使用情况进行审计,确保数据的合规性和真实性。

(5) 培训与技术支持规程:规定了系统培训和技术支持的规定和要求,包括新用户的培训计划、培训材料的准备和培训评估等。同时,还需要明确技术支持的响应时间和支持渠道,确保用户在使用系统时能够获得及时的支持与帮助。

这些规程是确保云会计信息系统安全、高效运行的重要规定。具体的规程需要根据企业的需求和实际情况进行制定,同时还需要遵守法律法规和行业标准,确保系统的合规性和数据的安全性。

5. 云会计信息系统的数据

云会计信息系统的数据包括企业的财务数据和与财务相关的信息。以下是一些常见的云会计信息系统的数据。

(1) 会计凭证:会计凭证是财务交易的记录,包括收款凭证、付款凭证、收入凭证、支出凭证等。这些凭证记录了企业的日常经济活动和资金流动情况。

(2) 总账数据:总账是记录企业全部账户的核算账簿,包括各类资产、负债、所有者权益、收入和费用等账户。总账数据反映了企业的财务状况和业绩情况。

(3) 往来账数据:往来账记录了企业与其他单位或个人的经济往来,包括客户、供应商、债权人和债务人等。往来账数据用于了解和管理与其他单位的交易关系和支付情况。

(4) 固定资产数据:固定资产数据记录了企业所拥有的固定资产,包括房屋、土地、设备、机器等。这些数据管理固定资产的购买、折旧和变更等情况。

(5) 费用管理数据:费用管理数据包括各种费用项目和费用支出的记录,包括人员工资、租金、水电费等。费用管理数据用于统计和分析企业的费用情况,控制和管理费用支出。

(6) 报表数据:云会计信息系统生成各种财务报表的数据,财务报表包括资产负债表、利润表、现金流量表、应收账款和应付账款账龄分析表等。报表数据用于分析和评估企业的财务状况和经营情况。

这些数据在云会计信息系统中被记录、管理和分析,用于支持企业的会计核算、财务管理和决策分析等工作。数据的准确性、完整性和安全性对于云会计信息系统的运行和使用至关重要。因此,企业需要制定相应的数据管理和保护措施,确保数据的一致性和可信度。

六、云会计信息系统的优势与面临的挑战

(一) 云会计信息系统的优势

云会计信息系统具有很多优势,主要表现在以下几个方面。

1. 便捷访问和灵活性

云会计信息系统基于云计算技术,可以通过网络随时随地访问。用户只需具备网络连

接和登录权限,就能够使用系统,便于多地点办公和远程工作。同时,系统具有高度的灵活性,可以根据企业需求进行定制和扩展。

2. 实时更新和数据共享

云会计信息系统可以实时更新数据和报表,确保财务信息的准确性和及时性。同时,系统支持多用户同时访问和共享数据,为团队之间良好的协作和沟通提供了一个高效、稳定的平台。

3. 资源节约和成本控制

云会计信息系统不需要企业自行搭建和维护服务器及软件,可以节约企业的IT资源和成本。同时,系统的按需使用模式,使得企业可以根据自身需求灵活调整系统规模和使用量,有效避免了浪费和高额的固定成本。

4. 数据安全和备份保障

云会计信息系统提供了多重的数据安全保障措施,如数据加密、身份验证和访问控制等。同时,系统会自动进行数据备份和灾难恢复,确保数据的安全和可靠性。

5. 智能化和自动化

云会计信息系统通常具备智能化和自动化的功能,能够自动处理重复、繁琐的会计操作,显著提升工作效率和降低错误率。系统还可提供智能推荐、智能审计等功能,帮助财务人员更加高效地完成工作。

(二)云会计信息系统面临的挑战

云会计信息系统的便捷访问、实时更新、资源节约、数据安全、智能化等优势,可以帮助企业更加高效地进行财务管理和会计核算,从而提高企业的竞争力和运营效率。与此同时,云会计信息系统也面临很多挑战,主要表现在以下三个方面。

1. 云会计产品选择

多位学者研究了云会计产品选择的影响因素。程平、赵子晓(2014)提出,供应商的应用能力、咨询服务能力、流程再造能力、实施能力,信息的安全性、合规性、性价比是云会计产品选择的影响因素。张媛、苏雪碧等(2014)提出,成本、数据量、安全性、外部技术限制(带宽)、行业因素、技术更新、系统发展更新、即时性、自动化、专业化等是产品选择的影响因素。吴胜等(2015)建立了云会计产品功能、运行性能、使用体验、实施价值等四大类别指标。其中,产品功能是产品要满足的基础功能集合,运行性能是产品运行时效果体现的指标集合,使用体验是反映用户使用和对产品看法的指标集合,实施价值是决定用户是否使用云会计产品以及如何使用云会计产品的判断标准集合。总之,云会计产品的选择需要在满足用户需求与云会计产品性能之间取得平衡,而性价比、安全性等都是产品选择过程中要考虑的关键因素。

2. 云会计安全问题

尽管云会计符合大数据、移动互联网等新兴技术的发展趋势,但不少企业依然对使用云会计服务持观望态度,这主要是因为云会计的安全问题。一是云会计数据网络传输安全问题,即数据在互联网络传输过程中,用户担忧数据传输安全及丢失问题;二是重要数据私密保护问题。会计数据是企业生产经营过程中最核心的商业机密,在不确定云会计是否安全的前提下,企业不会将其交由其他公司存储和处理。而且云会计服务商无法提供一对一的个性化服务,云会计的安全性显得更加重要。云会计的安全问题需在云会计数据隐私保护、数据主权归属、服务协议保障、云会计服务运营商资质认证等方面进行规范和完善。

3. 云会计与外部系统的关联

与传统会计相比,云会计的优势在于不受时空限制,但值得注意的是,云会计不是封闭的系统,它要通过与其他外部系统的关联才能真正实现其智能化。关联主要包括:①与税务系统关联,实现云会计自动计税、报税和缴税;②与银行系统关联,实现更为快捷的资金使用;③与社保系统关联,实现社保资金的自动缴存;④与审计系统、注册会计师网上审计系统关联,实现网上审计;⑤与其他会计信息化相关系统关联等。这些功能对于提升云会计的应用价值极为重要。目前,一些云会计系统已经实现了与外部系统的关联,如浪潮云会计系统的一键报税功能,其他功能也在精心规划和开发阶段。

本章小结

本章主要学习了会计信息系统的定义、目标、分类、构成要素及演变,云计算的定义、模式和特点,云会计信息系统的定义以及云会计信息系统的优势和面临的挑战。

本章重要概念

会计信息系统　云计算　云会计　云会计信息系统

本章练习

一、单项选择题

1. 以下不属于 AIS 的构成要素的是(　　)。
   A. 硬件　　　　　　B. 软件　　　　　　C. 会计制度　　　　D. 数据
2. 凡是具备相对独立完整的会计数据输入、处理和输出的功能模块,如账务处理、固定资产管理、工资管理等,均可以视为(　　)。
   A. 规程　　　　　　B. 人员　　　　　　C. 硬件　　　　　　D. 会计软件
3. 会计信息化的人员主要是指会计软件使用及维护人员,如果是自行开发还包括(　　)。
   A. 企业　　　　　　　　　　　　　　　B. 云会计软件的使用者
   C. 开发人员　　　　　　　　　　　　　D. 云会计供应商
4. AIS 实时采集详细的业务、财务信息,执行处理和控制规则,因此实现了(　　)。
   A. 企业内信息集成　　　　　　　　　　B. 企业间集成
   C. 部门间集成　　　　　　　　　　　　D. 部门内集成
5. 软件的个性化定制开发就是典型的(　　)。
   A. PaaS　　　　　　B. IaaS　　　　　　C. SaaS　　　　　　D. AIS

二、多项选择题

1. 按照 AIS 提供的功能和管理层次高低,AIS 可以分为(　　)。
   A. 会计核算系统　　　　　　　　　　　B. 会计管理系统
   C. 会计决策支持系统　　　　　　　　　D. 会计报表
2. 会计信息通常以数据形式存在,包括(　　)。

A. 会计信息　　　　　B. 数据库　　　　　C. 数据文件　　　　D. 文本文件
3. 云计算通常包括以下（　　）层次的服务。
A. IaaS　　　　　　　B. PaaS　　　　　　C. SaaS　　　　　　D. AIS

三、判断题

1. 会计信息系统的实质是将会计数据转化为会计信息的系统，不是强调人机交互的完整系统。（　　）
2. 会计信息系统的目标应服从于企业、信息系统和会计管理三者的目标。会计信息系统的具体目标可以确定为向企业内外部的会计信息的使用者和决策者提供需要的会计信息，使企业为客户提供满意的服务并提高企业经济效益，获取更多的利润。（　　）
3. 《企业会计信息化工作规范》是当前指导我国会计信息化工作的重要指南。（　　）
4. 云计算是基于互联网的相关服务的增加、使用和交付模式。（　　）
5. 用户只需要一台笔记本或者一部手机，就可以通过网络服务来实现用户需求。（　　）

四、思考题

1. 会计信息系统的构成要素是什么？
2. 信息集成视角下会计信息系统的演变历程是什么？

第二章 云会计平台管理

- ➢ 内容提要
- ➢ 重点难点
- ➢ 学习目标
- ➢ 知识框架
- ➢ 思政育人
- ➢ 第一节 云会计平台简介
- ➢ 第二节 云会计平台注册与登录
- ➢ 第三节 云会计平台管理
- ➢ 本章小结
- ➢ 本章重要概念
- ➢ 本章练习

内容提要

本章主要简述云会计平台的核心概念,学习云会计平台注册及登录流程;学习创建企业账套,并根据相关《企业会计准则》和财务政策设置账套;学习企业实务中如何管理云会计的使用用户,并根据本企业岗位职责设置用户权限;学习企业实务中云会计账套备份及管理工作。

重点难点

本章重点是云会计平台中的账套管理,是企业财务与管理过程中的基础。账套维护是本章的核心内容。本章难点是通过云会计管理平台掌握系统管理中的账套信息管理及合理进行数据维护,保证数据安全方面的管理工作;合理设置用户权限及进行用户管理。

学习目标

通过本章学习,学生应掌握在浪潮云会计系统中进行注册及登录;账套创建、账套管理、账套安全及备份工作;新增部门员工信息,进行角色权限设置、员工派工设置、一键报税信息维护设置。

知识框架

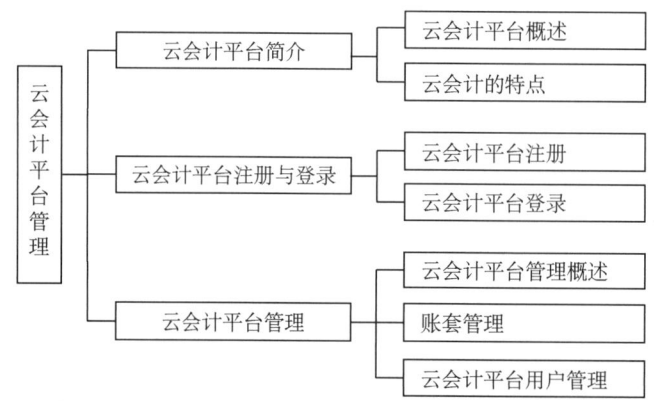

思政育人　　网络安全宣传周——网络安全，共同守护

互联网、通信网络的快速发展为广大群众的日常生活提供了诸多方便，同时也让不法分子有了可乘之机。我们应不轻信、不透漏、不汇款、不转账，及时向公安机关报案，提高网络安全意识。

据中国互联网络信息中心每年发布的《中国互联网络发展状况统计报告》数据，中国网民数量一直在不断增长，其中绝大多数都是利用手机上网的手机网民。计算机网络和各种智能终端设备已经融入我们的日常工作和生活。网络给我们的工作、学习和生活带来了便利，但同时也带来了利用网络实施犯罪的威胁，这严重危害着我们的网络、系统、数据安全和公民的隐私安全。

随着互联网的迅速普及，利用计算机犯罪的案例与日俱增。网络技术的发展带来了一系列问题，网络配置的复杂性引发了一些安全性问题，系统自身也存在缺陷。从20世纪80年代开始，网络安全事件层出不穷，如莫里斯蠕虫事件、2000年年初的大规模拒绝服务攻击事件、震网病毒、超级火焰病毒、棱镜门等。因此，保障网络、系统和数据的安全具有重要意义。

2014年2月27日，中央网络安全和信息化领导小组成立并召开了第一次会议。会议确定每年9月的第3周为国家网络安全宣传周，旨在通过宣传周加强网络安全宣传教育，引导社会公众共同维护网络安全。

【思政寄语】

习近平总书记在党的二十大报告中强调："推进国家安全体系和能力现代化，坚决维护国家安全和社会稳定。"网络安全作为网络强国、数字中国的底座，将在未来的发展中承担托底的重担，是我国现代化产业体系中不可或缺的一部分。

"没有网络安全就没有国家安全，没有信息化就没有现代化。"习近平总书记的这一重要论断将网络安全上升到国家安全的高度，为推动我国网络安全体系的建立、树立正确的网络安全观指明了方向。树立正确的网络安全观要求我们必须坚持以总体国家安全观为指导，深刻认识新时代网络安全观的内涵和要义，更好把握网络安全的规律和本质，以可靠的网络安全保障网络强国建设。

第一节　云会计平台简介

一、云会计平台概述

本章以浪潮云会计平台为例，来介绍云会计平台管理。浪潮云会计平台是专为企业打造的在线智能财务软件，利用大数据、人工智能技术，旨在帮助财务人员通过PC端、手机端、微信端管理财务数据、现金银行、发票、报税、供应链数据等。通过实现票财税数据的融合，该平台能够进行高效、精准的数据分析，有效帮助企业提高财务人员的财务管理水平，为企业创造更多的经济效益。浪潮云会计平台在企业应用过程中可以选择财务数据单独管理模式，也可以选择财务数据与业务数据融合管理模式。

二维码 2-1
知识点讲解：
浪潮云会计平台简介

（一）浪潮云会计财务核算功能

浪潮云会计平台为企业提供了完整的、通用的、标准化的财务核算功能，主要包括总账初始化、凭证管理、财务核算、出纳管理、辅助核算、报表管理、固定资产管理等功能。如图2-1所示，浪潮云会计财务核算提供了一种财务数据单独管理的模式，此管理模式是将企业的发票、凭证、账簿、报表、固定资产、出纳、工资、税检专家、报税、银企对账进行全程电子化、智能化管理。相比于传统会计软件，浪潮云会计平台的功能更加简捷、智能。

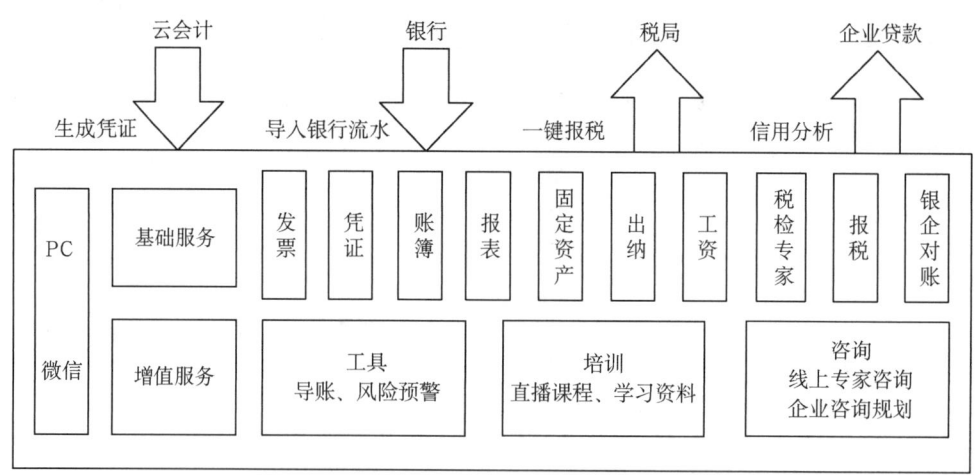

图 2-1 财务数据单独管理模式

(1) 发票管理。可以将发票直接导入系统,生成凭证。

(2) 凭证管理。系统适应各行业小企业的业务处理及内部管理的需要,可完成标准化的会计核算及管理功能,主要包括凭证增加、凭证模板、凭证账簿批量打印、断号自动整理、凭证查询等。

(3) 账簿查询。主要是指查询云会计平台上的各类财务账簿,包括余额表、总账、明细账、科目汇总表、辅助核算余额表、辅助核算明细账等。

(4) 报表管理。系统支持三大报表的自动生成等功能。

(5) 固定资产管理。系统可以帮助企业有效管理各类固定资产,准确计提折旧并自动生成记账凭证,输出报表。

(6) 出纳管理。系统能够支持现金日记账录入、查询,银行日记账录入、查询。

(7) 工资管理。系统能够智能计算薪资个税,打通财务和薪资数据,可以一键生成会计凭证,帮助企业提升精细化管理和高效协作效率。

(8) 税检专家。

(9) 报税。系统与报税软件衔接,能够通过单点登录报税软件,进行一键式报税。

(10) 银企对账。

此外,系统支持自动化的期末结转功能,包括计提折旧、结转销售成本、计提工资、摊销待摊费用、结转未交增值税、计提税金、结转损益等;系统能够满足企业对本单位财务指标、财务报表进行分析的要求,以加强其财务管理;系统还支持应交税费、收支统计、费用统计等企业经营数据分析功能。

(二) 云进销存功能

云进销存管理包括销售管理、采购管理、库存管理、资金管理等子系统,如图 2-2 所示。云进销存功能采用了财务＋业务数据融合管理模式,即将企业财务数据与采购、销售、生产、库存、资金等业务数据融合,实现全程电子化、智能化管理。各个系统与财务管理紧密衔接,业务数据能够自动传递到财务部门。进销存管理系统的应用,在显著提高企业各业务部门工作效率的同时,极大地提高了管理数据的精确性。

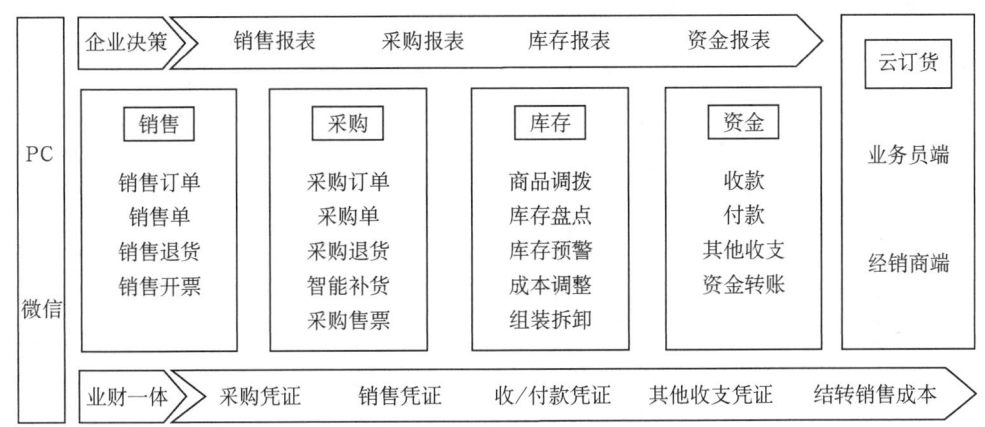

图 2-2 财务+业务数据融合管理模式

（1）销售管理。系统具备完整的销售出货流程，能够完成订单现销、赊销等所有销货业务，提供多维度、丰富的销货业务报表自动查询功能。

（2）采购管理。系统支持完整的采购进货流程，能够完成订单现购、赊购等所有购货业务，提供多维度、丰富的进货业务报表自动查询功能。

（3）库存管理。系统能够支持对物料的出库、入库、调拨、盘点等业务进行分类管理和控制，可以从类别等不同的角度来管理库存物品的数量、库存成本和资金占用情况。系统可以按不同的需要反映库存的分布情况，可以满足异地仓库、调拨在途等行业需求。同时，系统能够完成其他入库、其他出库、盘点、成本调整等所有仓存业务，提供有关库存状况、库存账龄等全面、多维度的业务报表自动查询功能。

（4）资金管理。系统能够按明细或按余额等多种方式完成收款、付款功能，提供供应商应付欠款及客户应收欠款的图表分析，随时随地自动查询，清晰了解经营状况。

此外，系统支持供应商管理、客户管理、商品管理等基础资料的档案建设，并且能够完成基础资料及期初数据的管理，提供表格导入功能，快速进行账套初始化；系统还支持库存状况分析、销售业绩分析、采购业绩分析、往来账款分析等企业经营数据分析功能，支持跨年、跨月查询。

综上所述，浪潮云会计实现了标准化的财务、业务的一体化，实现了物流、信息流、资金流的一致性、同步性和完整性，实现了财务预算、财务控制和财务分析的完全动态化，使得企业业务流程更加透明化和规范化，促进了企业经营效率的提升。

 延伸阅读2-1

浪潮云会计应用模式

针对小微企业的经营特点，浪潮云会计提供了以下三种模式。

（1）代理记账模式。浪潮云代账版是专门为代账会计和代账公司设计的云应用。该模式包括企业客户管理、收费管理、员工管理、总账管理、固定资产、发票管理、辅助核算、出纳管理、一键报税、管理分析等功能。支持在线记账、移动记账，支持老板查看报表，大幅提升代理记账速度，降低代账成本，提高企业效益。

（2）云会计单独应用模式。该模式专为企业财务人员设计，帮助财务人员随时随地管理资产、发票、报税、往来、经营分析等。高效、便捷的人工智能化系统，可以全面提升小企业财务管理水平，包括总账管理、固定资产管理、发票管理、辅助核算、出纳管理、一键报税、管理分析等功能。

(3)"云会计+云进销存"模式。该模式实现了云会计与云进销存的有机融合,为企业提供财务、采购、销售、库存、资金等集成管理,包括总账管理、固定资产管理、发票管理、辅助核算、出纳管理、一键报税、管理分析、采购管理、销售管理、库存管理、资金管理等功能。同时,系统对接第三方电商平台,帮助企业处理线上线下订单,让生意更轻松、会计更简单。

二、云会计的特点

(1)追踪先进技术和管理思想。以软件可复用作为软件开发的手段,基于新技术的体系架构具备良好的开放性能,大大缩短产品的构建周期。将用户需求作为关注焦点,采用引进、消化、吸收、改进、创新为主的发展模式,成为推动产品发展的源动力。

(2)完整的财务业务管理流程。集成的体系架构,子系统之间一体化设计,既可以单独使用也可组装使用,业务、财务等各子系统之间可以实现无缝链接,实现真正的财务业务一体化。

(3)采用主流的开发模式,通过SaaS运营平台为企业提供管理信息化系统。企业无须购买硬件,通过浏览器登录注册,即可根据应用场景通过"所见即所得"的设计方式搭建业务模型,进行个性化应用设计,实现应用增值,支持订阅模式,按年付费,按需购买。

(4)软件支持跨平台应用。支持PC端、微信端、平板端多端通用,一键分享,实时同步企业数据。具有基于SaaS应用的云端软件特点,免安装、免维护、免培训,有网就能使用。

(5)软件功能智能化、多样化。具有智能凭证自动记账、智能报表自动生成、智能结转、一键报税等智能化、多样化功能。

(6)企业管理者随时随地,经营状况全盘掌控,四大管理报表(应收、应付、费用、经营状况)自动生成。

(7)免费获取金融、培训等增值服务。对接工商银行等金融机构,线上融资,放款快、额度高、无抵押;最新财税课程,帮助会计转型进阶。

> **相关思考2-1**

云会计与传统财务软件的区别

云会计和传统财务软件是两种不同的财务管理工具。

传统财务软件是安装在本地计算机上的软件,需要在本地进行安装、配置和维护。用户需要购买软件许可证,并且需要有一定的技术知识来操作和管理软件。传统财务软件通常具有较高的安全性和数据控制能力,但对于小型企业来说,成本较高且使用不够灵活。

云会计是基于云计算技术的财务管理解决方案。用户可以通过互联网访问云会计软件,无需安装和维护软件。云会计提供了更加灵活和便捷的财务管理方式,用户可以随时随地通过互联网进行财务操作和查询。云会计通常具有较低的成本和更高的可扩展性,适合中小型企业使用。

云会计与传统财务软件相比,具有以下优势。

(1)灵活性:云会计允许用户随时随地通过互联网访问,不受时间和地点的限制。

(2)成本效益:云会计通常以订阅方式提供,用户只需支付相对较低的月费,无需购买软件许可证和硬件设备。

(3)数据安全:云会计提供了高级的数据备份和安全措施,确保用户数据的安全性和可靠性。

(4)实时协作:云会计可以实现多人实时协作,不同部门和团队可以同时访问和处理财务数据。

(5)自动化处理:云会计可以自动化处理一些繁琐的财务操作,提高工作效率和准确性。

然而，云会计也面临一些挑战和限制，如对网络连接的依赖性和数据隐私的安全性等问题。因此，在选择云会计或传统财务软件时，企业需要综合考虑自身的需求、预算和安全要求。

第二节 云会计平台注册与登录

一、云会计平台注册

浪潮云会计平台实现了对企业现金流、物流、信息流进行统一管理，是一个整体化、综合性强的企业级 ERP 系统。这是一个利用信息技术对会计信息进行采集、存储和处理，完成会计核算任务，并能提供会计管理、分析、决策所需辅助信息的系统。平台可在私有云和公有云上运行。输入网址 https://vip.eyun.cn/login/login.html，进入浪潮云会计平台进行注册。平台注册界面如图 2-3 所示。

二维码 2-2
操作视频：
浪潮云会计平台注册及登录

注册界面提供两种注册方式，分别为手机号注册、微信注册。在注册时，单击登录框下的"免费注册"按钮，版本选择"云会计"。

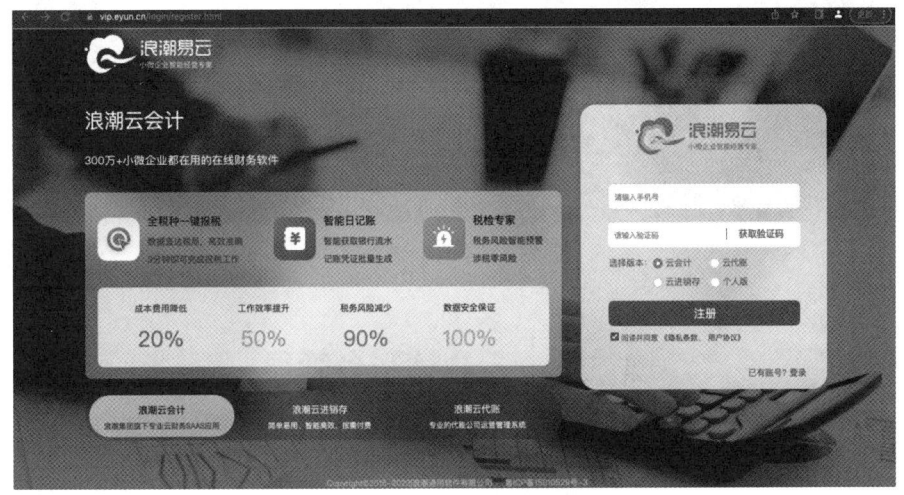

图 2-3 平台注册界面

延伸阅读 2-2

超级管理员

注册浪潮云会计平台的操作员会自动成为浪潮云会计平台的超级管理员（Administrator）。超级管理员负责根据已确定的企业核算特点及管理要求建立账套，按照企业岗位分工要求设置用户并分配其对应权限；随时监控系统运行过程中出现的问题，清除异常任务、排除运行故障，保障网络系统的安全，预防计算机病毒侵入；定期进行数据备份，保障数据安全、完整。

超级管理员自动拥有删除账套、注销员工、备份数据的权限。

如果需要将某一普通员工设置为超级管理员，可以使用"超级管理员移交"功能。在"员工管理"界面，选中所需移交超级管理员权限的员工信息，单击【超级管理员移交】按钮，即可完成超级管理员权限的移交。值得注意的是，一个账套只能有一个超级管理员。

二、云会计平台登录

云会计平台登录方式灵活,支持密码登录、短信登录、扫码登录三种形式,极大地方便企业用户的登录。云会计平台登录界面如图2-4所示。用户可以在登录界面选择其中一种方式进行登录。具体操作如下。

密码登录:录入手机号、密码、验证码后单击【登录】按钮进入系统。
短信登录:录入手机号,单击【获取验证码】按钮,输入完成后单击【登录】按钮进入系统。
扫码登录:单击右上角二维码,使用微信扫码进入系统。

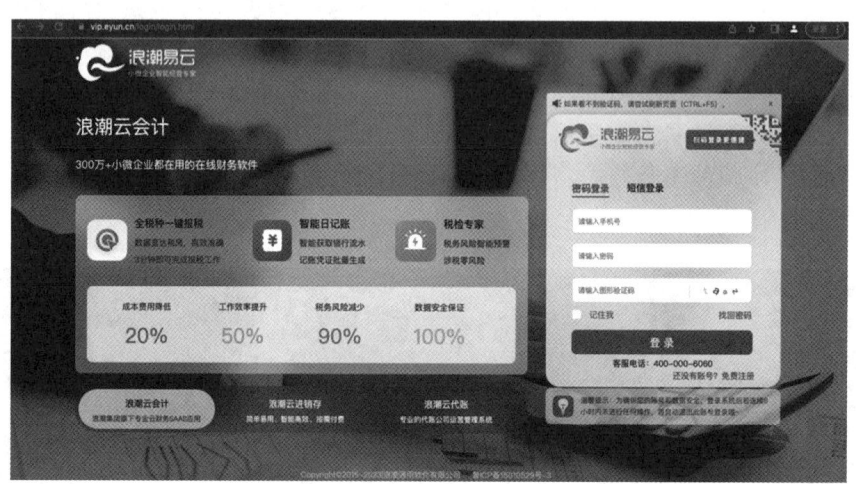

图2-4　平台登录界面

第三节　云会计平台管理

一、云会计平台管理概述

浪潮云会计平台管理主要是对云会计在正式账务处理之前的各项系统功能的管理,主要包括账套管理、员工管理、统计分析、设置等模块,用以管理企业的账套和员工,统计员工的工作状况,企业管理中心界面如图2-5所示。

图2-5　企业管理中心界面

注：只有超级管理员和主管角色能看到企业管理这个模块，普通员工账号无法访问该模块。

单击【进入云会计】按钮，进入"首页"界面，如图2-6所示。首页以图文形式展示企业的记账情况以及税务风险分析数据，让账套的管理者对企业的记账情况一目了然，并能随时了解企业税务风险分析数据，对税务风险做到有效预防。

图2-6　首页界面

相关思考2-2

如何把企业现有的财务资料转移到浪潮云会计平台

浪潮云会计平台只是管理企业业务的平台，目前平台没有企业的任何数据。因此无论企业原来是采用手工记账还是使用其他软件进行财务核算，都需要把既有的数据建立或转移到新系统中。为此，企业需在浪潮云会计平台建立账套，录入基础档案信息，对各模块进行系统设置和录入期初数据，然后进行凭证录入及相关会计工作处理，月末时进行期间损益结转及编制报表。具体操作流程如图2-7所示。

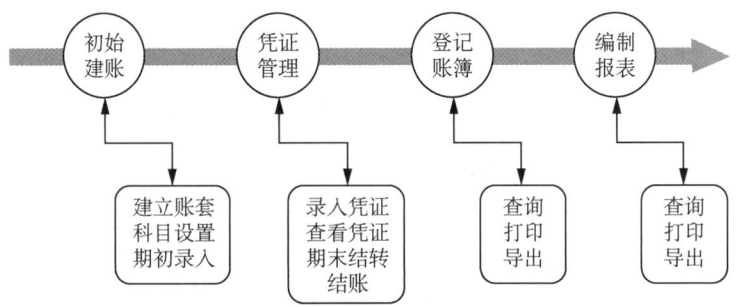

图2-7　财务资料转移到浪潮云会计平台操作流程

二、账套管理

账套是企业存放财务核算对象的所有财务业务数据文件的总称。每个独立核算企业都有一套完整的账簿体系，把这样的一套完整的账簿体系建立在计算机系统中，即形成一个账套。账套管理是企业财务管理中非常重要的环节，它是指对企业的财务和业务数据进行分

二维码2-3
拓展阅读：
两套账被罚
案例

类、记录、汇总、核算、报表等一系列管理工作。账套管理的意义在于,能够帮助企业实现财务和业务数据的规范化、标准化和自动化,提高财务管理的效率和准确性,为企业的决策提供可靠的数据支持。

通过对财务数据进行自动化处理,可以显著降低人工操作的时间和错误率,提高财务管理的效率和准确性。同时,账套管理还能够帮助企业实现财务数据的实时更新和及时查询,使企业能够及时了解自身的财务状况,做出更加准确的决策。因此,企业应该高度重视账套管理,建立起一套完整的财务管理制度,确保财务数据的真实性和准确性。

(一)建立账套

创建账套是指在云会计平台中为企业建立一套符合财务核算要求的账簿体系,是企业应用云会计平台的首要环节。每个企业也可以为其每一个独立核算的下级单位建立一个核算账套。换句话说,在浪潮云会计平台中可以为多个企业(或企业内多个独立核算的部门)分别建账,且各账套数据之间相互独立、互不影响。因此,在建立账套时,必须设置公司名称作为区分不同账套数据的唯一标识,公司名称必须输入且不能重复。

二维码2-4
操作视频:
创建账套

在创建账套过程中,需要填写公司名称、联系人、税号、手机号、选择行业、报税地区、会计制度、启用期间、增值税、科目体系等内容。

会计制度是指国务院财政部门根据会计法制定的关于会计核算、会计监督、会计机构和会计人员以及会计工作的管理制度。企业在创建账套时需要根据本企业会计制度进行选择,选择后无法再进行更改。云会计平台中提供了2007年《企业会计准则》、2013年《小企业会计准则》、2019年《企业会计准则》等多种企业准则。选择会计制度后,浪潮云会计将会自动地为账套预置与会计制度相关的会计科目和编码,以及对应的各种账簿和会计报表等。账套建成后无法修改会计制度。

启用期间是指企业创建账套时选择的数据启用时间。凭证或期初数据一经录入,则无法修改。

对于增值税及科目体系,企业在创建账套时需要根据企业类型选择是小规模纳税人或一般纳税人。

延伸阅读2-3

云会计账套与传统账套的区别

传统账套是建立在本地服务器中,而云会计是把账套建立在软件供应商服务器中,由云软件供应商统一管理。

【案例2-1】 山东大朋鸟科技制造有限公司成立于2018年。该公司位于山东省济南市高新区高科技制造产业园C座,法人代表为杨磊,法人电话为15165160000,企业税务登记号为911370100CQ8P9PUF,企业开户银行为中国建设银行济南市高新支行,银行账号为68200000000897728712。

该公司从事XCJmini3无人机和XCJ4pro无人机生产及销售,采用2019年《企业会计准则》,记账本位币为人民币。公司领导层决定于2023年1月正式启用浪潮云会计平台。公司委派财务部经理赵紫妍全面负责浪潮云会计平台的上线工作。

财务部经理赵紫妍组织财务部及相关业务人员开会讨论,确定云会计线上平台建设的各项事项。现需建立账套,启用日期为2023年1月1日。

【操作步骤】

(1) 登录云会计平台后,单击【创建账套】按钮,录入账套信息界面如图2-8所示。

(2) 输入基本信息,包括公司名称、联系人、会计制度、启用期间、增值税类型等,该公司的账套信息如图2-9所示,输入完成后单击【提交】按钮,账套创建成功。

注:在建账界面标注＊图标的信息为必填项,其他信息可以选填。公司名称不能包含特殊符号或空格,需输入规范的公司名称或单位简称。

图2-8　录入账套信息界面

图2-9　山东大朋鸟科技制造有限公司账套信息

相关思考2-3

如何选择增值税纳税人身份

增值税法根据纳税人的经营规模及会计核算健全程度的不同,将纳税人划分为一般纳税人和小规模纳税人。不同身份纳税人之间的具体区别如下。

(1) 增值税计税方法不同:小规模纳税人按征收率3%或5%计税,但不可以抵扣进项税额;一般纳税人按税率13%、9%、6%以及零税率四档计税,可以抵扣进项税额。

(2) 销售额标准不同:小规模纳税人年应征增值税销售额(不含增值税)500万元以内,一般纳税人年应征增值税销售额(不含增值税)500万元以上。

(3) 申报期不同:小规模纳税人按季度或月度申报增值税,大多数是按季申报;一般纳税人按月度申报增值税。

(4) 税收优惠不同:从2023年1月1日起,对月销售额10万元,季度销售额30万以下(含本数)的增值税小规模纳税人,免征增值税;而一般纳税人没有这个优惠。

根据国家税务总局令第43号《增值税一般纳税人登记管理办法》(以下简称《管理办法》)第3条规定,年应税销售额未超过规定标准的纳税人,会计核算健全,能够提供准确税务资料的,可以向主管税务机关办理一般纳税人登记。本办法所称会计核算健全,是指能够按照国家统一的会计制度规定设置账簿,根据合法、有效凭证进行核算。

根据《管理办法》,即使年应税销售额未达到标准,符合一定条件的小规模纳税人也可以选择一般纳税人身份。

在实际经营决策中,为了减轻税负,企业在暂时无法扩大经营规模的前提下,实现由小规模纳税人向一般纳税人转换,必然会增加会计成本。如果小规模纳税人由于税负减轻而带来的收益不足以抵销这些成本支出,则企业可仍保持小规模纳税人身份。如果纳税人片面要求降低税负而不愿做一般纳税人,则可能会导致不能开具增值税专用发票,进而影响企业销售额。总之,在纳税人身份选择上,企业应尽可能把降低税负与不影响销售结合在一起综合考虑,以获得最大的节税效益。

相关思考2-4

如何选择会计准则

目前执行的会计准则(制度)包括:

(1) 2013年颁布的小企业会计准则。根据《财政部关于印发小企业会计准则》的通知(财会[2011]17号)第2条的规定,《小企业会计准则》适用于在中华人民共和国境内依法设立的、符合《中小企业划型标准规定》规定的小型企业标准的企业。

这里所指的《中小企业划型标准规定》,参照的是《工业和信息化部、国家统计局、国家发展和改革委员会、财政部关于印发中小企业划型标准规定的通知》(工信部联企业[2011]300号)。这个文件中将中小企业划分为中型、小型、微型三种类型。其中,小型企业和微型企业都是可以选择执行《小企业会计准则》的。例如,对于零售企业来说,从业人员在50人及以上、营业收入在500万元及以上的为中型企业,而低于这一标准的则属于小型、微型企业,可以选择适用《小企业会计准则》。值得注意的是,有三类企业不能选择小企业会计准则:①股票或债券在市场上公开交易的小企业。②金融机构或其他具有金融性质的小企业。③企业集团内的母公司和子公司。

二维码2-5 拓展阅读:中小企业划型标准规定

(2)《企业会计准则》:适用于所有企业。

《中小企业划型标准规定》所规定的符合小型企业标准的企业可以执行《小企业会计准则》,也可以执行《企业会计准则》。已执行《企业会计准则》的上市公司、大中型企业和小企业,不得转为执行《小企业会计准则》。根据财会[2011]17号第3条的规定,执行本准则的小企业若公开发行股票或债券,则应当转为执行《企业会计准则》;因经营规模或企业性质变化导致不符合本准则第2条规定而成为大中型企业或金融企业的,应当从次年1月1日起转为执行《企业会计准则》。

执行《小企业会计准则》的小企业,如发生的交易或者事项《小企业会计准则》未作规范的,可以参照《企业会计准则》中的相关规定进行处理。执行《企业会计准则》的小企业,不得在执行《企业会计准则》的同时,选择执行《小企业会计准则》的相关规定。

(3) 民间非营利组织会计制度:适用于非营利性组织。
(4) 农民专业合作社会计制度:适用于种植、养殖等专业合作社。
(5) 2022基层工会会计制度:适用于工会组织。
(6) 2022县级以上工会会计制度:适用于工会组织。
(7) 政府会计准则:适用于行政事业单位、公立医院、公立卫生院、公立学校等。
(8) 新会计制度(部分企业还在用):适用于商贸行业、生产制造行业、建筑工程、房地产行业、装修装饰行业、种植养殖业等。

对于民间非营利组织、合作社、村集体、工会等组织,可以直接选择对应的会计制度。若是有多种不同性质的单位,需选择兼容各会计准则的财务软件。

(二) 修改账套

一般在账套创建完成后进行企业信息数据维护、报税信息维护、账套导出、账套备份、账套删除。账套管理工作一般由企业系统管理员进行维护和管理,账套中的企业信息可以由系统管理员或账套主管进行维护和管理。企业账套在创建初期会面临诸多问题,所以账套管理工作在此阶段非常重要。

二维码2-6 拓展阅读:小企业会计准则与企业会计准则区别

1. 公司数据维护

账套使用过程中,企业信息可以随时进行修改。通过云会计平台的账套管理功能,单击

【山东大朋鸟科技制造有限公司】后,即可进行企业信息维护工作,基本信息维护如图2-10所示。日常信息维护包括对公司名称、联系人、经营地址等数据进行修改。

2. 报税信息维护

浪潮云会计平台提供智能化报税功能,企业账套数据通过"一键报税"功能直接对接各地方税务机关进行企业纳税申报。创建账套完成后可单击【维护报税信息】功能进行企业报税信息维护,具体操作如图2-11所示。在这个功能中,可对企业名称、税号、密码、报税地区、增值税、办理人姓名、办理人密码、办理人类型、个税密码等信息进行维护。

图2-10 基本信息维护

图2-11 一键报税信息维护

(三)账套导出及备份

备份账套就是把云会计平台记录的会计核算内容以文件的形式另存起来,保证会计资料的安全完整。一旦原有的账套毁坏,可以通过账套恢复功能将以前的账套备份文件恢复成一个新的账套进行使用。企业在应用会计信息系统时,账套导出及备份工作是定时定期进行的,其目的是保护账套数据的安全性,防止数据丢失或损坏。账套备份是将账套数据、财务数据、业务数据等内容进行备份。"账套导出"及"全部备份"功能见图2-12。

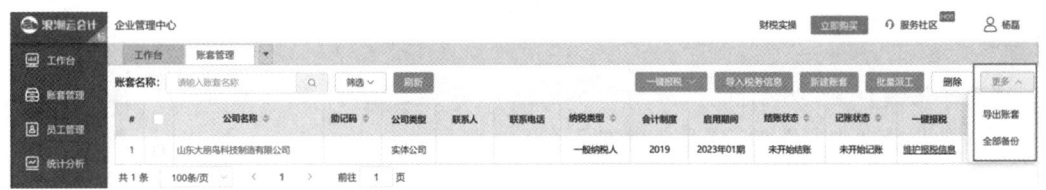

图2-12 账套导出及全部备份功能

延伸阅读2-4

浪潮云会计数据备份策略

(1)数据库主备:每个分布式节点都有2台主备服务器提供服务,一台是主服务器(master),另一台是备服务器(slave)。当一台MySQL数据库服务器出现故障时,备份服务器能够接管服务,保证数据不丢失。

(2)数据备份:所有应用服务器都有一个分布式备份任务,每天固定时间对所在服务节点上的企业账套进行全量备份。备份的数据以文件形式存在网络文件系统(network file system, NFS)上,按7天一个周期保存。如果出现系统故障,可指定某个企业账套进行恢复。

(3) 用户自备份:云会计应用还可以满足用户自备份的需要。用户可以每天把存储在 NFS 上的备份文件下载到客户端,自主保管。

(四) 账套删除

账套删除功能在企业应用过程中较为少用,但在执行删除操作之前,务必进行账套备份工作,以免意外删除重要数据。删除账套时,在账套管理首页选中需要删除的企业账套,单击【删除】按钮即可执行删除操作。账套删除功能可见图 2-13。

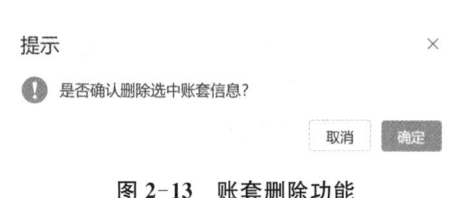

图 2-13 账套删除功能

延伸阅读 2-5

还原账套

已开通进销存账套不允许删除。删除后的账套可以在回收站里还原。

在"企业管理中心"界面,单击【回收站】按钮,进入回收站界面,选择需要还原的账套,单击【还原】按钮即可还原账套。若是单击【彻底删除】按钮,则该账套将被永久删除。

三、云会计平台用户管理

(一) 用户管理的意义

用户管理和权限管理是会计云平台中不可或缺的一部分。企业应用中,系统用户和功能众多,用户管理功能可以实现不同用户对系统功能的不同需求。出于安全等因素的考虑,关键的、重要的系统功能需限制部分用户的使用。出于方便性考虑,系统功能需要根据不同用户的需求而定制。

(二) 增加用户

增加用户前,需要先根据企业内部组织规划增加相关部门。此处增加部门主要是针对操作员设置的,可以只设置涉及的部门。

【案例 2-2】 在浪潮云会计平台增加部门"财务部"。

【操作步骤】

在"企业管理中心",单击【员工管理】|【部门员工】按钮,进入"部门员工"界面。单击"部门管理"下方的⊕图标,输入部门名称,如图 2-14 所示。单击【确定】按钮,即可增加部门信息。

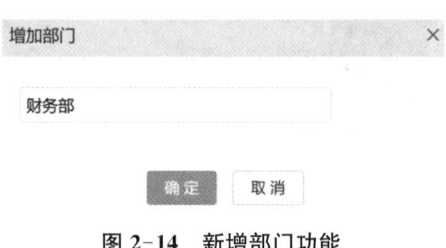

图 2-14 新增部门功能

二维码 2-7
操作视频:
浪潮云会计平台用户管理

延伸阅读 2-6

编辑和删除部门

在"企业管理中心",单击【员工管理】|【部门员工】按钮,进入"部门员工"界面。单击"部门管理"下方的图标,会出现编辑部门界面。编辑完成后单击【确定】按钮。

单击【企业管理】按钮,在界面左上方选择【部门和员工】,进入【部门和员工】界面。单击"部门管理"下方的⊗图标,会出现提示界面。单击【确定】按钮即可删除部门。

员工模块可以用来设置该企业的部门以及操作账套的员工的资料,包括增加、注销员工等,并可以给员工设置不同的角色,对员工实行分部门管理。在增加员工时,可选择所属的部门和角色,日常应用中可根据企业岗位分工进行员工的增加或注销。

【案例2-3】 山东大朋鸟科技制造有限公司会计信息化岗位责任制,如表2-1所示。

表2-1 山东大朋鸟科技制造有限公司会计信息化岗位责任制

手机号	操作员姓名	操作员权限	岗位	所属部门	部门角色
13876549999	赵紫妍	所有权限	财务主管	财务部	主管
15566770002	黄旭蕾	查询、凭证制单、打印、导出、固定资产、发票、报税、税务预警、工资	会计	财务部	员工
18766779898	王玉和	查询、出纳	出纳	财务部	员工

要求:根据表2-1增加操作浪潮云会计平台的操作员。

【操作步骤】

(1)在"企业管理中心",单击【员工管理】|【部门员工】按钮,进入"部门员工"界面。单击【增加员工】按钮,打开"增加员工"界面,如图2-15所示。

(2)根据表2-1,输入员工的"手机号",根据手机上收到的验证码输入"验证码"。接着,录入员工的"姓名""密码",选择新增员工所属部门,对员工实行分部门管理,选择部门角色,单击【确定】按钮,即可增加云会计软件的操作员。

注意:若增加的员工为部门主管,还需要选择主管的角色权限。

"员工"角色只具备操作"在线财务平台"的权限,"主管"角色除了拥有"员工"角色的权限外,还包含创建账套、修改账套、增加操作员、派工等权限,但"主管"角色没有删除账套的权限。

图2-15 增加员工界面

延伸阅读2-7

用户身份认证

与手工方式下通过签字盖章等明确责任人的方式不同,在浪潮云会计平台中,系统是通过登录系统时输入的"手机号+密码"来认定用户身份的。当该操作员在浪潮云会计平台中进行业务处理时,系统会自动在业务凭证上记录其姓名,以此明确经济责任。可以说,操作员的口令(密码)是系统识别用户的关键。

在浪潮云会计平台中,操作员的增加由超级管理员进行,并在增加用户时为用户设置口令。也就是说,此时设置的用户口令除了用户本人外,还有超级管理员知晓。因此,新用户在第一次登录浪潮云会计平台时,需及时修改口令,以避免他人盗用自己的身份操作系统。不仅如此,用户还应定期更改口令,加强个人身份的安全防范意识。

延伸阅读2-8

进销存系统与总账系统中的角色设置存在差异,总账系统中的角色只有"主管""员工",进销存系统中的角色有"主管""销售""采购""仓管""资金"。

相关思考2-5

若操作员离职应如何注销

单击【企业管理】按钮,在界面左上方单击【部门和员工】按钮,进入【部门和员工】界面。选择离职员工,单击【注销员工】按钮,会出现提示界面。单击【确定】按钮即可删除。

(三)员工派工

派工指的是对用户权限的管理。建立账套后,应该为账套进行派工,授予这些用户在账套中相应的操作权限。严格的权限管理可以防止与企业无关的人员进入企业账套,避免企业商业机密的泄露,有助于增强企业内部控制。

员工派工功能根据企业岗位职责进行派工权限设置。具体权限包括信息查询、凭证制单和审核、打印导出、出纳、固定资产、结账、发票、报税、税务预警、工资等。在工作台中选择账套进行"派工"权限设置。相关权限介绍如下。

(1)信息查询:该权限具有企业账套所设置的信息查询权限,不具备修改或设置权限。

(2)凭证制单和审核:该权限具有企业账套总账系统中凭证制作和凭证审核的权限。在凭证制作过程中,可设置凭证日期、摘要、科目、金额、附件张数。

(3)打印导出:该权限具有企业账套中所有账簿、报表和记账凭证的打印导出和列表打印导出功能。

(4)出纳:该权限具有企业账套中出纳模块的所有权限及记账凭证中关于库存现金和银行存款科目相关凭证的新增权限。

(5)固定资产:该权限具有企业账套中固定资产模块的所有权限,可对企业固定资产进行新增卡片、导入导出卡片、计提折旧、对账、打印列表等操作。

(6)结账:该权限具有对企业账套的数据进行结账、反结账、整理断号等操作的权限。

(7)发票:该权限具有企业账套的发票模块进行设置的权限,可对进项发票、销项发票、费用发票、微信电子发票、发票设置、发票抬头进行设置和管理等。

(8)报税:该权限具有企业账套的报税模块进行设置的权限,可对一键报税、企业信息、财税申报、税务预警工作进行设置和管理。

(9)税务预警:该权限具有企业账套的报税模块中税务预警内容进行提示和管理的权限。

(10)工资:该权限具有企业账套的工资模块的权限,可对员工基本信息、工资列表、部门工资汇总表、个税报表、社保及公积金、工资计算、工资分摊进行设置和管理。

【案例2-4】 承[案例2-3],为山东大朋鸟科技制造有限公司的操作员进行派工。

【操作步骤】

(1)单击【账套管理】按钮,打开"账套管理"界面,在"账套管理"界面显示已经建立的账套,如图2-16所示。

图 2-16　账套管理界面

(2) 单击【派工】按钮,打开"派工"界面,选择"黄旭蕾",按照表 2-1 的操作员权限进行派工。完成设置后,单击【保存】按钮,派工界面如图 2-17 所示。

图 2-17　派工界面

(3) 运用同样的方法为"王玉和"派工。

　延伸阅读 2-9

被指派的员工登录后将看到派给自己的账套,并拥有超级管理员或主管分配的权限。由于增加操作员"赵紫妍"时,部门角色的选择为"主管",故"赵紫妍"自动拥有所有权限。

只有超级管理员和主管的角色才可以增加操作员和分配权限。

　延伸阅读 2-10

不同角色的"企业管理"界面

"超级管理员"视角下的企业管理界面如图 2-18 所示。

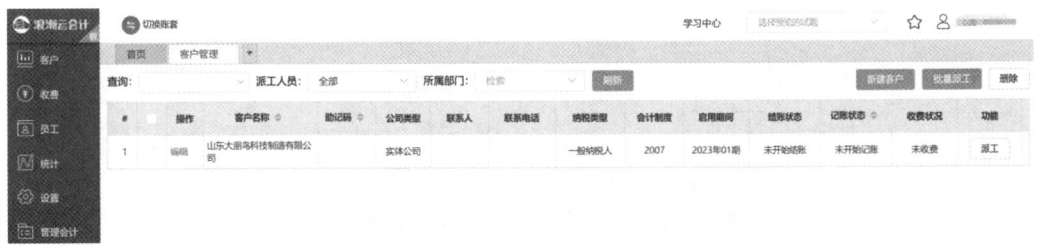

图 2-18　"超级管理员"视角下的企业管理界面

"主管"视角下的"企业管理"界面如图 2-19 所示。

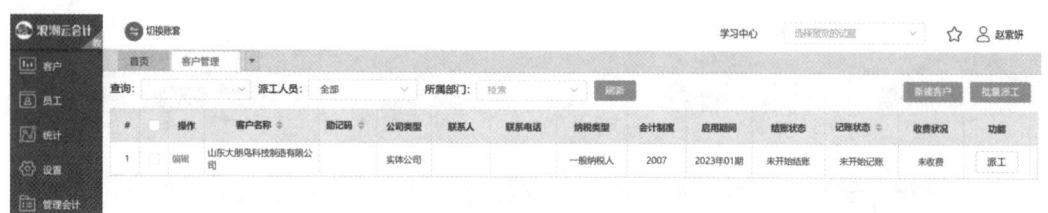

图 2-19 "主管"视角下的企业管理界面

"员工"视角下的"企业管理"界面如图 2-20 所示。

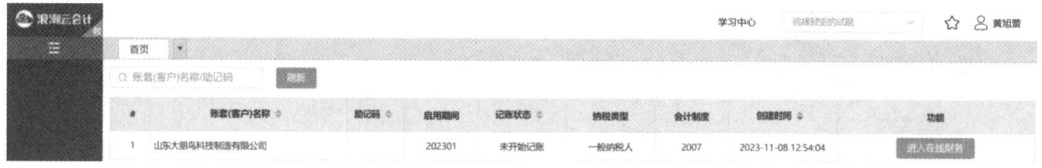

图 2-20 "员工"视角下的企业管理界面

> **相关思考 2-6**

如何批量派工

单击【企业管理】|【账套管理】按钮,打开"账套管理"界面,显示已经建立的账套,勾选需要进行派工的账套,单击【批量派工】按钮即可同时对多个账套进行派工。

> **相关思考 2-7**

如何设置老板账号

设置老板账号后可在微信公众号"浪潮云会计"内登录老板看板。

1. 单击【企业管理】|【账套管理】按钮,打开"账套管理"界面,显示已经建立的账套。
2. 选择"编辑账套信息或新建账套",打开编辑界面或新建界面。
3. 输入老板的手机号,若有多个老板,可设置多个手机号。

> **相关思考 2-8**

企业的全部数据存储在云会计平台,如何确保这些数据的安全

浪潮云会计平台具体安全保障模式可见图 2-21。

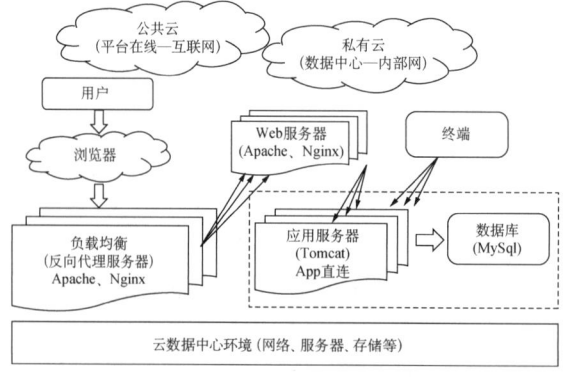

图 2-21 安全保障模式

浪潮云会计采用的具体安全策略如下：

(1) 防火墙规则：禁用所有端口，仅开放白名单协议端口。

(2) NAT 网络地址转换：通过网络地址转换，对云会计的应用服务端口都做了转换，例如 Redis 服务端口由 6379 改为 63××。

(3) 数据库访问授权：仅授权给指定的 IP 和用户访问数据库。

(4) 多级控制：在 Apache 配置代理规则进行访问控制，并在 NFS 授权给指定的 IP 数据共享权限。

(5) 防暴力破解：密码使用 MD5 加密传输，连续 5 次登录失败将封锁客户端 IP 地址 30 分钟；黑客尝试访问未识别接口时，自动更新 IP 黑名单，并且防火墙自动封禁 IP 一天。

(6) RSA 加密用户信息：使用自定义算法对用户信息进行加密，增加了黑客攻击的难度。

(7) Token 的有效期：Token 的有效期设置为 2 个小时，超时后系统会自动登出用户，以保证用户安全。如果用户 2 个小时内未操作或 Token 验证失败，则需要重新登录。

(8) 控制跨域调用：只有合法的用户才能通过跨域调用云会计的接口读取数据。

本章小结

本章主要学习了企业初始创建账套的过程，包括设置账套中的企业信息、员工信息、派工设置、账套管理等相关内容。同时，了解账套概念、账套管理概念及账套创建和使用的全流程。

本章重要概念

创建账套　账套　账套管理　备份账套　档案维护　派工

本章练习

一、单项选择题

1. 以下（　　）项目无需在建立账套过程中确定。
   A. 会计主管　　　　　　　　　　B. 会计制度
   C. 账套启用会计期　　　　　　　D. 单位名称
2. 浪潮云会计平台中（　　）可以作为区分不同账套数据的唯一标识。
   A. 账套号　　　　　　　　　　　B. 公司名称
   C. 账套名称　　　　　　　　　　D. 账套主管
3. 如果出纳员王玉和一年后调出本企业，为确保系统安全，应在企业管理中心做（　　）处理。
   A. 将王玉和的名字修改为新来的出纳　　B. 删除员工
   C. 注销员工　　　　　　　　　　　　　D. 停用当前账套
4. 在浪潮云会计平台，账套一经建立，不能更改（　　）。
   A. 企业名称　　B. 启用日期　　C. 会计制度　　D. 增值税
5. 浪潮云会计财务模块不包括（　　）。
   A. 工资　　　　B. 报表　　　　C. 固定资产　　D. 销售

二、多项选择题

1. 在浪潮云会计平台增加操作员时,需设置的项目包括( )。
   A. 手机号   B. 操作员编号
   C. 所属部门   D. 选择部门角色

2. 关于账套主管,以下说法正确的有( )。
   A. 可以增加员工   B. 可以为本账套的员工设置权限
   C. 自动拥有本账套的所有权限 D. 可以删除自己所管辖的账套

3. 下面( )角色有权在系统中建立企业账套。
   A. 企业老总   B. 超级管理员   C. 主管   D. 员工

4. 建立单位核算账套时,必须设置的基本信息包括( )。
   A. 企业名称   B. 增值税   C. 会计制度   D. 启用期间

5. 录入凭证后,以下( )账套信息不能修改。
   A. 企业名称   B. 增值税   C. 会计制度   D. 启用期间

三、判断题

1. 浪潮云会计不仅可以建立多个账套,还可以在每个账套中存放多个年度的数据。( )
2. 一个账套,可以指定多个账套主管。( )
3. 一个用户只能担任一个账套的账套主管。( )
4. 使用云会计平台进行会计核算不需要安装软件。( )
5. 年结后,需重新新建账套才可以持续做账。( )

四、思考题

1. 浪潮云会计平台企业管理中心有哪些主要功能?
2. 浪潮云会计平台提供了哪些保障系统安全的手段?
3. 建立账套时,选择《企业会计准则》与选择《小企业会计准则》的区别是什么?

第三章　云会计初始化

- ➢ 内容提要
- ➢ 重点难点
- ➢ 学习目标
- ➢ 知识框架
- ➢ 思政育人
- ➢ 第一节　初始化概述
- ➢ 第二节　基础档案设置
- ➢ 第三节　会计科目设置
- ➢ 第四节　期初余额录入
- ➢ 本章小结
- ➢ 本章重要概念
- ➢ 本章练习

内容提要

本章主要讲解了浪潮云会计初始化的步骤和操作方法，实现对账套工作环境和初始资料的设置。浪潮云会计初始化设置主要包括系统设置、基础档案设置、会计科目设置和期初余额录入。通过完成初始化的相关设置，可以保证日常业务处理和财务核算工作的准确性和高效性。

重点难点

本章重点为基础档案设置、新增会计科目和期初余额录入。本章难点为会计科目设置和期初余额录入。

学习目标

通过本章学习，学生应理解云会计初始化在云会计信息系统中的重要地位，熟悉初始化步骤；掌握设置基础档案，包括部门档案、员工档案、客户档案、供应商档案等档案的方法；掌握新增、修改、删除会计科目的方法；掌握期初余额录入的方法及期初余额试算平衡的原理与方法。

知识框架

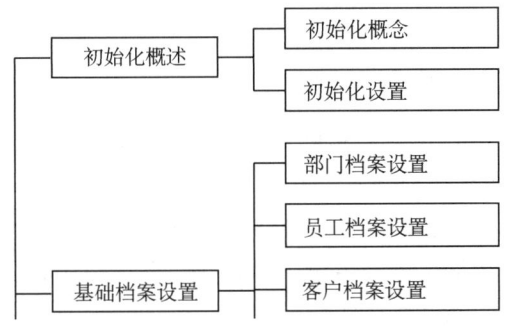

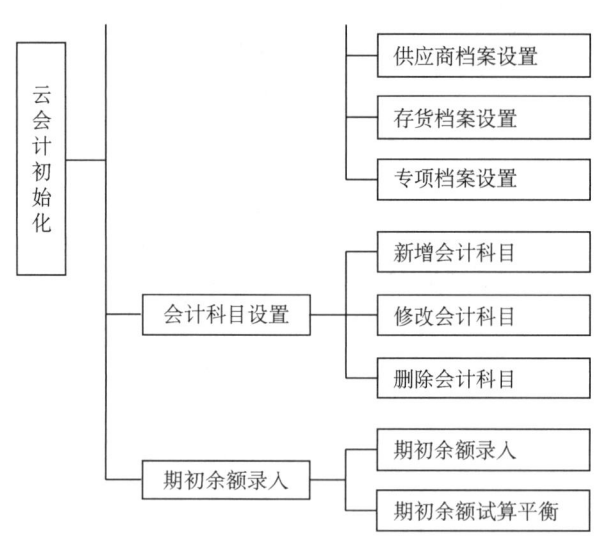

思政育人　　ERP 软件流程定死导致许继项目失利

1998年年初,河南许继集团(以下简称许继)选择了 symix 公司(现更名 Frontstep)的 ERP 产品来实施企业资源规划。从1998年年初签单到同年7月份,许继实施 ERP 的进展都很顺利,包括数据整理、业务流程重组以及物料清单的建立都进行得很顺利。厂商的售后服务工作也还算到位,基本完成了产品知识的转移。另外,许继还在培养自己的二次开发队伍方面做了一定的工作。如果这样发展下去,许继或许会成为国内成功实施 ERP 企业的典范。然而,计划赶不上变化。到了1998年8月份,许继内部为了适应市场变化,开始发生重大的组织调整。企业经营结构变了,而当时所使用的 ERP 软件流程已经固化。于是,许继与 symix 公司友好协商,暂停了项目。虽然项目已经运行了5个月,但是继续运行显然已经失去了意义。目前,symix 的 ERP 只是在许继一些分公司的某些功能上还在运行。

资料来源:twt 企业 IT 社区.历年来 ERP 著名失败案例深度解析,也适合其他 IT 项目参考[EB/OL].(2016-08-23)[2023-08-24]. https://mp.weixin.qq.com/s/EJBYRU1XFtUewRQSr-vr7w.

【思政寄语】

以科学和系统化的思想为指引,形成全面的大局观念,精心设计并审慎处理各个模块之间的相互关系,以确保整体计划的详尽和周密。

第一节　初始化概述

一、初始化概念

云会计初始化是对账套工作环境和初始资料的设置,主要包括系统设置、基础档案设置、会计科目设置和期初余额录入。初始化是云会计信息系统中十分重要的工作,是整个会计工作的基础。初始化设置的好坏,将直接影响到系统的运作质量。

建账实际上是在数据库管理系统中为企业建立了一个新的数据库,用来存储企业即将录入的各种业务数据。当经济业务发生时,企业要在正确的记录和计量前,将企业的一些公共基础信息录入到企业账套中。这是因为进行业务记录要用到很多基础信息,例如,收款业务涉及客户信息,报销涉及部门和人员,录入凭证需用到凭证类型和会计科目等信息。清晰的科目结构、明了准确的数据关系,会使用户在账套启用后的日常处理和财务核算工作中思路顺畅、处理简捷。因此,只有将这些基础信息录入到企业账套中,才能开始日常业务处理。

二、初始化设置

(一)系统设置

为了最大程度地满足不同企业的信息化应用需求,浪潮云会计平台通过系统设置功能来提供面向不同企业的解决方案。企业可以根据自身的实际情况进行选择,以确定符合企业个性特点的应用模式。系统设置直接影响日常业务处理的规则,所以在设置时应充分考虑日常业务的特点和管理要求,正确设置每一项参数,以便在今后的日常业务处理中按预先设置的参数进行核算和管理。

系统设置包括基础设置、常用科目设置、参数设置三个选项卡。例如,可以设置账套的科目编码长度,对不同经济业务活动设置常用科目或者进行自定义需求设置,也可以进行一些功能参数的设置。

【案例 3-1】 山东大朋鸟科技制造有限公司要求的系统设置如表 3-1 所示。

表 3-1 山东大朋鸟科技制造有限公司系统设置

选项卡	设置要求
基础设置	科目参数:编码长度为 4-2-2-2-2 基础参数:凭证分录辅助项显示为"科目编号 科目名称_辅助名称" 操作日志:不记录操作日志 设置小数位数:默认
常用科目设置	默认

【操作步骤】

单击【设置】|【系统设置】按钮,打开"系统设置"界面,默认为【基础设置】选项卡,在科目参数中修改"编码长度"为"4-2-2-2-2",在基础参数中修改"凭证分录辅助项显示"为"科目编号 科目名称_辅助名称",系统设置中基础设置界面如图 3-1 所示,单击【保存】按钮。

图 3-1 系统设置中基础设置界面

二维码3-1
知识点讲解：
会计科目编码规则

会计科目编码规则

浪潮云会计默认 4-3-3-2-2 五级会计科目编码体系，一级编码长度为 4 位，且不允许修改；其他级次的编码长度可以根据用户需求，在【设置】|【系统设置】|【基础设置】功能按钮中进行修改，编码长度最大可为 4 位，最小可为 2 位。科目编码长度为 4 位表示该级科目的个数最多为 9 999 个。会计科目编码应符合在此设置的编码规则。

（二）基础档案设置

基础档案是系统日常业务处理必需的基础资料，是系统正常运行的基石。企业在启用新账套时，应根据本企业的实际情况及业务需求进行基础档案的整理工作，并将相关信息正确地录入系统。

云会计中的基础档案设置包括对部门、员工、客户、供应商等档案的设置。基础档案的设置有助于提高日常业务处理效率，并且能保证数据的准确性。

（三）会计科目设置

会计科目，简称科目，是对会计要素的具体内容进行分类核算的项目，是进行会计核算和提供会计信息的基础。会计科目设置的完整性影响着会计过程能否顺利实施，会计科目设置的层次深度直接影响着会计核算的详细、准确程度。

浪潮云会计平台根据《2007 企业会计准则》《2019 企业会计准则》《2013 小企业会计准则》配置了三种不同的企业会计科目体系和多种辅助核算方式。企业在使用前，应结合自身的核算特点对会计科目体系进行优化。会计科目设置包括新增会计科目、修改会计科目和删除会计科目。

（四）期初余额录入

企业账套建立之后，需要在系统中录入各科目的期初余额，才能与手工业务处理进程衔接。各科目期初余额数据的准备与账套启用的会计期间相关。如果选择年初建账，只需要准备各科目上年年末的余额作为新一年的期初余额；如果选择年中建账，不仅要准备各科目启用会计期间上一期的期末余额作为启用期的期初余额，而且还要整理自本年度开始截至启用期的各科目累计发生数据。期初余额录入完成之后，还需进行试算平衡。

第二节 基础档案设置

一个账套由若干个子系统构成，这些子系统共享公用的基础信息，基础信息是系统运行的基石。在启用新账套时，应根据企业的实际情况，结合系统基础信息设置的要求，事先做好基础数据的准备工作，以确保初始建账顺利进行。

浪潮云会计提供了 6 种基础档案的设置，包括部门、员工、客户、供应商、存货、专项。此外，每个公司还可以根据自身业务需求，在自定义辅助类别部分进行个性化辅助档案设置。

一、部门档案设置

在会计核算中，往往需要按部门进行分类和汇总，下一级部门将自动向其隶属的上一级部门进行汇总。部门档案用于设置会计科目中要进行部门核算的部门名称，如管理费用及其明细科目，以及需要进行个人核算的往来个人所属部门，如其他应收款。

部门档案设置以及接下来要介绍的员工档案设置、客户档案设置、供应商档案设置、存货档案设置、专项档案设置等，都可以在"辅助字典"界面中完成。

【案例 3-2】 山东大朋鸟科技制造有限公司部门设置情况如表 3-2 所示。

表 3-2 部门档案

编号	名称
0001	总经办
0002	销售部
0003	财务部
0004	生产部
000401	车间管理
000402	生产车间
0005	采购部

二维码 3-2
操作视频：
部门档案设置

【操作步骤】

(1) 单击【设置】|【辅助字典】按钮，打开"辅助字典"界面，单击【部门】按钮，输入编号"0001"、名称"总经办"。

(2) 按"Enter"键或单击空白处，系统会自动添加下一项。按照上述方法继续增加其他部门。所有部门档案录入完毕的界面如图 3-2 所示。

图 3-2 部门档案录入完毕界面

延伸阅读 3-2

部门档案设置操作中的注意事项

(1) 部门编号必须符合编号原则，即至少为 4 位，至多为 8 位。

(2) 部门编号一旦被使用将不能被修改，而部门名称被使用后可被修改，部门档案资料一旦被使用将不能被删除。

（3）如果需要修改某项部门信息，只需单击所需修改的部门编号或名称处，然后进行修改即可。

（4）如果需要删除某项部门信息，则单击相应部门信息右侧的红色叉号图标即可；如果需要批量删除多项部门信息，则先在左侧复选框处勾选所需删除的部门信息，再单击右上角的【批量删除】按钮即可。

> **相关思考 3-1**
>
> **如何批量导入与导出部门档案**
>
> 若需要录入的部门较多，如上所述方式一条一条地录入，将占用过多时间。如果本地有部门档案文件，如 Excel 文件，那么能否批量导入部门档案呢？相反地，能否将云会计平台上的部门档案批量导出呢？
>
> 批量导入部门档案的方式为：打开【辅助字典】界面，单击右上方【导入辅助字典】按钮，选择辅助类别"部门"，然后下载部门模板，按照模板格式维护辅助核算项信息后，选择文件导入即可。其他基础档案也可按此方法批量导入。
>
> 批量导出部门档案的方式为：打开【辅助字典】界面，单击右上方【导出辅助字典】按钮，系统会把各基础档案类别分 sheet 页导出在一个文件里，打开该文件保存即可。

二、员工档案设置

员工档案主要用于登记本单位员工的信息资料，设置员工档案可以方便地进行个人往来核算和管理等操作。

【案例 3-3】 山东大朋鸟科技制造有限公司员工档案如表 3-3 所示。

表 3-3 员工档案

编号	名称	手机号	入职时间
0001	杨磊	15165160000	2021-10-11
0002	赵紫妍	13876549999	2021-10-27
0003	赵廷豪	16788881234	2021-12-20
0004	黄旭蕾	15566770002	2021-10-31
0005	王玉和	18766779898	2021-10-31
0006	王田	13345679890	2022-4-20
0007	田依浓	19811220080	2022-7-31
0008	王贤	18754955662	2022-3-14
0009	徐涵	19864108836	2022-5-17
0010	周浩楠	13954469888	2022-6-27

【操作步骤】

（1）单击【设置】|【辅助字典】按钮，打开"辅助字典"界面，单击【员工】按钮，输入员工编号"0001"、名称"杨磊"、手机号"15165160000"，选择入职时间"2021-10-11"。

（2）按"Enter"键或单击空白处，系统会自动添加下一项。按照上述方法继续增加其他员工。所有员工档案录入完毕的界面如图 3-3 所示。

图 3-3 员工档案录入完毕界面

延伸阅读 3-3

员工档案设置操作中的注意事项

(1) 员工编号必须符合编号原则,即至少为 4 位,至多为 8 位。

(2) 员工编号一旦被使用将不能被修改,员工名称被使用后可修改,员工档案资料一旦被使用将不能被删除。

(3) 如果需要修改某项员工信息,则单击所需修改的信息,然后进行修改即可。

(4) 如果需要删除某项员工信息,则单击相应员工信息右侧的红色叉号图标即可;如果需要批量删除多项员工信息,则先在左侧复选框处勾选所需删除的员工信息,再单击右上角的【批量删除】按钮即可。

相关思考 3-2

在"辅助字典"处增加的员工与在"企业管理中心"处增加的员工是同样的性质吗

"辅助字典"处增加的员工主要用于登记本单位员工的信息资料,设置员工档案可以方便地进行个人往来核算和管理等操作。在"企业管理中心"处增加的员工是浪潮云会计平台的操作员,不是同一个概念。

三、客户档案设置

客户是企业生产经营的对象,客户档案是销售管理、应收款管理中重要的基础数据。准确设置客户信息对往来账管理十分有利。例如,填制销售订单、销售发票时,会用到客户档案;进行应收账款记账、结算时,也需要进行客户科目辅助核算设置,以生成客户辅助账簿。

【案例 3-4】 山东大朋鸟科技制造有限公司客户档案如表 3-4 所示。

表 3-4　客户档案

编号	名称	客户税号	联系人	联系电话	银行账号
0001	山东大和科技发展有限公司	91370100WE8P5PGF65	赵鹏	13654667898	4820000234506970000
0002	山东辗迟商贸有限公司	91370300UY8900RR73	杨彩霞	15565778888	3420234289707920000
0003	北京祥和信息科技有限公司	91370300UY8900RR55	黄蕾蕾	13866667777	1234567890098760000
0004	上海豪瀚科技有限公司	91370300UY8900RR66	石富财	18766679999	9999888822223330000

【操作步骤】

（1）单击【设置】|【辅助字典】按钮，打开"辅助字典"界面，单击【客户】按钮，输入客户编号"0001"、名称"山东大和科技发展有限公司"、客户税号"91370100WE8P5PGF65"、联系人"赵鹏"、联系电话"13654667898"、银行账号"4820000234506970000"。

（2）按"Enter"键或单击空白处，系统会自动添加下一项。按照上述方法继续增加其他客户信息。所有客户档案录入完毕的界面如图 3-4 所示。

图 3-4　客户档案录入完毕界面

延伸阅读 3-4

客户档案设置操作中的注意事项

（1）客户编号必须符合编号原则，即至少为 4 位，至多为 8 位。

（2）客户编号一旦被使用将不能被修改，客户名称被使用后可修改，客户档案资料一旦被使用将不能被删除。

（3）如果需要修改某项客户信息，则单击所需修改的信息，然后进行修改即可。

（4）如果需要删除某项客户信息，则单击相应客户信息右侧的红色叉号图标即可；如果需要批量删除多项客户信息，则先在左侧复选框处勾选所需删除的客户信息，再单击右上角的【批量删除】按钮即可。

四、供应商档案设置

供应商是企业生产经营的供货者，准确设置供应商档案对往来账管理有利。在填制采购入库单、采购发票、应付款管理，以及供货单位统计时都会用到供应商档案；在进行供应商科目辅助核算、生成供应商辅助账簿时，也会用到该档案信息。

【案例 3-5】　山东大朋鸟科技制造有限公司供应商档案如表 3-5 所示。

表3-5 供应商档案

编号	名称	供应商税号	联系人	联系电话	银行账号
0001	济南恒达新能源科技有限公司	91370000UYHJ87811	蔡爱磊	15066778899	1239998800000000
0002	北京晶丹科技有限公司	65888111B6Y787833	田浩毅	18900004566	1300000009898980

【操作步骤】

(1) 单击【设置】|【辅助字典】按钮，打开"辅助字典"界面，单击【供应商】按钮，输入供应商编号"0001"、名称"济南恒达新能源科技有限公司"、供应商税号"91370000UYHJ87811"、联系人"蔡爱磊"、联系电话"15066778899"、银行账号"1239998800000000"。

(2) 按"Enter"键或单击空白处，系统会自动添加下一项。按照上述方法继续增加其他供应商信息。所有供应商档案录入完毕的界面如图3-5所示。

图3-5 供应商档案录入完毕界面

延伸阅读3-5

供应商档案操作中的注意事项

(1) 供应商编号必须符合编号原则，即至少为4位，至多为8位。

(2) 供应商编号一旦被使用将不能被修改，供应商名称被使用后可修改，供应商档案资料一旦被使用将不能被删除。

(3) 如果需要修改某项供应商信息，则单击所需修改的信息，然后进行修改即可。

(4) 如果需要删除某项供应商信息，则单击相应供应商信息右侧的红色叉号图标即可；如果需要批量删除多项供应商信息，则先在左侧复选框处勾选所需删除的供应商信息，再单击右上角的【批量删除】按钮即可。

五、存货档案设置

存货是指企业在日常活动中持有以备出售的产成品或商品、处于生产过程中的在产品、在生产过程或提供劳务过程中耗用的材料或物料等，包括各类材料、在产品、半成品、产成品或库存商品，以及包装物、低值易耗品、委托加工物资等。存货在会计中被视为企业资产的一部分，需要进行详细记录、计量和管理。存货管理对企业的成本控制、库存管理、供应链协调以及财务报告等方面都具有重要意义。

【案例3-6】 山东大朋鸟科技制造有限公司存货档案如表3-6所示。

表 3-6 存货档案

编号	名称	计量单位
0001	PA6＋玻纤浆片	片
0002	2 250 毫安时锂电池	节
0003	5 000 毫安时锂电池	节
0004	FC 影像传感器	个
0005	PRO 影像传感器	个
0006	组装套件	套
0007	XCJmini3 无人机	台
0008	XCJ4pro 无人机	台

【操作步骤】

（1）单击【设置】|【辅助字典】按钮，打开"辅助字典"界面，单击【存货】按钮，输入存货编号"0001"、名称"PA6＋玻纤浆片"、计量单位"片"。

（2）按"Enter"键或单击空白处，系统会自动添加下一项。按照上述方法继续增加其他存货。所有存货档案录入完毕的界面如图 3-6 所示。

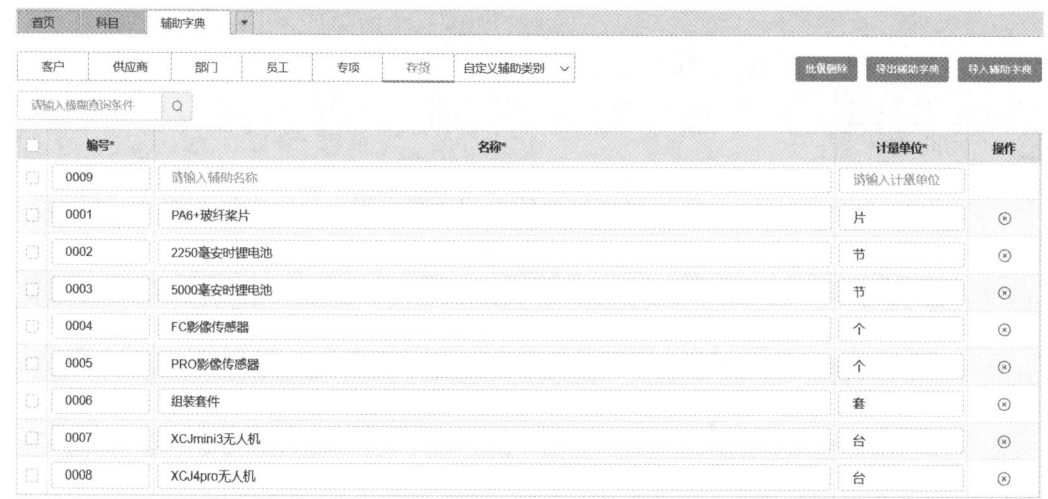

图 3-6　存货档案录入完毕界面

延伸阅读 3-6

存货档案设置操作中的注意事项

（1）存货编号必须符合编号原则，即至少为 4 位，至多为 8 位。

（2）存货编号一旦被使用将不能被修改，存货名称被使用后可修改，存货档案资料一旦被使用将不能被删除。

（3）如果需要修改某项存货信息，则单击所需修改的信息，然后进行修改即可。

（4）如果需要删除某项存货信息，则单击相应存货信息右侧的红色叉号图标即可；如果需要批量删除多项存货信息,则先在左侧复选框处勾选所需删除的存货信息,再单击右上角的【批量删除】按钮即可。

六、专项档案设置

专项档案是对一些具有相同操作、相似作用的一类基础数据的统称。将具有这些特征的数据统一归到专项的核算档案中,方便管理,特别是对于相对独立、工期较长、投资较大的工程项目,便于核算该工程项目的总建设成本或收益。

【案例 3-7】 山东大朋鸟科技制造有限公司专项档案如表 3-7 所示。

表 3-7 专项档案

编号	名称
0001	XCJmini3 无人机
0002	XCJ4pro 无人机

【操作步骤】

(1) 单击【设置】|【辅助字典】按钮,打开"辅助字典"界面,单击【专项】按钮,输入专项编号"0001"、名称"XCJmini3 无人机"。

(2) 按"Enter"键或单击空白处,系统会自动添加下一项。按照上述方法继续增加其他专项。所有专项档案录入完毕的界面如图 3-7 所示。

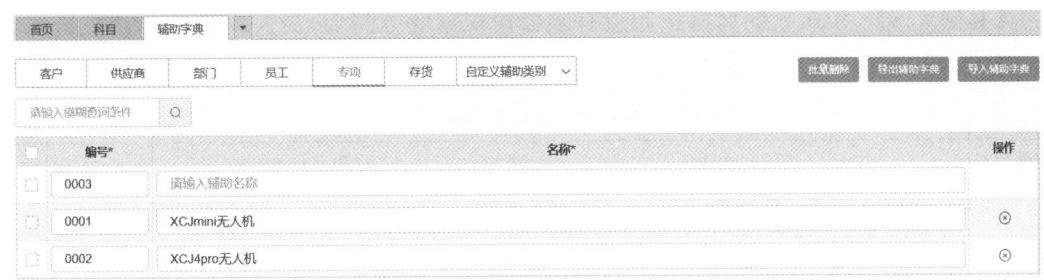

图 3-7 专项档案录入完毕界面

延伸阅读3-7

专项档案操作中的注意事项

(1) 专项编号必须符合编号原则,即至少为 4 位,至多为 8 位。

(2) 专项编号一旦被使用将不能被修改,专项名称被使用后可修改,专项档案资料一旦被使用将不能被删除。

(3) 如果需要修改某项专项信息,则单击所需修改的信息,然后进行修改即可。

(4) 如果需要删除某项专项信息,则单击相应专项信息右侧的红色叉号图标即可;如果需要批量删除多项专项信息,则先在左侧复选框处勾选所需删除的专项信息,再单击右上角的【批量删除】按钮即可。

第三节 会计科目设置

会计科目设置是会计工作的重要内容之一,是企业对会计核算和会计管理所需要的会计科目进行的一系列具体设置。会计科目是对会计对象具体内容分门别类进行核算所规定的项目,它是填制会计凭证、登记会计账簿、编制会计报表的基础。会计科目的设置层次决定了会计核算的详细、准确程度。新建账套在第一次使用时,或多或少都要对会计科目进行增、删、修改等操作。

一、新增会计科目

浪潮云会计已经为用户预设了通用会计科目体系的一级会计科目和部分二级明细科目。企业仅需要根据自身核算需求增加部分明细科目或者修改科目属性即可。另外,需要特别注意的一点是,会计科目的设置应该保持科目间的协调性和体系的完整性。

延伸阅读3-8

企业会计准则科目编码规则

(1) 采用四位纯数字表示。
(2) 第一位数字(即千位)表示会计科目的类别,其中1表示资产类,2表示负债类,3表示共同类,4表示所有者权益类,5表示成本类,6表示损益类。
(3) 第二位数字(即百位)可以用于划分大类下的小类;剩余两位为流水号。

资产类下的小类按照变现能力大小排序;负债类下的小类按照流动性大小排序;所有者权益类下的小类按照转化为资本的能力大小排序。

【案例3-8】 山东大朋鸟科技制造有限公司根据业务需要,需要新增的会计科目如表3-8所示。

表3-8 会计科目(一)

科目编码	科目名称	类别	币别/计量单位	方向
100201	建设银行	资产		借
100202	中国银行	资产	美元(汇率6.9)	借
100203	交通银行	资产	日元(汇率0.05)	借
122101	个人	资产		借
140301	PA6+玻纤浆片	资产	片	借
140302	2 250毫安时锂电池	资产	节	借
140303	5 000毫安时锂电池	资产	节	借
140304	FC影像传感器	资产	个	借
140305	PRO影像传感器	资产	个	借
140306	组装套件	资产	套	借
140501	XCJmini3 无人机	资产		借
140502	XCJ4pro 无人机	资产		借
224101	个人承担社会保险费	负债		贷
224102	个人承担住房公积金	负债		贷
50010101	直接材料	成本		借

二维码3-3
操作视频:
新增会计科目

(续表)

科目编码	科目名称	类别	币别/计量单位	方向
50010102	直接人工	成本		借
50010103	制造费用	成本		借
510101	水电费	成本		借
510102	职工薪酬	成本		借
510103	社保及公积金	成本		借
510104	折旧费	成本		借
510105	维修费	成本		借
600101	XCJmini3 无人机	损益		贷
600102	XCJ4pro 无人机	损益		贷
640101	XCJmini3 无人机	损益		借
640102	XCJ4pro 无人机	损益		借
660123	广告费	损益		借

【操作步骤】

（1）因企业需要进行多种外币核算，即美元和日元，所以需要在新增会计科目前设置外币种类。单击【设置】|【币别】按钮，打开"币别"界面，此界面已有人民币和美元两种币别。将美元汇率改为记账汇率"6.9"，再增加"日元"币别即可。单击美元所在行的 按钮，将美元默认汇率改为"6.9"，单击【保存】按钮。单击【新增】按钮，输入币别编码"JPY"、名称"日元"、汇率"0.05"，单击【保存】按钮。币别设置完毕界面如图3-8所示。

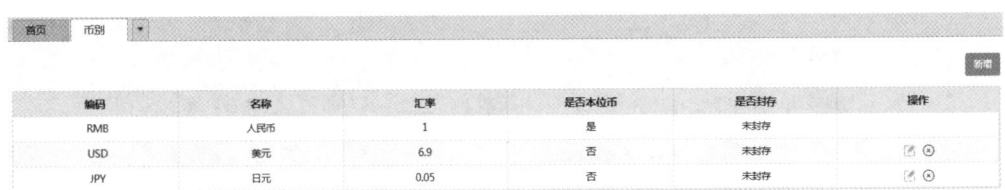

图3-8 币别设置完毕界面

延伸阅读3-9

外币汇率录入原则

使用固定汇率的用户，在填制每月的凭证前应预先在系统中录入本月的记账汇率；使用浮动汇率的用户，在填制该天的凭证前应预先在系统中录入当天的记账汇率。

（2）外币设置完成后，进行会计科目的新增操作。单击【设置】|【科目】按钮，打开"科目"界面，如图3-9所示。

（3）在图3-9所示界面中，将光标移至"1002 银行存款"科目行。在该科目编号右侧即时显示两个按钮 ，单击按钮 ，弹出"新增科目"界面，如图3-10所示。输入科目名称"建设银行"，单击【保存并新增】按钮，继续增加下一个科目。

图 3-9 科目界面

图 3-10 新增科目界面

（4）在"新增科目"界面，输入科目名称"中国银行"，在【外币符号】中选择"美元"，单击【保存并新增】按钮，继续增加下一个科目。在"新增科目"界面，输入科目名称"交通银行"，在【外币符号】中选择"日元"，单击【保存】按钮。

（5）将光标移至"1221 其他应收款"科目行，在该科目编号右侧即时显示两个按钮⊕☑，单击按钮⊕，弹出"新增科目"界面，输入科目名称"个人"，单击【保存】按钮。

（6）将光标移至"1403 原材料"科目行，在该科目编号右侧即时显示两个按钮⊕☑，单击按钮⊕，弹出"新增科目"界面，输入科目名称"PA6＋玻纤浆片"、计量单位"片"，单击【保存并新增】按钮。

（7）按照上述方法继续增加其他会计科目,直至全部增加完毕。

延伸阅读3-10

会计科目新增规则

（1）新增会计科目,编码必须符合编码规则,必须唯一,且必须输入。

（2）新增会计科目,编码必须按一级、二级、三级……的次序建立。

（3）新增界面中,【科目名称】和【科目编码】为必录项,根据实际需要选择填写【计量单位】及【外币符号】。

（4）一个科目只能核算一种外币,只有存在外币核算要求的科目才允许也必须设定外币币种。

相关思考3-3

"新增科目"界面的"现金科目"的作用

在浪潮云会计"新增科目"界面中的"现金科目"包含"现金""银行""现金等价物""非现金科目",如图3-11所示。

（1）只有将会计科目设置为"现金""银行""现金等价物",在填制记账凭证时才可以设置现金流量项目,并将设置的现金流量项目自动填入现金流量表。

（2）只有将会计科目设置为"现金""银行",才可以查询现金日记账或银行日记账。

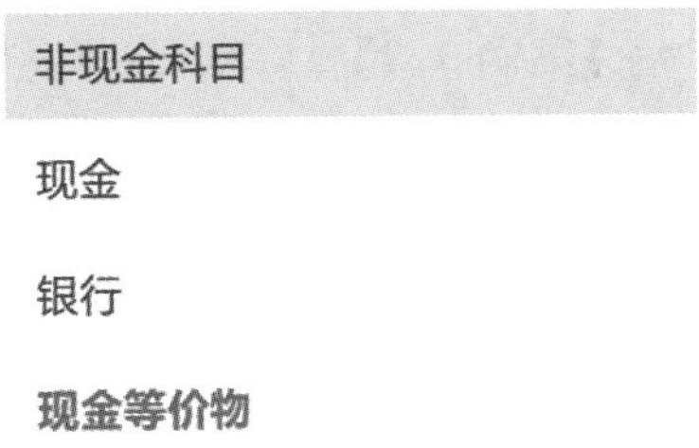

非现金科目
现金
银行
现金等价物

图3-11 "现金科目"界面

相关思考3-4

如何对科目进行模糊查询

单击【设置】按钮,打开科目界面,可以通过鼠标按顺序搜索科目,也可在【模糊查询条件】搜索框中输入关键字查询到相应科目。

相关思考3-5

如果某科目已使用还能增加下级科目吗

若该科目已做过凭证,新的下级科目将替代凭证中的上级科目,且此过程不可逆。新增已使用会计科目的下级科目,则会弹出一个提示界面(图3-12)。

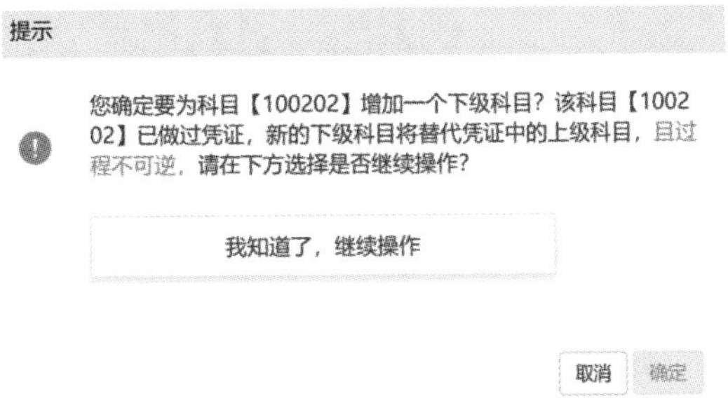

图3-12 增加已使用会计科目的下级科目提示界面

二、修改会计科目

对于云会计平台预先内置的会计科目,根据业务需要,也可设置其计量单位、外币符号、辅助核算等。对于已经新增的会计科目,也可根据需要对相应栏目进行设置或修改。

二维码3-4
拓展阅读:
辅助核算

在手工账时期,如果企业有许多往来单位,并且个人、部门以及项目都是通过设置明细科目来进行核算和管理的,那么在使用云会计平台后,最好改用辅助核算进行管理,即将这些明细科目的上级科目设为末级科目,并将其设为辅助核算科目,同时将这些明细科目设置为相应的辅助核算档案。另外,在手工账时期,如果企业对部分科目要求提供详细的数量信息等,也可以通过科目修改功能中设置计量单位的方式来实现。运用辅助核算功能,可以使同一项数据在登记到会计账簿上相关科目中的同时,也登记到辅助账上。这样就可以加强对客户、供应商、部门、员工以及专项的业务管理。例如,及时催讨客户或员工对企业的欠款,及时支付对供应商的应付款,控制各部门和专项的费用开支等。

【案例3-9】 山东大朋鸟科技制造有限公司根据业务需要,需要修改的会计科目如表3-9所示。

二维码3-5
知识点讲解:
辅助核算

表3-9 会计科目(二)

科目编码	科目名称	类别	币别/计量单位	方向	辅助核算
1122	应收账款	资产		借	客户
1123	预付账款	资产		借	供应商
122101	个人	资产		借	部门、员工
140501	XCJmini3 无人机	资产	台	借	
140502	XCJ4pro 无人机	资产	台	借	
2201	应付票据	负债		贷	供应商
2202	应付账款	负债		贷	供应商
2203	预收账款	负债		贷	客户
2204	合同负债	负债		贷	客户
50010101	直接材料	成本		借	专项
50010102	直接人工	成本		借	专项
50010103	制造费用	成本		借	专项
660101	办公费	损益		借	部门
660104	水电费	损益		借	部门
660105	业务招待费	损益		借	部门
660107	差旅费	损益		借	部门
660110	职工薪酬	损益		借	部门
660113	福利费	损益		借	部门
660120	折旧费	损益		借	部门

（续表）

科目编码	科目名称	类别	币别/计量单位	方向	辅助核算
660201	办公费	损益		借	部门
660204	水电费	损益		借	部门
660205	业务招待费	损益		借	部门
660207	差旅费	损益		借	部门
660209	职工薪酬	损益		借	部门
660211	福利费	损益		借	部门
660225	折旧费	损益		借	部门

【操作步骤】

（1）单击【设置】|【科目】按钮，打开"科目"界面。

（2）将光标移至"1122 应收账款"科目行，在该科目编号右侧即时显示两个按钮，单击 按钮，弹出"编辑科目"界面；在辅助核算中勾选客户前面的复选框，如图 3-13 所示；单击【保存】按钮。

图 3-13　"应收账款"编辑科目界面

（3）按照上述方法继续修改其他会计科目（除"140501 XCJmini3 无人机"和"140502 XCJ4pro 无人机"），直至全部修改完毕。

（4）单击"1405 库存商品"科目编号左边的三角形，可以看到"1405 库存商品"科目的两个明细科目，将光标移至"140501 XCJmini3 无人机"科目行，在该科目编号右侧即时显示三个按钮，单击 按钮，弹出"编辑科目"界面，输入计量单位"台"，单击【保存】按钮。按照此方法将"140502 XCJ4pro 无人机"科目的计量单位也设置为"台"。

会计科目修改规则

(1) 如果某科目已录入期初余额,或已被填制记账凭证,则不能修改、删除。如果确实需要修改该科目,则必须先删除含有该科目的记账凭证,并将该科目及其下级科目的余额清零,然后才能修改。科目修改完毕后,要将已删除的记账凭证补填,并将余额补录。

(2) 辅助核算必须设在末级科目上。

(3) 凡是设置辅助核算的会计科目,在填制凭证时都需要填制具体的辅助核算内容。

(4) 若设置科目时没有设置辅助核算,则该科目一经使用,后期便不得再录入辅助核算。

三、删除会计科目

如果某些会计科目暂时不需要或不适合本企业的科目体系,可以在未使用之前将其删除。

【操作步骤】

(1) 单击【设置】|【科目】按钮,打开"科目"界面。

(2) 将光标移至待删除科目行,在该科目编号右侧即时显示三个按钮,单击⊗按钮,即可删除该科目。

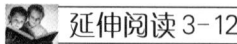

会计科目删除规则

(1) 浪潮云会计平台预先内置的所有一级科目和部分二级科目,不能删除。

(2) 非末级科目,不能删除。

(3) 已录入期初余额的科目、已录入辅助核算期初余额的科目、已填制记账凭证的科目、已记账的科目不能直接删除。

第四节 期初余额录入

为了保证与手工会计数据相衔接,并保持企业会计数据的连续性和完整性,在实际使用总账系统以前,要将手工账上各个科目的最后余额输入计算机。如果是数量金额类科目还应输入相应的数量,如果是外币科目还应输入相应的外币金额。

如果是在年初启用账套,只需要录入各个科目的上一年的年末余额即本年年初的"期初余额"即可,"年初余额"由系统自动计算得出;如果是在年中启用账套(除1月份外的其他月份),除了录入启用时的各科目余额即"期初余额",还要录入从年初到启用日期为止的各个科目借方和贷方的累计发生额,即"借方累计"和"贷方累计",系统会自动得出"年初余额"。

余额录入完毕后,还需核对期初余额,并进行试算平衡。

一、期初余额录入

(一) 无辅助核算、无明细科目的一级科目期初余额录入

【案例3-10】 山东大朋鸟科技制造有限公司部分期初余额如表3-10所示。

二维码3-6
操作视频:
期初余额录入

表 3-10 期初余额(一)

科目编码	科目名称	方向	期初余额		
			数量	原币	本位币
1001	库存现金	借			4 352.70
1601	固定资产	借			2 389 990.00
1602	累计折旧	贷			158 340.12
2001	短期借款	贷			300 000.00
4001	实收资本	贷			3 000 000.00

【操作步骤】

(1) 单击【设置】|【期初】按钮,打开"期初"界面,单击"1001 库存现金"科目这一行的"期初余额"下的"本位币"栏,直接输入"4 352.70","库存现金"期初余额录入界面如图 3-14 所示。

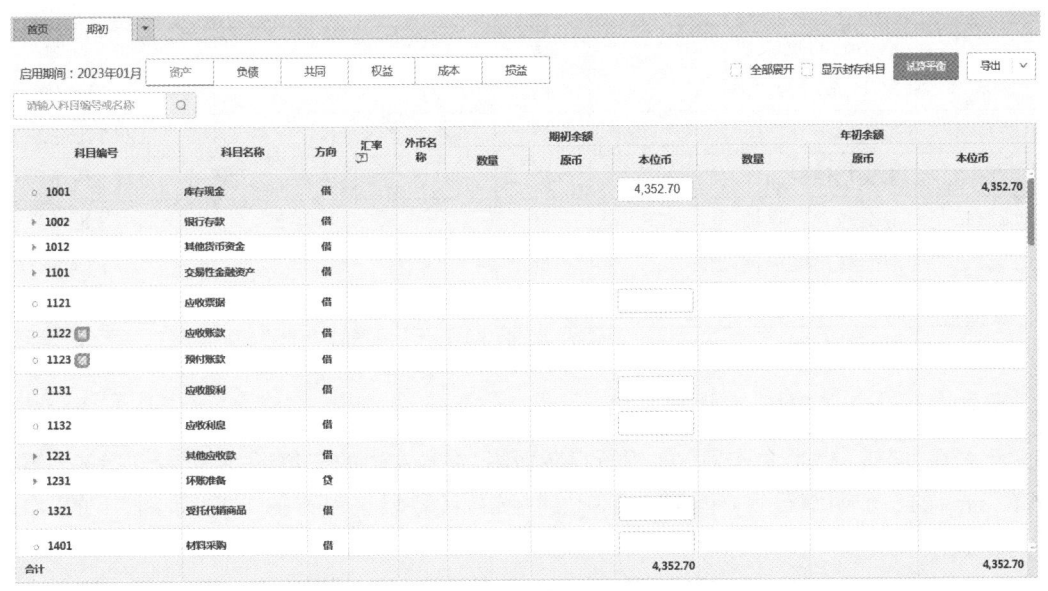

图 3-14 "库存现金"期初余额录入界面

(2) 按照上述方法继续录入其他会计科目的期初余额,直至全部录入完毕。

延伸阅读3-13

会计科目期初余额录入规则

(1) 期初余额数＝启用账套期间的上期期末数。

(2) 首次使用云会计平台,如果年中启用账套,一定要录入期初余额和本年累计发生额;如果年初启用账套,只需要录入期初余额。

(3) 对老用户,使用年终"结账"功能之后,账套自动将上一年度各账户的"年末余额"结转到下年度的"期初余额"和"年初余额"上,无须用户再行录入。

(4) 期初金额方向与系统默认的方向相反时,用负数表示。

（二）无辅助核算、有明细科目的会计科目期初余额录入

【案例 3-11】 山东大朋鸟科技制造有限公司部分期初余额如表 3-11 所示。

表 3-11 期初余额（二）

科目编码	科目名称	方向	期初余额		
			数量	原币	本位币
100201	建设银行	借			1 257 500.89
100202	中国银行	借		10 000.00	69 000.00
140301	PA6＋玻纤浆片	借	386		30 880.00
140302	2 250 毫安时锂电池	借	124		21 700.00
140303	5 000 毫安时锂电池	借	228		54 036.00
140304	FC 影像传感器	借	37		11 581.00
140305	PRO 影像传感器	借	52		27 976.00
140306	组装套件	借	278		33 360.00
140501	XCJmini3 无人机	借	330		330 990.00
140502	XCJ4pro 无人机	借	317		651 752.00
221101	工资	贷			126 770.30
222102	未交增值税	贷			121 089.54
222113	应交教育费附加	贷			390.67
222114	应交城市维护建设税	贷			943.78
222115	应交地方教育费附加	贷			198.90
410411	未分配利润	贷			3 995 877.92

【操作步骤】

（1）在"期初"界面，单击"1002 银行存款"科目编号左边的三角形，可以看到"1002 银行存款"科目的三个明细科目，单击"100201 建设银行"科目这一行的"期初余额"下的"本位币"栏，直接输入"1 257 500.89"。

（2）单击"100202 中国银行"科目这一行的"期初余额"下的"原币"栏，直接输入"10 000.00"，按 Enter 键或单击空白处，系统会自动得出"本位币"金额，"银行存款"明细科目期初余额录入完毕界面如图 3-15 所示。

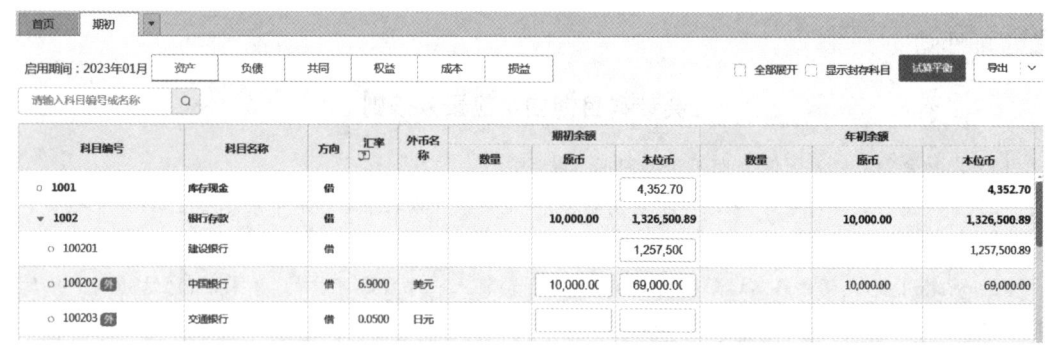

图 3-15 "银行存款"明细科目期初余额录入完毕界面

(3)单击"1403 原材料"科目编号左边的三角形,可以看到"原材料"科目的六个明细科目,单击"140301 PA6+玻纤浆片"科目这一行的"期初余额"下的"数量"栏,直接输入"386.00",然后单击"期初余额"下的"本位币"栏,直接输入"30 880.00","原材料"明细科目期初余额录入完毕界面如图 3-16 所示。

图 3-16 "原材料"明细科目期初余额录入完毕界面

(4)按照上述方法继续录入其他会计科目的期初余额,直至全部录入完毕。

(三)有辅助核算的会计科目期初余额录入

【案例 3-12】 山东大朋鸟科技制造有限公司部分期初余额如表 3-12 所示。

表 3-12 期初余额(三)

科目编码	科目名称	方向	期初余额		
			数量	原币	本位币
1122	应收账款				
	0001 山东大和科技发展有限公司	借			65 000.84
	0002 山东辗迟商贸有限公司	借			35 600.80
2202	应付账款				
	0001 济南恒达新能源科技有限公司	贷			45 600.00
	0002 北京晶丹科技有限公司	贷			134 509.00

【操作步骤】

(1)在"期初"界面,将光标移至"1122 应收账款"科目行,在该科目编号右侧即时显示⊕按钮,单击此按钮,弹出"增加辅助核算"界面,在辅助核算项客户下拉框中选择"0001 山东大和科技发展有限公司","本位币"栏直接输入"65 000.84",单击"保存"按钮。继续为"1122 应收账款"增加辅助核算项"0002 山东辗迟商贸有限公司"。"1122 应收账款"期初余额录入完毕界面如图 3-17 所示。

(2)按照上述方法继续录入"应付账款"的期初余额。

图 3-17 "应收账款"期初余额录入完毕界面

二、期初余额试算平衡

为了保证录入的数据的准确性,满足数据间的平衡关系,以便确保今后日常业务发生时能生成正确的数据,数据录入完毕后,一定要对数据进行试算平衡。若期初余额试算不平衡,则不能结账。

【案例 3-13】 所有科目的期初余额录入完毕后,要经过试算,检验期初余额是否平衡。

【操作步骤】

在设置期初余额界面,单击右上角的【试算平衡】按钮,云会计平台将根据账户属性及期初余额、累计发生额的平衡原理,自动进行平衡公式运算,快速运算结束之后,会显示试算平衡检查的结果:"平衡"或"不平衡"。试算平衡界面如图 3-18 所示。

图 3-18 试算平衡界面

延伸阅读 3-14

试算平衡检验结果显示"不平衡"时的处理办法

如果期初余额不平衡或者累计发生额不平衡,说明数据录入不正确,请进一步仔细检查录入的数据,直到以上各类数据达到平衡。

相关思考 3-6

如何对期初数据进行模糊查询

单击【设置】按钮,再单击【期初】按钮进入期初余额的编辑界面,在启用期间下方可以看到【请输入科目编号或名称】,输入关键字即可查询到相应科目及其期初数据。

本章小结

本章主要学习了云会计初始化概述、基础档案设置、会计科目设置和期初余额录入。

本章重要概念

云会计初始化　基础档案　会计科目　期初余额　试算平衡

本章练习

一、单项选择题

1. 新增下级科目时,( )为非必填项目。
   A. 科目编码　　　B. 余额方向　　　C. 科目名称　　　D. 计量单位
2. 如果科目编码方案为4222,则下列选项中属于资产类三级明细科目编码的是( )。
   A. 10020102　　　B. 21010201　　　C. 110100102　　　D. 210301
3. 管理费用科目通常设置的辅助核算是( )。
   A. 个人往来　　　B. 部门核算　　　C. 项目核算　　　D. 客户往来
4. 期初余额试算不平衡,将不能( )。
   A. 填制凭证　　　B. 查询凭证　　　C. 审核凭证　　　D. 结账
5. 某企业为1月建账,其输入的期初数据包括( )。
   A. 上年借方累计发生额　　　　　　B. 上年贷方累计发生额
   C. 1月初期初余额　　　　　　　　D. 上年期初余额

二、多项选择题

1. 以下( )科目一般需要设置客户往来核算。
   A. 应收票据　　　　　　　　　　　B. 应收账款
   C. 应付票据　　　　　　　　　　　D. 应付账款
2. 下列关于会计科目的描述中,正确的有( )。
   A. 要修改和删除某会计科目,应先找到该会计科目
   B. 科目一经使用,即已经输入凭证,则不允许删除该科目
   C. 有余额的会计科目可直接修改
   D. 删除会计科目应从一级科目开始
3. 某企业为4月建账,其输入的期初数据包括( )。
   A. 1月初期初余额
   B. 4月初期初余额
   C. 1~3月借贷方发生额
   D. 1~3月借贷方余额
4. 在表3-13中,( )科目的初始金额不用录入,由系统自动汇总计算填入。

表 3-13　会计科目表(部分)

科目编码	科目名称
1001	库存现金
1002	银行存款
100201	工行人民币
6602	管理费用
660201	工资
660202	折旧费

A. 1001 库存现金　　　　　　　　B. 1002 银行存款

C. 100201 工行人民币　　　　　　D. 6602 管理费用

5. 关于录入期初余额,下列操作正确的是(　　)。

A. 非末级会计科目余额不用录入,系统根据其下级明细科目自动汇总

B. 余额录入完后,要进行试算平衡

C. 删除余额时,要输入零

D. 期初余额要在设置科目之后输入

三、判断题

1. 浪潮云会计平台预置的会计科目不允许删除。　　　　　　　　　　(　　)
2. 浪潮云会计平台不支持多个辅助核算项目同时勾选。　　　　　　　(　　)
3. 已有数据的会计科目,应先将其科目数据清零后再修改或删除。　　(　　)
4. 科目一经使用,仍然可以增加下级科目。　　　　　　　　　　　　(　　)
5. 删除会计科目时应先删除上一级科目,然后再删除本级科目。　　　(　　)

四、思考题

1. 云会计初始化的步骤是什么?
2. 基础档案包括哪些设置?
3. 设置辅助核算的科目如何录入期初余额?

第四章 总 账 管 理

- 内容提要
- 重点难点
- 学习目标
- 知识框架
- 思政育人
- 第一节 总账概述
- 第二节 凭证录入
- 第三节 凭证管理
- 本章小结
- 本章重要概念
- 本章练习

内容提要

本章主要讲解了总账模块的界面、基本功能和使用方法,凭证的填制、审核、修改和查询,以及在凭证处理的不同阶段修改凭证的方法。

重点难点

本章重点是填制凭证、审核凭证、凭证管理,以及在凭证处理的不同阶段修改凭证的方法。难点是不同业务类型记账凭证的填制。

学习目标

通过本章学习,学生应熟悉总账模块的界面、基本功能和使用方法,掌握填制凭证、审核凭证、凭证管理的方法,明确在凭证处理的不同阶段修改凭证的方法,熟悉查询各种凭证的方法。

知识框架

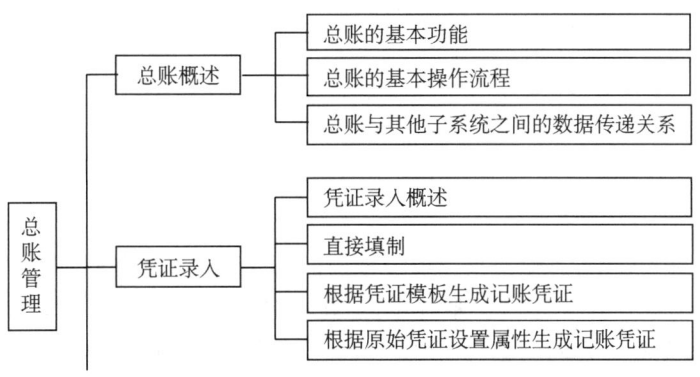

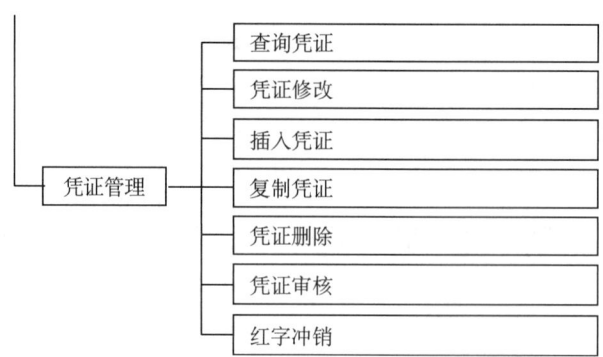

思政育人　　诚信为本,操守为重,坚持准则,不做假账

2001年4月16日下午,中共中央政治局常委、国务院总理朱镕基考察了位于上海市青浦区徐泾镇的上海国家会计学院。他指出,建立国家会计学院是落实江泽民总书记关于培养30万注册会计师重要指示的举措,具有重要意义。实行社会主义市场经济,不能没有与之相适应的"游戏规则"。如果不按"游戏规则"办事,经济秩序就会大乱,现代化就不可能实现。要按"游戏规则"办事,就必须培养大批高素质的会计人才。"不做假账"是每个会计人员最基本的职业道德和行为准则,这一点应该铭刻在国家会计学院每一个师生的心里。这是加强财经法纪和监管工作的基础,也是当前整顿和规范市场经济秩序的迫切要求。国家会计学院是以注册会计师相关知识为培训内容的,面向全国的,培养宏观经济管理部门、国有大中型企业、金融机构和中介机构的高级管理人才及高级财会人才的会计后续教育培训基地,一定要下大力量办好,要聘用世界最好的教学人员来讲学,努力办成国际一流的会计学院。

资料来源:新华网.朱总理在上海考察工作时说要把上海建成现代化国际大都市[EB/OL].(2001-04-18)[2023-8-24].https://news.sina.com.cn/c/234908.html.

【思政寄语】

党的二十大报告中指出,要"弘扬诚信文化,健全诚信建设长效机制"。这是提高全社会文明程度和实施公民道德建设工程的重要一环。人无信不立,国无信不兴。中国自古以来就强调"讲信修睦",这不仅是中国由来已久的历史文化传统,更是中华民族世代相传的道德圭臬,是为人之本、处世之道、立国之基。

国无信则衰,业无信不兴,人无信不立。诚信是人类在文明长河中璀璨珍贵的品质,是中华民族的治国之道,是企业发展的基石,是做人之根本。坚持会计人员国家主人翁担当、遵纪守法意识、职业道德素养和诚信、审慎的专业态度及操守,是我们必须坚守的信念。

第一节　总　账　概　述

一、总账的基本功能

在云会计信息系统中,总账是指完成设置账户、复式记账、填制和审核凭证、登记账簿等工作的子系统。在整个云会计信息系统中,总账既是中枢,又是最基本的系统,它综合、全面、概括地反映企业各个方面的会计工作内容。其他子系统的数据必须传输到总账进行相应的处理,同时总账系统再将某些数据传输给其他子系统供其利用。许多单位的会计信息化工作往往是从总账系统开始的。对于日常业务较为简单的用户来说,其仅需依靠总账系统即可满足财务核算的基本要求;而对于日常业务较为复杂的用户来说,则必须在总账系统的基础上，依靠其他业务管理系统实现对企业日常业务的有效管理。

一般来说，浪潮云会计平台的总账系统的基本功能主要包括系统设置（初始化）、凭证处理、出纳管理、账簿、期末管理等模块。总账系统的模块结构如图4-1所示。

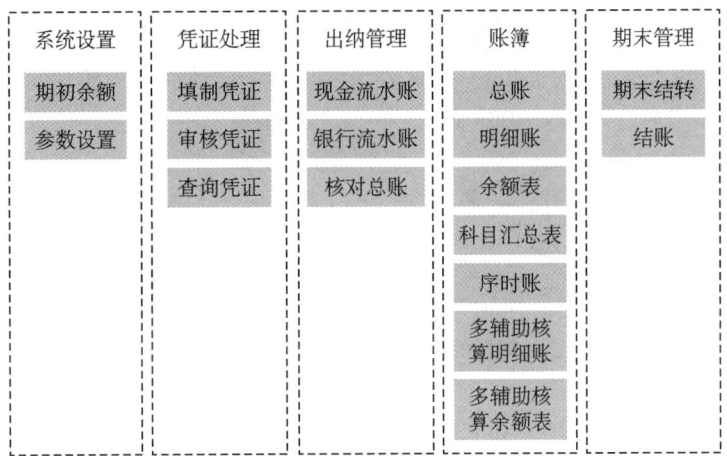

图4-1 总账系统的模块结构

二、总账的基本操作流程

首次使用总账系统的操作流程如图4-2所示。

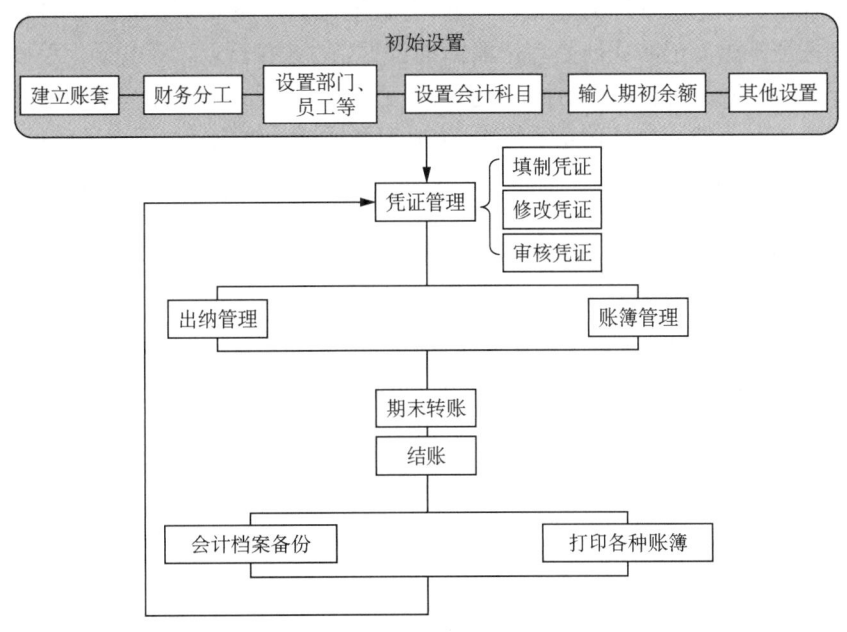

图4-2 首次使用总账系统的操作流程

三、总账与其他子系统之间的数据传递关系

总账系统是云会计信息系统的核心系统，概括反映企业在供应、生产和销售等方面的所有经济业务的综合信息。它在整个云会计信息系统中处于中枢地位，其他子系统的数据必

须传递到总账系统中。同时总账系统要把数据传递到其他子系统供其利用。总账系统与其他子系统之间的数据传递关系如图4-3所示。总账系统接收发票管理系统、工资管理系统、固定资产管理系统、进销存系统生成的记账凭证并对其进行审核，同时又向报表系统、财务分析系统提供财务数据，生成会计报表及其他财务分析表。

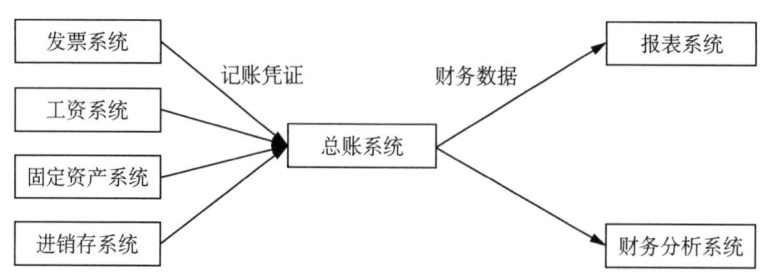

图4-3 总账系统与其他子系统之间的数据传递关系

第二节 凭证录入

一、凭证录入概述

（一）记账凭证生成路径

记账凭证是总账系统处理的起点，也是所有查询数据的主要来源之一。日常业务处理首先从填制凭证开始。记账凭证是登记账簿的依据，在使用云会计等电子化手段进行账务处理后，电子账簿的安全性和准确性完全依赖于记账凭证，因此要求用户确保记账凭证录入的准确和完整。在浪潮云会计信息系统中，生成记账凭证具体包括以下多种路径。

1. 凭证模块生成记账凭证

（1）直接填制。

（2）通过设置凭证模板生成凭证。

2. 其他模块生成记账凭证

（1）在发票模块根据录入的发票生成记账凭证。

（2）在工资管理模块根据工资表生成记账凭证。

（3）在出纳模块根据录入的流水账生成记账凭证。

（4）在结账模块中通过系统结转或自定义结转生成记账凭证。

3. 关联模块生成记账凭证

（1）在进销存模块生成记账凭证。

（2）通过云报销生成记账凭证。

本节主要介绍通过凭证模块生成记账凭证，即直接填制、通过凭证模板生成两种方式。

 延伸阅读4-1

凭证输入方式

直接在计算机上根据审核无误准予报销的原始凭证填制记账凭证，即前台处理方式。后台处理方式是凭证输入的另一种方式,即先由人工制单,审核无误后再集中输入计算机系统。一般来说,业务量不大、会计基础工作较好或使用网络版的用户可采用前台处理方式;而在第一年使用或正处于人机并行阶段的用户,则比较适合采用后台处理方式。

(二)记账凭证要素

记账凭证包含凭证头和凭证主体两部分,如图4-4所示。

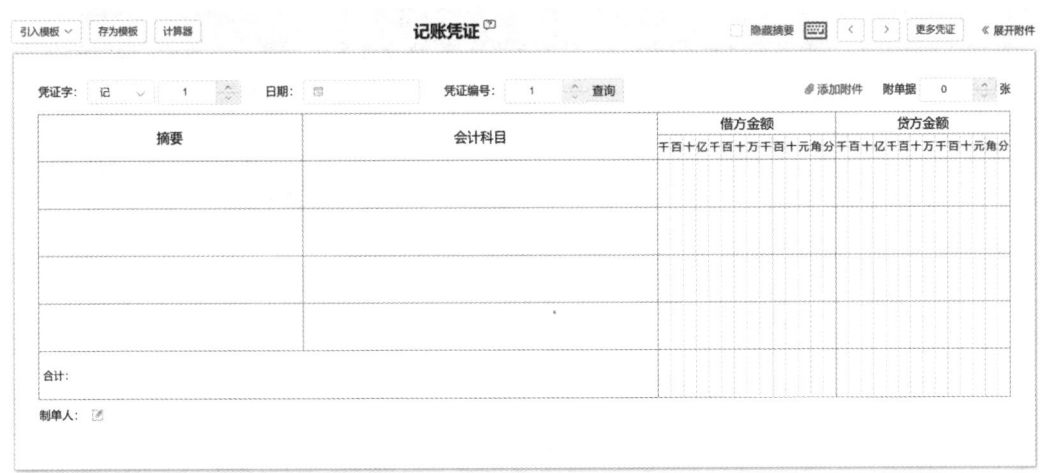

二维码4-1
知识点讲解:
填制记账凭证

图4-4 记账凭证界面

凭证头包含凭证字、凭证编号、日期和附件。凭证主体包含摘要、会计科目和金额。凭证各部分说明如下:

1. 凭证头

(1)凭证字:"记"字。浪潮云会计对凭证类别不分类,统一采用"记账凭证"。

(2)凭证编号。凭证编号是指记账凭证的编号,提供自动编号和手工编号两种方法。一般情况下,系统按月从1号开始自动编号,建议采用自动编号。

(3)日期。浪潮云会计自动默认现有凭证日期之后的日期,如果自动显示的凭证日期不符合用户要求,可直接修改或从弹出的日历框选择。

(4)附件。附单据数是指本张记账凭证所附的原始凭证张数。

2. 凭证主体

(1)摘要。在摘要栏中,输入本行科目的简要业务说明,要求简洁明了。摘要录入方法包括:直接录入;本张凭证第一行摘要手工录入,第二行以后的摘要系统可自动复制上一行摘要。

(2)会计科目。系统提供以下两种录入方法:①直接录入科目编码,如果输入的科目编码有重码时,平台会智能提示所有重名的科目;②直接录入科目的中文名称,如果输入的科目中文名称有重复,系统会自动提示所有重名的科目。

(3)金额。需要注意:①如果凭证金额为负数,在金额前加负号录入,显示时为红字金额。②如果是数量金额式科目,需要录入数量和单价,系统自动计算出借方金额或贷方金额;或者系统可以根据录入的数量和借贷方金额自动计算出单价。③输入最后一行金额时,当光标在指定金额栏时,按下"="键,系统将根据借方和贷方的差额,自动计算此行科目的金额。④借方金额、贷方金额录入并确定之后,单击【保存】按钮。此时,系统启动平衡检验机制,检验本张凭证借方金额、贷方金额是否平衡。若平衡,则不再提示并直接保存;若不平衡,则出现系统提示,用户需根据提示检查和修改借贷方金额。

延伸阅读4-2

浪潮云会计平台凭证录入快捷键

在凭证录入界面,将鼠标移动到▭图标处,则显示快捷键,快捷键界面如图4-5所示。浪潮云会计记账凭证快捷键如表4-1所示。

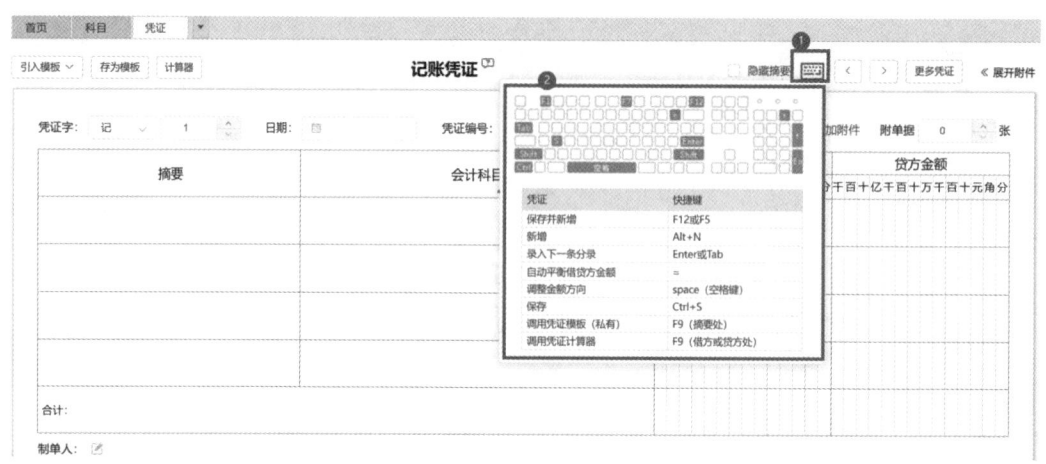

图4-5 快捷键界面

表4-1 浪潮云会计记账凭证快捷键

凭证	快捷键
保存并新增	F12 或 F5
新增	Alt+N
录入下一条分录	Enter 或 Tab
自动平衡借贷方金额	=
调整金额方向	space(空格键)
保存	Ctrl+S
调用凭证模板(私有)	F9(摘要处)
调用凭证计算器	F9(借方或贷方处)

二、直接填制

在浪潮云会计平台上直接填制记账凭证时,执行【凭证】|【凭证】命令,新增空白记账凭证,然后根据经济业务直接输入记账凭证的各要素信息。

(一)业务特征:一般凭证

【案例4-1】 1月2日,收到东方公司捐赠的一项专利,价值50 000元。

【操作步骤】

以会计黄旭蕾的身份登录浪潮云会计平台。

(1) 执行【凭证】|【凭证】命令,新增空白记账凭证。凭证号自动编号为"记1",制单日期为"2023年1月2日"。

(2) 在摘要栏处输入"接受捐赠"。在会计科目栏输入科目代码"1701"或者直接输入文字"无形资产",按Enter键。输入借方金额"50 000",没有小数位会自动补齐角和分。

(3) 单击摘要栏第二行,自动复制第一行内容。在第二行的会计科目可以直接输入科目代码"6301"或科目名称"营业外收入"。输入贷方金额"50 000",不过在浪潮云会计系统中,输入借方金额后,系统会按照借贷必相等的原则,自动在第二行的贷方金额处显示"50 000"。

(4) 单击【添加附件】按钮上传原始单据,附件会关联对应的凭证,方便核对和查询。注意:由于本书是模拟案例,后续不再添加附件。

(5) 单击【保存】按钮,保存当前记账凭证,如图4-6所示。

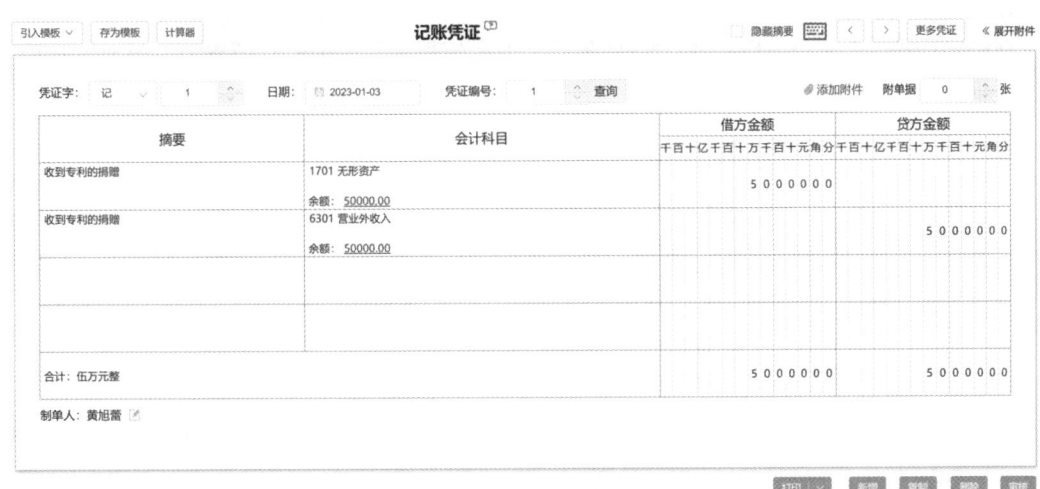

图4-6 记1凭证

相关思考4-1

凭证录入模块中应包含哪些正确性检查措施

(1) 凭证类型和凭证号:不同类型的凭证每月分别从1开始编号,不能重复编号或漏号。

(2) 凭证日期:凭证日期为公历日期,输入日期为非结账月份的日期。

(3) 附单据数:本凭证的附件张数。

(4) 摘要:输入本分录的业务说明,要求简单明了。

(5) 科目:存在性检查,是不是明细账科目的检查,与凭证类型是否相符的检查。

(6) 金额:自动进行借贷平衡检查。

(二) 业务特征:现金流量项目

【案例4-2】 山东大朋鸟科技制造有限公司发生了如下业务:

(1) 3日,从建行账户提取备用金5 000元。

(2) 4日,支付产品宣传广告费,当日取得增值税专用发票,增值税发票中注明广告费为

二维码4-2
操作视频：
销售业务
账务处理

6 000元，增值税额为360元，通过建行账户支付。

（3）4日，与山东辗迟商贸有限公司签订销售合同，销售XCJmini3无人机100台，售价4 500元/台，不含税金额为450 000元；销售XCJ4pro无人机120台，售价6 750元/台，不含税金额为810 000元。当日向山东辗迟商贸有限公司发出货物并开具发票，发票注明税额共163 800元，货款已转入建行账户。库存商品采用月末一次加权平均法计价。

（4）5日，支付王某劳务费8 000元，并代扣个人所得税，款项已通过现金支票支付。

【操作步骤】

以第一笔经济业务为例。

（1）执行【凭证】|【凭证】命令，新增空白记账凭证，凭证号自动编号为"记2"，制单日期为"2023年1月3日"。

（2）在摘要栏处输入"提取现金"，摘要可以手工输入，或者在摘要库选取。在会计科目栏输入科目代码"1001"或者直接文字输入"库存现金"，按Enter键。输入借方金额"5 000"，没有小数位会自动补齐角和分。

二维码4-3
拓展阅读：
现金流量项目

（3）单击【现金流量项目】按钮，选择"不计入现金流量表"，单击【设置】按钮。现金流量项目界面如图4-7所示。

图4-7 现金流量项目界面

(4)单击摘要栏第二行,自动复制第一行内容。在第二行的会计科目栏,可以直接输入科目代码"100201",或者输入一级科目的科目代码"1002"或一级科目的科目名称"银行存款"后,选择"100201 银行存款-建设银行",也可以直接输入末级科目名称"建设银行"后选择"100201 银行存款-建设银行"。输入贷方金额"5 000",不过在浪潮云会计系统中,输入借方金额后,系统会按照借贷必相等的原则,自动在第二行的贷方金额处显示"5 000"。单击【现金流量项目】按钮,选择"不计入现金流量表",单击【设置】按钮。

(5)单击【保存并新增】按钮,保存当前记账凭证,并开始填制下一张记账凭证。

延伸阅读4-3

记账凭证中与"余额"相关概述

1. 实时显示科目余额

在浪潮云会计平台中录入凭证时,选择科目,可显示科目的实时余额,如图4-8所示。

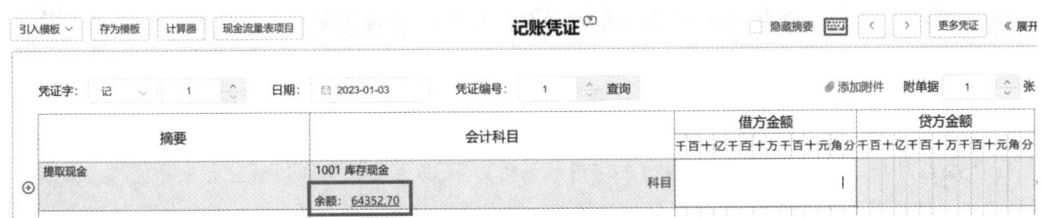

图4-8 科目的实时余额

2. 实时变动科目余额

凭证录入过程中,在借、贷方输入金额后,科目余额能实时进行变动,变动后的科目余额如图4-9所示。

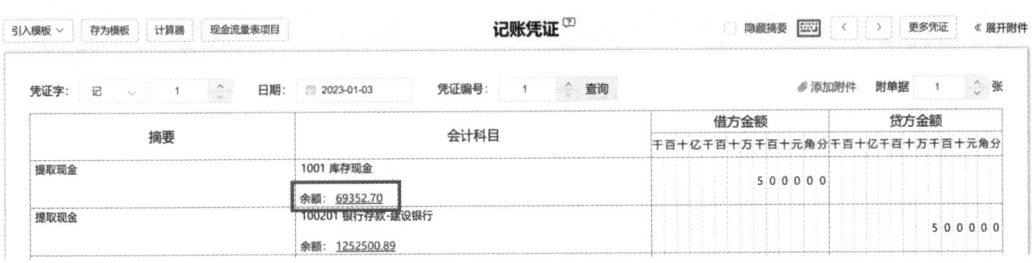

图4-9 变动后的科目余额

3. 联查相应科目的明细账

单击"余额",即可联查相应科目的明细账,联查的库存现金日记账如图4-10所示。

日期	凭证字号	摘要	借方	贷方	方向	余额
2023-01		年初余额			借	64,352.70
2023-01-03	记-1	提取现金	5,000.00		借	69,352.70
2023-01		本期合计	5,000.00		借	69,352.70
2023-01		本年累计	5,000.00		借	69,352.70

图4-10 联查的库存现金日记账

二维码4-4 无辅助项的一般业务参考答案

❓ 相关思考4-2

浪潮云会计平台记账凭证无法保存是什么原因

在浪潮云会计平台上,以下三种情况会导致记账凭证无法保存,也会导致无法退出:
(1) 摘要为空。
(2) 记账凭证借贷不平。
(3) 科目为空。

延伸阅读4-4

记账凭证中的附件的相关要求

记账凭证的附件就是对应的原始凭证。填制记账凭证时必须严格依据原始凭证,并在记账凭证上标注原始凭证的张数。《会计基础工作规范》第51条对此作出了具体要求。

(1) 记账凭证的内容必须具备:填制凭证的日期;凭证编号;经济业务摘要;会计科目;金额;所附原始凭证张数;填制凭证人员、稽核人员、记账人员、会计机构负责人、会计主管人员签名或盖章;收款和付款记账凭证还应当由出纳人员签名或盖章。

(2) 记账凭证可以根据每一张原始凭证填制,或者根据若干张同类原始凭证汇总填制,也可以根据原始凭证汇总表填制。但不得将不同内容和类别的原始凭证汇总填制在一张记账凭证上。

(3) 除结账和更正错误的记账凭证可以不附原始凭证外,其他记账凭证必须附有原始凭证。如果一张原始凭证涉及几张记账凭证,可以把原始凭证附在一张主要的记账凭证后面,并在其他记账凭证上注明附有该原始凭证的记账凭证的编号或附原始凭证复印件。

(4) 一张原始凭证所列支出需要几个单位共同负担的,应当将其他单位负担的部分开具原始凭证分割单进行结算。原始凭证分割单必须具备原始凭证的基本内容:凭证名称、填制凭证日期、填制凭证单位名称或填制人姓名、经办人签名或盖章、接受凭证单位名称、经济业务内容、数量、单价、金额和费用分摊情况等。

延伸阅读4-5

利用记账凭证编制现金流量表

在录入凭证时,对有现金流量的凭证指定现金流量,指定现金流量的步骤具体为:

首先,根据经济业务的性质和现金流量的出现形式,明确现金流量类别。根据现金流量的方向,可以有收入流量及支出流量;根据现金流量的性质,可以分为经营性现金流量、投资性现金流量和筹资性现金流量。

其次,需要凭证录入员根据会计科目和科目明细,确定现金流量类别对应的科目。

以记3支付广告费为例,选择现金流量项目为"支付其他与经营活动有关的现金"后,那么在现金流量表第8行次自动显示6 000,2023年1月相关现金流量表如图4-11所示。

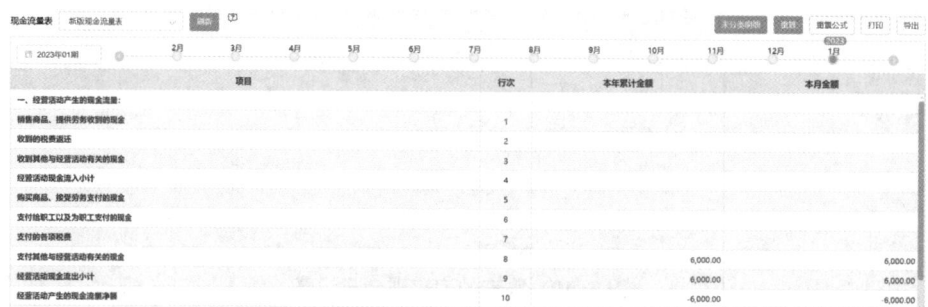

图4-11 2023年1月现金流量表(部分)

鼠标移至"支付其他与经营活动有关的现金"处,单击 图标,可联查现金流出项目,并能重算,联查"支付其他与经营活动有关的现金"的现金流出项目如图4-12所示。

图4-12 联查"支付其他与经营活动有关的现金"的现金流出项目

(三) 数量金额核算的业务

【案例4-3】 5日,公司召开月度采购大会,与北京晶丹科技有限公司签订采购合同,采购PA6+玻纤浆片200片,单价58/片,金额11 600元;采购FC影像传感器100个,单价320元/个,金额32 000元;采购PRO影像传感器100个,单价530元/个,金额53 000元。材料验收入库,同时收到发票,发票注明税额共12 558元,材料款已通过银行承兑汇票支付。

【操作步骤】

(1) 执行【凭证】|【凭证】命令,新增空白记账凭证,凭证号自动编号为"记6",制单日期为"2023年1月5日"。

(2) 在摘要栏处输入"购买原材料"。

(3) 在会计科目栏输入科目代码"140301"或"原材料-PA6+玻纤浆片",按Enter键,会弹出数量栏,如图4-13所示,输入数量"200",单价"58",系统自动计算出借方金额"11 600"。

注意:输入数量、单价、金额三项中的任意两项都可以自动计算出另一项,如输入数量"200",借方金额"11 600",可以自动计算出单价为"58"。

图4-13 浪潮云会计"数量单价"填写界面

(4) 按照上述方法,依次填写"140304 原材料-FC影像传感器""140305 原材料-PRO影像传感器""22210101 应交税费-应交增值税-进项税额"和"220101 应付票据-北京晶丹科技有限公司"。

(5) 单击【保存】按钮,保存当前记账凭证。

(四) 辅助核算业务

1. 往来单位辅助核算业务

【案例4-4】 山东大朋鸟科技制造有限公司发生了如下业务:

(1) 6日,收到山东大和科技发展有限公司前欠货款65 000.84元,已收到建行的回单。

(2) 10日,通过建行账户支付本月采购济南恒达货物货款45 600元。

(3) 11日,与山东大和科技发展有限公司签订销售XCJ4pro无人机100台的购销合同,售价6 800元/台,含税金额为768 400元。根据合同约定,公司于1月30日前预收订货款384 200元后组织生产。公司4月发货,山东大和科技发展有限公司在收到货物并验收合格

二维码4-5 数量金额核算业务的参考答案

后 5 日内支付剩余尾款 384 200 元。

【操作步骤】

以第一笔经济业务为例。

(1) 执行【凭证】|【凭证】命令,新增空白记账凭证,凭证号自动编号为"记 7",制单日期为"2023 年 1 月 6 日"。

(2) 在摘要栏处输入"收到前欠货款"。在会计科目栏输入科目代码"100201"或"建行存款",按 Enter 键。输入借方金额"65 000.84"。单击【现金流量项目】按钮,选择"销售商品、提供劳务收到的现金",单击【设置】按钮。

(3) 单击摘要栏第二行,自动复制第一行内容,在第二行的会计科目可以直接输入科目代码"1122"或"应收账款",按 Enter 键,弹出辅助框,如图 4-14 所示。选择"山东大和科技发展有限公司"。系统自动在第二行的贷方金额处显示"65 000.84"。

图 4-14 浪潮云会计"客户"选择界面

二维码 4-6 往来单位辅助核算业务的参考答案

(4) 单击【保存并新增】按钮,保存当前记账凭证,并开始填制下一张记账凭证。

相关思考 4-3

浪潮云会计"客户"选择界面自动显示的客户与何处设置有关

当输入科目代码"1122"并按下 Enter 键时,系统会自动显示"0001.山东大和科技发展有限公司"等客户信息。这一功能与浪潮云会计平台的辅助字典设置相关,客户信息如图 4-15 所示。

图 4-15 客户信息

若在图4-15显示的客户中未找到"山东大和科技发展有限公司",可以单击【设置】|【辅助字典】|【客户】按钮,打开"客户"选项卡,录入客户信息,也可以直接在填制凭证界面,单击【新增】按钮,如图4-16所示。

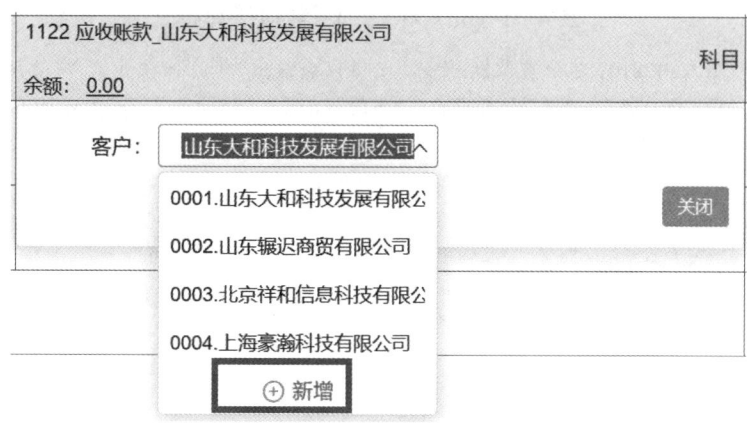

图 4-16 新增"客户"辅助字典界面

2. 个人往来辅助核算业务

【案例 4-5】 11日,采购部赵廷豪预借3 000元现金,用于出差。

【操作步骤】

(1) 执行【凭证】|【凭证】命令,新增空白记账凭证,凭证号自动编号为"记10",制单日期为"2023年1月11日"。

(2) 在摘要栏处输入"预借差旅费"。在会计科目栏输入科目代码"122101"或"其他应收款",按Enter键,弹出"部门、员工"辅助框。先选择部门"采购部",然后选择员工"赵廷豪",如图4-17和图4-18所示。输入借方金额"3 000"。

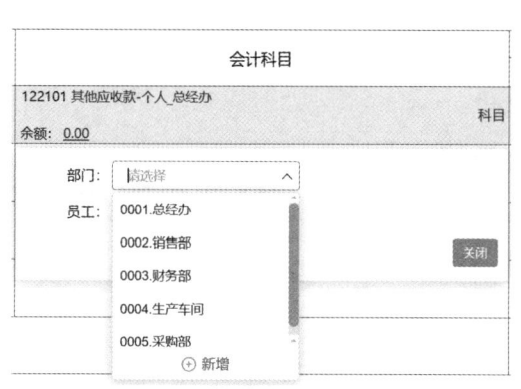

图 4-17 浪潮云会计"部门"选择界面

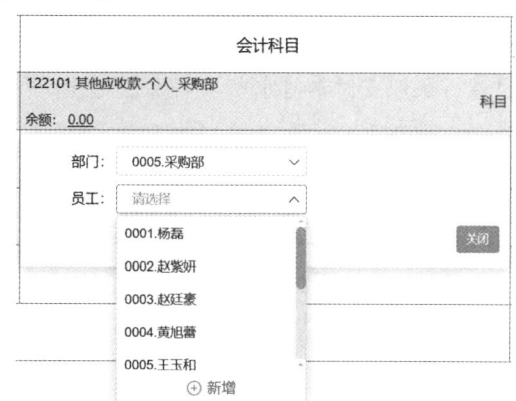

图 4-18 浪潮云会计"员工"选择界面

(3) 单击摘要栏第二行,自动复制第一行内容。在第二行的会计科目可以直接输入科目代码"1001"或"库存现金",按Enter键。第二行的贷方金额处自动显示"3 000"。单击【现金流量项目】按钮,选择"支付其他与经营活动有关的现金",单击【设置】按钮。

(4) 单击【保存】按钮,保存当前记账凭证。

二维码 4-7 个人往来辅助核算业务的参考答案

> **相关思考4-4**
>
> ### 为什么在记账凭证中输入"122101 其他应收款-个人"
> ### 会弹出"部门"和"员工"辅助核算框
>
> 在记账凭证中输入"122101 其他应收款-个人"之所以会弹出"部门"和"员工"辅助核算框,是由于在"科目"处将"122101 其他应收款-个人"科目设置了"部门"和"员工"辅助核算,如图4-19所示。

图4-19 "122101 其他应收款-个人"科目设置

3. 部门辅助核算业务

【案例4-6】 山东大朋鸟科技制造有限公司发生了如下业务:

(1) 21日收到供水公司和供电公司开具的增值税专用发票,水费不含税金额为3 695.75元,税额为480.45元;电费不含税金额为18 894.78元,税额2 456.32元;公司通过建行账户支付本月水费4 176.2元,电费21 351.1元,并分配水电费,水电费分配情况如表4-2所示。

表4-2 水电费分配情况

金额单位:元

序号	部门	电费	水费	小计
1	总经办	365.88	118.21	484.09
2	销售部	180.10	48.95	229.05
3	财务部	141.29	55.29	196.58
4	生产车间	18 002.89	3 411.13	21 414.02
5	采购部	204.62	62.17	266.79
	合计	18 894.78	3 695.75	22 590.53

(2) 采购部赵廷豪出差归来,报销差旅费,并冲销预借差旅费。差旅费报销单如表4-3所示,其中住宿费发票为增值税普通发票。

表 4-3　差旅费报销单

报销部门：采购部　　　　填报日期：2023 年 01 月 19 日　　　　　　　金额单位：元

姓名	赵廷豪	职别	经理	出差事由		出差北京联系业务			

出差起止日期：2023 年 01 月 12 日起至 2023 年 01 月 15 日止共 4 天附单据 6 张

| 日期 | | 起讫地点 | 天数 | 机票费 | 高铁费 | 市内交通费 | 住宿费 | 出差补助 | 餐费补助 | 其他 | 小计 |
月	日										
1	12	济南	1		186	135.97	320		68.00		709.97
1	13	北京	1			18.00	320		136.00		474.00
1	14	北京	1				320		136.00		456.00
1	15	济南	1		194	139.50			68.00		401.50
合计					380	293.47	960		408.00		2 041.47
总计金额（大写）			贰仟零肆拾壹元肆角柒分				预支：3 000.00 元			退补：958.53 元	

【操作步骤】

以第一笔经济业务为例。

(1) 执行【凭证】|【凭证】命令，新增空白记账凭证，凭证号自动编号为"记 11"，制单日期为"2023 年 1 月 21 日"。

(2) 在摘要栏处输入"支付水电费"。在会计科目栏输入科目代码"660204"，按 Enter 键，在弹出的辅助框中选择"总经办"，如图 4-20 所示。输入借方金额"484.09"。

二维码 4-8
知识点讲解：
报销业务账务处理

图 4-20　"部门"辅助框界面

(3) 按照上述方法，依次填写"660104 销售费用-水电费_销售部""660204 管理费用-水电费_财务部""510101 制造费用-水电费""660204 管理费用-水电费_采购部""22210101 应交税费-应交增值税-进项税额"和"100201 银行存款-建设银行"。单击【现金流量项目】按钮，选择"支付其他与经营活动有关的现金"，单击【设置】按钮。

(4) 单击【保存并新增】按钮，保存当前记账凭证。

4. 专项辅助核算业务

【案例 4-7】　21 日，生产车间领用材料，用于组装 XCJmini3 无人机 200 台、XCJ4pro 无

二维码 4-9
部门辅助核算业务的参考答案

人机 200 台,领料单如表 4-4 和表 4-5 所示。同时按照先进先出法计算组装生产成本。

二维码 4-10
知识点讲解:
生产领料账
务处理

表 4-4 生产 XCJmini3 无人机领料单

领料部门:生产车间-XCJmini3 无人机　　　　　　　　　　　　　　2023 年 1 月 23 日

编号	品名	规格及型号	单位	数量	单价	金额
1	PA6+玻纤桨片	PA6+玻纤	片	200		
2	2 250 毫安时锂电池	2 250 毫安时	节	100		
3	FC 影像传感器	FC	个	30		
4	组装套件		套	100		

表 4-5 生产 XCJ4pro 无人机领料单

领料部门:生产车间-XCJ4pro 无人机　　　　　　　　　　　　　　2023 年 1 月 23 日

编号	品名	规格及型号	单位	数量	单价	金额
1	PA6+玻纤桨片	PA6+玻纤	片	286		
2	5 000 毫安时锂电池	5 000 毫安时	节	200		
3	PRO 影像传感器	PRO	个	120		
4	组装套件		套	150		

相关思考 4-5

如何确定领料单中的单价和金额

山东大朋鸟科技制造有限公司按照先进先出法核算原材料的成本,也就是先购入的存货成本在后购入的存货成本之前转出。现以"原材料-PA6+玻纤桨片"为例,确定其成本。单击【账簿】|【数量外币明细账】按钮,单击【切换科目】按钮,选择"140301 原材料-PA6+玻纤桨片"即可查看原材料-PA6+玻纤桨片的数量金额式明细账,如图 4-21 所示。

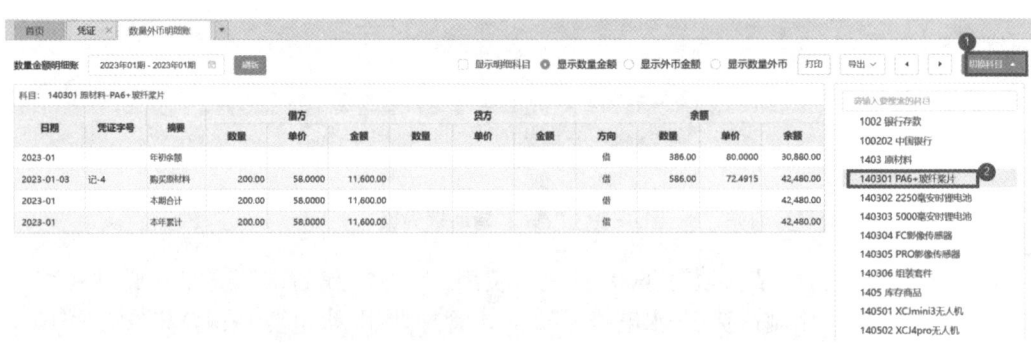

图 4-21 "140301 原材料-PA6+玻纤桨片"数量金额式明细账

由此可见,生产 XCJmini3 无人机领用 200 片 PA6+玻纤桨片的单价为 80 元/片,金额为 16 000 元(200×80=16 000);生产 XCJ4pro 无人机领用 286 片 PA6+玻纤桨片的金额为 20 680 元(186×80+100×58=20 680)。

【操作步骤】

(1) 执行【凭证】|【凭证】命令,新增空白记账凭证,凭证号自动编号为"记13",制单日期为"2023年1月21日"。

(2) 在摘要栏处输入"生产领料"。在会计科目栏输入科目代码"50010101",按 Enter 键,在弹出的辅助框中选择"XCJmini3 无人机",如图 4-22 所示。输入借方金额"54 890"。按照上述方法,在第二行会计科目栏输入科目代码填写"50010101",按 Enter 键,在弹出的辅助框中选择"XCJ4pro 无人机"。输入借方金额"150 096"。

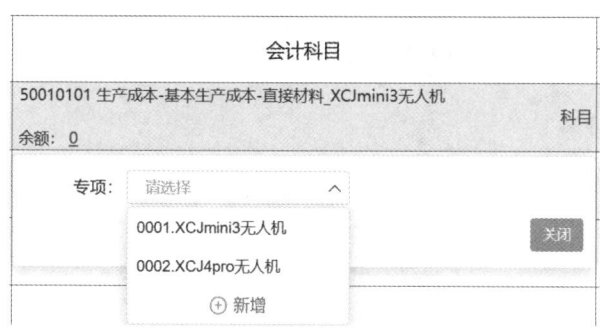

图 4-22 "专项"辅助框界面

(3) 在第三行会计科目栏输入科目代码"140301",输入数量"486"、贷方金额"36 680"。浪潮云会计平台会自动计算出单价为 75.473 3 元/片。按照上述方法,依次填写"140302-2 250 毫安时锂电池""140303 原材料-5 000 毫安时锂电池""140304 原材料-FC 影像传感器""140305 原材料-PRO 影像传感器""140306 原材料-组装套件"。

(4) 单击【保存】按钮,保存当前记账凭证。

(五) 红字凭证

【案例 4-8】 山东大朋鸟科技制造有限公司发生了如下业务:

(1) 21 日,因产品质量问题,收到辗迟商贸退回的 5 台 XCJ4pro 无人机,增值税红字发票注明价款－33 750 元,税额－4 387.5 元,并于当日转账支付相关款项。

(2) 21 日,收到建行账号的活期存款利息 50 元。

(3) 21 日,建行账户支付 280 元税控设备维护费(新增会计科目:660234 税控设备维护费)。

【操作步骤】

以第一笔经济业务为例。

(1) 执行【凭证】|【凭证】命令,新增空白记账凭证,凭证号自动编号为"记14",制单日期自动显示为"2023 年 1 月 21 日"。

(2) 在摘要栏处输入"销售退回"。在会计科目栏输入科目代码"100201",按 Enter 键。在金额处输入"－"(减号)再输入"38 137.5"后,金额即显示为红色。单击【现金流量项目】按钮,选择"销售商品、提供劳务收到的现金",单击【设置】按钮。

(3) 单击摘要栏第二行,自动复制第一行内容。在第二行的会计科目直接输入科目代码"600102",在贷方金额处显示红色的"33 750";在第三行的会计科目直接输入科目代码"22210107",在贷方金额处按"＝"找平。

(4) 单击【保存并新增】按钮,保存当前记账凭证,并开始填制下一张记账凭证。

二维码 4-11 拓展阅读:数电票推行后,还需税控盘吗?

相关思考4-6

浪潮云会计平台记账凭证的制单日期为什么显示最大日期

在浪潮云会计平台新增记账凭证时的制单日期与期初系统设置有关。记账凭证的制单日期有三类可选择,分别为"当期凭证最大日期""当期最后一天""当天日期"。默认设置为"当期凭证最大日期",如图4-23所示。因此,每次新增记账凭证时,制单日期都显示为当期凭证最大日期。

| 新增凭证时,设置凭证的默认做账日期 | ⦿ 当期凭证最大日期 | ○ 当期最后一天 | ○ 当天日期 |

图4-23 记账凭证制单日期设置

(六)外币核算业务

【案例4-9】 22日,收到星旗集团投资资金200 000美元,汇率为1∶6.5,投资款已存入中国银行外币账户。

【操作步骤】

(1)单击【凭证】|【凭证】按钮,新增空白记账凭证,凭证号自动编号为"记18",制单日期为"2023年1月22日"。

(2)在摘要栏处输入"收到外币投资"。在会计科目栏输入科目代码"100202",按Enter键。输入外币"200 000"、汇率"6.5",如图4-24所示,系统将自动计算出借方金额"1 300 000"。

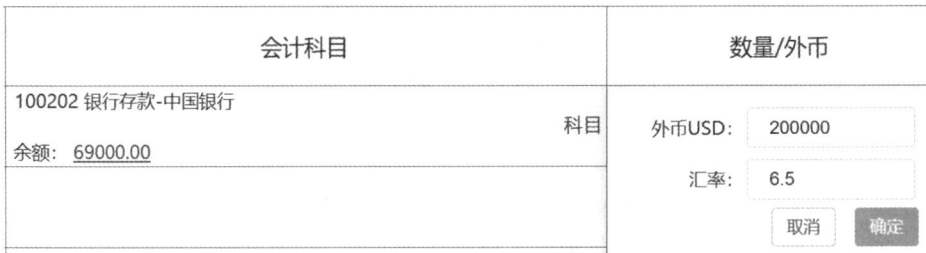

图4-24 外币输入界面

(3)单击摘要栏第二行,自动复制第一行内容。在第二行的会计科目直接输入科目代码"4001",在贷方金额处显示"1 300 000"。

(4)单击【保存】按钮,保存当前记账凭证。

三、根据凭证模板生成记账凭证

在日常经济业务处理过程中,很多业务内容基本相同,涉及的凭证类别、所附单据数、摘要、会计科目完全一致,只有发生日期、发生额、辅助核算信息有差别。为了方便此类凭证的填写,系统提供了设置凭证模板的功能。

(一)设置凭证模板

【案例4-10】 设置从建设银行提取现金的凭证模板,助记码为"01",模板名称为"提取现金"。

【操作步骤】

由于"记2"凭证就是从建设银行提取现金的记账凭证,因此可直接将"记2"凭证设置为凭证模板。

（1）单击【凭证】|【查询凭证】按钮，查询"记2"凭证，单击【修改】按钮，如图4-25所示，打开"记2"凭证。

图4-25 凭证修改界面

（2）单击【存为模板】按钮，打开"存为模板"对话框，输入助记码"01"，模板名称"提取现金"，不保存金额，不跨账套使用，如图4-26所示。注意：助记码为字母或数字组合，最大不能超过10位。

（3）单击【确定】按钮。

【案例4-11】 设置从建设银行发放工资、代扣社保及公积金、代扣个人所得税的凭证模板，助记码为"02"，模板名称为"发放工资并代扣社保、公积金及个税"。

图4-26 存为模版界面

【操作步骤】

（1）单击【凭证】|【凭证】按钮，填制一张发放工资并代扣社保、公积金及个税的记账凭证，新增记账凭证存为模板如图4-27所示，由于记账凭证的借贷方金额不能为空，故需输入借贷相等的金额。

摘要	会计科目	借方金额 千百十亿千百十万千百十元角分	贷方金额 千百十亿千百十万千百十元角分
发放工资并代扣社保、公积金及个税	221101 应付职工薪酬-工资 余额：128020.00	4 0 0	
发放工资并代扣社保、公积金及个税	100201 银行存款-建设银行 余额：4081421.07		1 0 0
发放工资并代扣社保、公积金及个税	224101 其他应付款-个人承担社会保险费 余额：1.00		1 0 0
发放工资并代扣社保、公积金及个税	224102 其他应付款-个人承担住房公积金 余额：1.00		1 0 0
发放工资并代扣社保、公积金及个税	222112 应交税费-应交个人所得税 余额：1.00		1 0 0

图4-27 新增记账凭证存为模板

（2）单击【存为模板】按钮，助记码为"02"，模板名称为"发放工资并代扣社保、公积金及个税"，不保存金额，不跨账套使用。

（3）单击【确定】按钮。

相关思考4-7

能否将提取现金或发放工资的凭证模板设置为跨账套使用

虽然不同账套提取现金或发放工资的记账凭证所附单据数、摘要、一级会计科目完全一致，但是不同的账套其明细科目有可能不一致。例如，某些账套中银行存款的明细科目可能是"建设银行"，而有的账套中可能是"交通银行"。因此,提取现金或发放工资的凭证模板就无法设置为跨账套使用。

延伸阅读4-6

查询凭证模板

查询凭证模板有两种方法。

方法一:

单击【凭证】|【凭证】按钮,打开空白记账凭证,单击【引入模板】按钮,"引入模板"界面如图4-28所示,单击【引入私有模板】按钮,即可查看设置的私有模板,如图4-29所示。在"引入私有模板"界面,可以新增模板、修改模板。

图4-28 引入模板界面

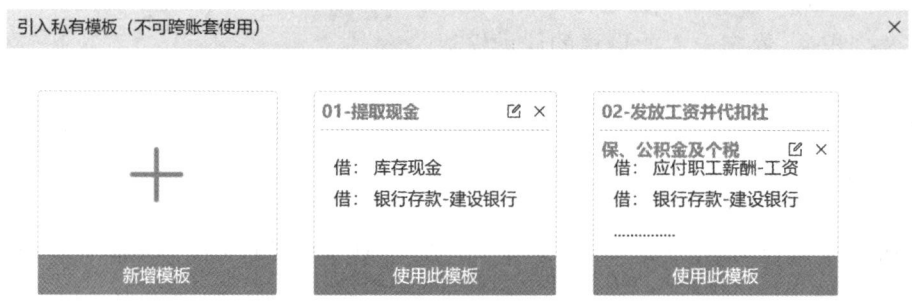

图4-29 私有模板界面

方法二:

单击【设置】|【凭证模板】按钮,即可查看凭证模板,如图4-30所示。

图4-30 凭证模板查询界面

(二)使用凭证模板生成凭证

【案例4-12】 15日,发放上月工资126 770.3元,其中实发116 714.91元,代扣个人承担的社会保险费5 101.99元,代扣个人承担的住房公积金4 953.4元。

【操作步骤】

(1)单击【凭证】|【凭证】按钮,新增空白记账凭证,凭证日期为"2023年1月15日"。

（2）单击【引入模板】|【引入私有模板】按钮，选择"02-发放工资并代扣社保、公积金及个税"，单击【使用此模板】按钮。

（3）输入借贷方金额。

（4）单击【现金流量项目】按钮，选择"支付给职工以及为职工支付的现金"，单击【设置】按钮。

（5）单击【保存】按钮，保存当前记账凭证。

四、根据原始凭证设置属性生成记账凭证

原始凭证又称之为单据，是会计在经济业务发生或完成时取得或者填制的，原始凭证是用以记录或者证明经济业务的发生或者完成情况的一项文字凭据。

在云会计系统中，可以在"凭证"-"原始凭证"中上传 jpg、png、bmp、jpeg 等格式的图片文件，电子发票支持 pdf 文件。文件大小尽量不要超过 2M。上传原始凭证后，可以补充输入相关的信息，由系统生成记账凭证。

二维码资料来源：金蝶财务成长社. 利用原始附件生成凭证，简单高效又方便[EB/OL].（2021-09-29）[2023-08-10]. https://www.bilibili.com/video/BV1qs4y177eP/?share_source=copy_web.

二维码4-15
操作视频：
根据原始凭证设置属性生成记账凭证

第三节 凭证管理

一、查询凭证

浪潮云会计平台【查看凭证】模块可以实现对凭证的查询，可以查看已经保存的当期凭证，也可以查询其他年度或本年度某月的凭证。

【案例4-13】 查询当月所有的凭证。

【操作步骤】

单击【凭证】下的【查看凭证】按钮，进入"查看凭证"界面，如图 4-31 所示，即可查询当月所有的凭证。

二维码4-16
操作视频：
查询凭证

图 4-31　查看凭证界面

延伸阅读 4-7

查看凭证界面可设置凭证显示情况,取消"展开分录"勾选框不显示分录,如图 4-32 所示。

图 4-32 查看凭证界面-取消"展开分录"

【案例 4-14】 查询记 3 凭证。

【操作步骤】

(1) 单击【凭证】下的【查看凭证】按钮,进入"查看凭证"界面。

(2) 单击期间查询框,出现凭证查询条件界面。"查询期间"选择"按月进行查询","会计期间"选择"2023 年 01 期~2023 年 01 期","凭证字"选择"记","状态"选择"不限","凭证号"输入"3",如图 4-33 所示,最后单击【查询】按钮,即可查询到相应的凭证。

【案例 4-15】 查询未审核的凭证,查询已审核的凭证。

【操作步骤】

(1) 单击【凭证】下的【查看凭证】按钮,进入"查看凭证"界面。

(2) 单击期间查询框,出现查询界面。"查询期间"选择"按月进行查询","会计期间"选择"2023 年 01 期~2023 年 01 期","状态"选择"未审核",单击【查询】按钮,即可查询出未审核的凭证。

图 4-33 凭证查询条件界面

(3) 单击期间查询框,出现查询界面。"查询期间"选择"按月进行查询","会计期间"选择"2023 年 01 期~2023 年 01 期","状态"选择"已审核",单击【查询】按钮,即可查询出已审核的凭证。

【案例 4-16】 查询涉及"银行存款"的相关凭证。

【操作步骤】

(1) 单击【凭证】下的【查看凭证】按钮,进入"查看凭证"界面。

(2) 在【模糊条件查询框】中输入"1002"或"银行存款"单击图标,如图4-34所示,即可查询出涉及"银行存款"的相关凭证。单击期间查询框,出现查询界面,"科目编号"输入"1002",然后单击【查询】按钮。

图4-34 凭证查询界面——模糊条件查询

【案例4-17】 查询21日的记账凭证。
【操作步骤】
(1) 单击【凭证】下的【查看凭证】按钮,进入"查看凭证"界面。
(2) 单击期间查询框,出现查询界面。"查询期间"选择"按日进行查询","会计期间"选择"2023-01-21~2023-01-21",单击【查询】按钮,如图4-35所示,即可查询出21日的记账凭证。

图4-35 凭证查询条件界面

相关思考4-8

如何在新增凭证处查看凭证

(1) 在新增凭证界面,通过输入凭证编号,可快速查询本期间对应的凭证及分录。
(2) 单击凭证界面右上方 < > 两个图标,可以分别向上、向下查看与当前凭证相邻的凭证。
(3) 单击凭证界面右上方 更多凭证 图标,可以转到【查看凭证】界面。

二、凭证修改

如果平台中的凭证需要变动,可以通过平台提供的修改功能对凭证进行修改。

【案例4-18】 将未审核的记2凭证中的提取现金改为4 500元。

【操作步骤】

(1) 单击【凭证】下的【查看凭证】按钮,进入"查看凭证"界面。

(2) 单击记2凭证记录右侧的 修改按钮,进入"凭证修改"界面,如图4-36所示。

图4-36 凭证修改界面

(3) 进入该界面后,将光标移动到借方金额栏第一行处,删除要修改的金额后,直接将借方金额改为"4 500",在贷方金额栏第二行输入贷方金额"4 500"或按"="键,凭证金额修改界面如图4-37所示。

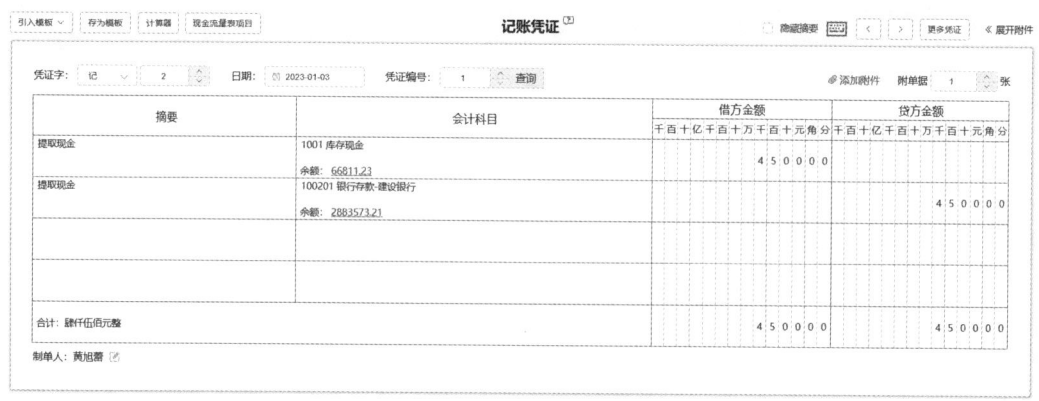

图4-37 凭证金额修改界面

(4) 单击【保存】按钮,系统提示保存成功。

【案例4-19】 将记9凭证中的采购部赵廷豪改为总经办杨磊,其他信息不变。

【操作步骤】

(1) 单击【凭证】下的【查看凭证】按钮,进入"查看凭证"界面。

(2) 单击记9凭证记录右侧的 修改按钮,进入"凭证修改"界面。

(3) 单击会计科目"122101 其他应收款-个人","部门"选择"总经办","员工"选择"杨磊",如图4-38所示。

(4) 单击【保存】按钮,系统提示保存成功。

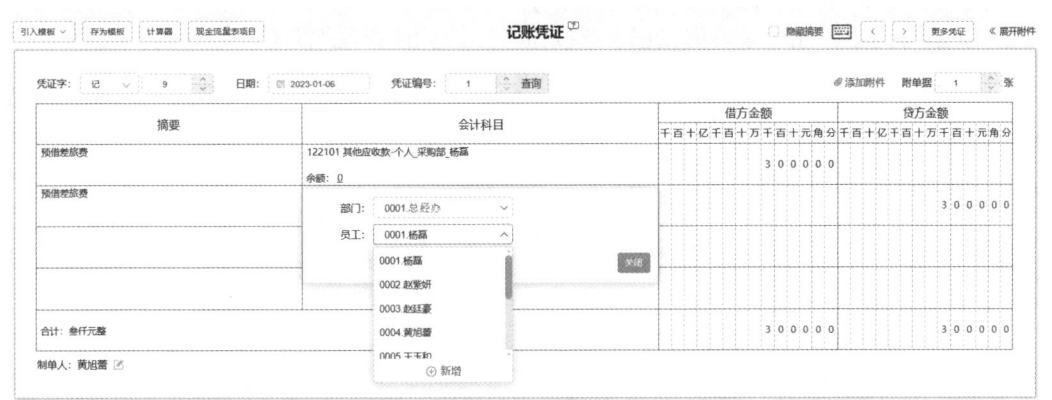

图 4-38 凭证辅助核算修改界面——员工

【案例 4-20】 将会计科目"600101 XCJmini3 无人机""600102 XCJ4pro 无人机""640101 XCJmini3 无人机"和"640102 XCJ4pro 无人机"改成数量核算,计量单位为台,修改未审核的记 4 凭证。销售 XCJmini3 无人机 100 台,售价 4 500 元/台;销售 XCJ4pro 无人机 120 台,售价 6 750 元/台。

【操作步骤】

(1)单击【设置】下的【科目】按钮,选择会计科目"600101 XCJmini3 无人机"后的图标,进入"编辑科目"界面,"计量单位"输入"台",单击【保存】按钮,如图 4-39 所示。注:已经使用过的科目只有计量单位可以修改。

图 4-39 编辑科目界面

(2)按照上述方法,依次将会计科目"600102 XCJ4pro 无人机""640101 XCJmini3 无人机"和"640102 XCJ4pro 无人机"的"计量单位"输入"台",单击【保存】按钮。

(3)单击【凭证】下的【查看凭证】按钮,进入"查看凭证"界面。

(4)单击记 4 凭证记录右侧的 修改按钮,进入"凭证修改"界面。

(5)单击会计科目"600101 XCJmini3 无人机"所在行,在【数量/外币】列,"数量"输入"100","单价"输入"4 500",如图 4-40 所示,单击【确定】按钮。

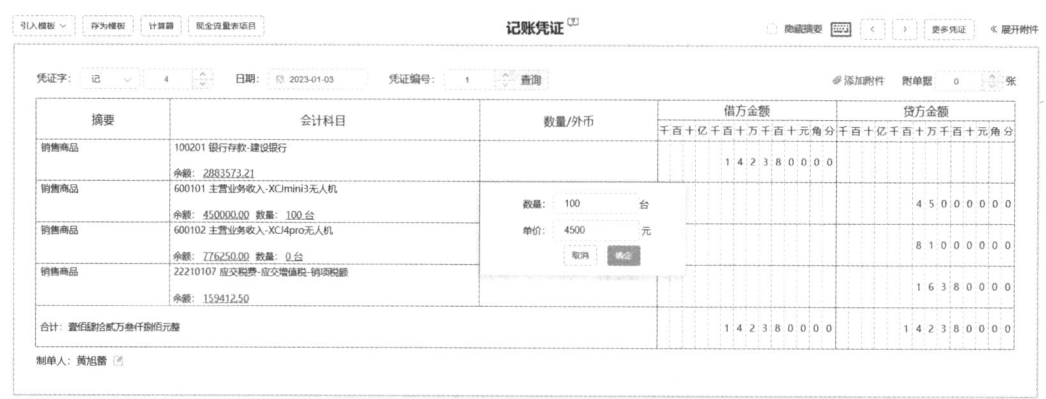

图 4-40　凭证辅助核算修改界面——数量金额

(6)单击会计科目"600102 XCJ4pro 无人机"所在行,在【数量/外币】列,"数量"输入"120","单价"输入"6750",单击【确定】按钮。

(7)单击【保存】按钮,系统提示保存成功。

【案例 4-21】　将记 6 支付劳务费凭证中的"银行存款"改为"库存现金"。

【操作步骤】

(1)单击【凭证】下的【查看凭证】按钮,进入"查看凭证"界面。

(2)单击记 6 凭证记录右侧的 修改按钮,进入"凭证修改"界面。

(3)单击会计科目"100201 银行存款-建设银行"右侧的"科目",凭证科目修改界面如图 4-41 所示,进入"选择科目"界面。

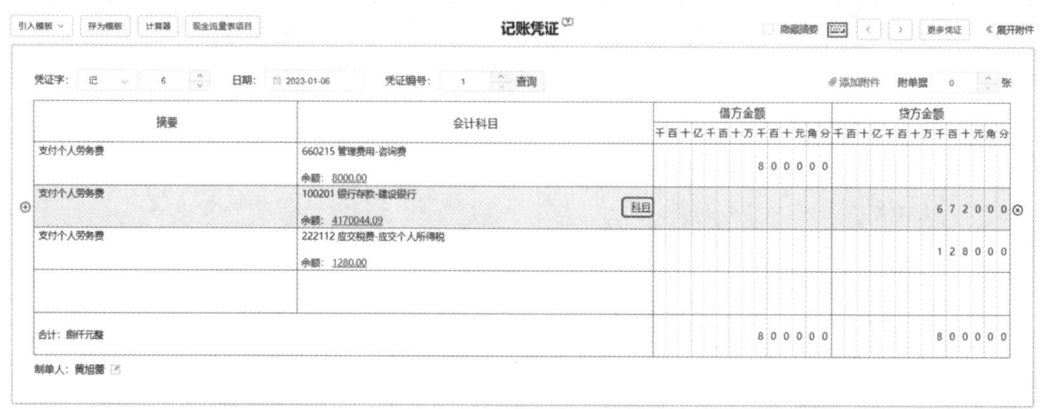

图 4-41　凭证科目修改界面

(4)选择会计科目"1001 库存现金",如图 4-42 所示。

(5)设置现金流量表项目为"购买商品、接受劳务支付的现金"。

图 4-42　选择科目界面

(6) 单击【保存】按钮,系统提示保存成功。

延伸阅读 4-8

(1) 系统无法修改已审核的凭证,如需修改已审核的凭证,需要先对该凭证进行反审核操作。
(2) 未审核的凭证可以直接修改,其凭证编号、凭证日期也可以修改,修改后凭证应保存并退出。
(3) 凭证辅助项内容如有错误,修改操作与凭证录入辅助核算时相同。

三、插入凭证

【案例 4-22】　6 日,从建行提取现金 8 000.00 元,用于支付个人劳务。

要求:插入一张记 6 凭证。

【操作步骤】

(1) 单击【凭证】下的【查看凭证】按钮,进入"查看凭证"界面。
(2) 单击记 6 凭证记录右侧的 插入按钮,进入"插入凭证"界面,如图 4-43 所示。

图 4-43　插入凭证界面

(3) 录入相应的记账日期、单据张数,选取摘要"提取现金",从科目列表中选择"1001 库存现金",输入借方金额"8 000.00"。
(4) 单击摘要栏第二行,自动复制第一行内容,从科目列表中选择"100201 银行存款-建设银行"。系统会按照借贷必相等的原则,自动在第二行的贷方金额处显示"8 000.00"。
(5) 单击【保存】按钮,保存当前记账凭证,保存凭证界面如图 4-44 所示。

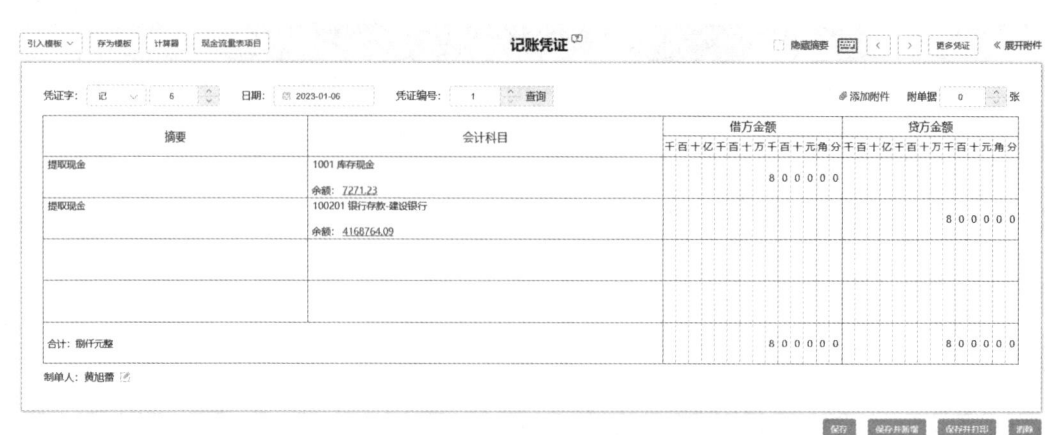

图 4-44 保存凭证界面

四、复制凭证

【**案例 4-23**】 25 日,与山东辗迟商贸有限公司签订销售合同,销售 XCJmini3 无人机 100 台,售价 4 500 元/台,不含税金额为 450 000 元,销售 XCJ4pro 无人机 120 台,售价 6 750 元/台,不含税金额为 810 000 元,当日向山东辗迟商贸有限公司发出货物并开具发票,发票注明税额共 163 800 元,货款已转入建行账户。库存商品采用月末一次加权平均法计价。

【操作步骤】

因本业务与 1 月 4 日记 4 凭证所涉及业务完全一致,故可直接复制记 4 凭证。

(1) 单击【凭证】下的【查看凭证】按钮,进入"查看凭证"界面。

(2) 单击记 4 凭证记录右侧的 复制按钮,即可复制记 4 凭证。

(3) 单击【保存】按钮,系统提示凭证保存成功,复制凭证界面如图 4-45 所示。

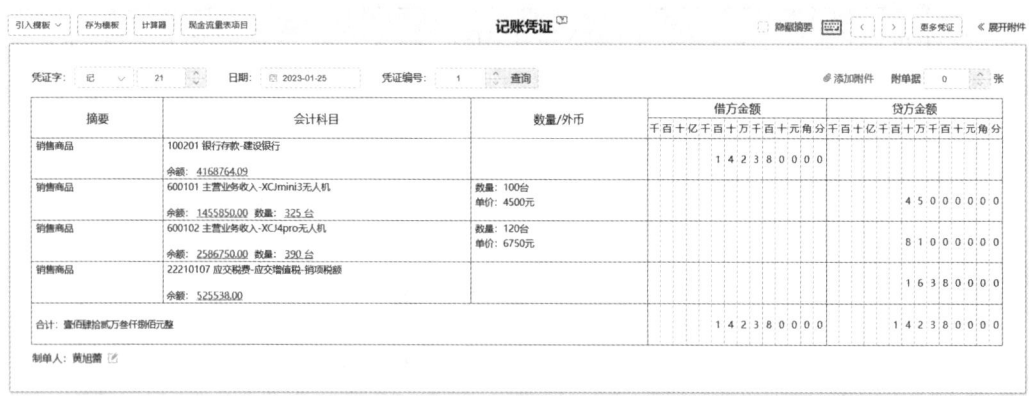

图 4-45 复制凭证界面

五、凭证删除

对于未审核的凭证,如果发现有错误,除进行修改外,还可以删除。为解决删除凭证导致的凭证断号问题,浪潮云会计平台在"查看凭证"界面提供了【整理断号】按钮,一键整理断号,梳理凭证号码使之连续。

【案例 4-24】 删除记 3 凭证。

【操作步骤】

(1)单击【凭证】下的【查看凭证】按钮,进入"查看凭证"界面。

(2)单击记 3 凭证记录右侧的 🗑 删除按钮,删除单张凭证界面如图 4-46 所示。系统提示"您是否要删除此凭证?删除后将不可恢复,并产生断号",如确认删除则选择确定。

图 4-46 删除单张凭证界面

(3)在"查看凭证"界面,单击【整理断号】按钮,整理断号界面如图 4-47 所示。

图 4-47 整理断号界面

(4)选择"整理日期""凭证字"和"整理方式",单击【确定】按钮。

六、凭证审核

凭证审核是指由具有审核权限的操作员按照会计制度规定,对制单人填制的记账凭证进行合法性检查,其目的是防止错误及舞弊。浪潮云会计平台提供单张审核和批量审核两种方式。

【案例 4-25】 审核记 1 凭证。

【操作步骤】

以账套主管赵紫妍身份登录浪潮云会计平台。

(1)单击【凭证】下的【查看凭证】按钮,进入"查看凭证"界面。审核无误后勾选该张凭证前的复选框,单击界面右上方的【审核】按钮,审核凭证界面如图 4-48 所示。系统提示审核通过,审核人处显示审核人姓名,审核通过界面如图 4-49 所示。

图 4-48　审核凭证界面

图 4-49　审核通过界面

（2）如果审核人需要查看凭证的详细信息，可进入"编辑凭证"界面，单击界面右下方的【审核】按钮，凭证审核详细界面如图 4-50 所示。记账凭证出现"已审核"标志，已审核通过界面如图 4-51 所示。

图 4-50　凭证审核详细界面

图 4-51　已审核通过界面

【案例 4-26】 批量审核凭证。

【操作步骤】

单击【凭证】下的【查看凭证】按钮,进入"查看凭证"界面。审核无误后,单击界面左方全选复选框,可以选择全部凭证,单击界面右上方的【审核】按钮,批量审核界面如图 4-52 所示,未审核的凭证就会被审核,凭证上的审核人处会显示相应的审核人的姓名。

图 4-52 批量审核界面

延伸阅读 4-9

（1）浪潮云会计平台的审核操作包含自动记账功能,无须会计人员操作,使财务核算更加高效。

（2）如果审核后的凭证需要取消审核,可以由具有审核权限的操作员单击凭证中的【反审核】按钮即可取消审核。

七、红字冲销

【案例 4-27】 6 日,收到山东大和科技发展有限公司前欠货款,实际为 6 500 元。

要求:冲销 1 月 6 日记 7 凭证,并填制正确的记账凭证。

【操作步骤】

（1）单击【凭证】下的【查看凭证】按钮,进入"查看凭证"界面。单击记 7 凭证记录右侧的冲销按钮即可自动生成一张红字冲销凭证,如图 4-53 所示。

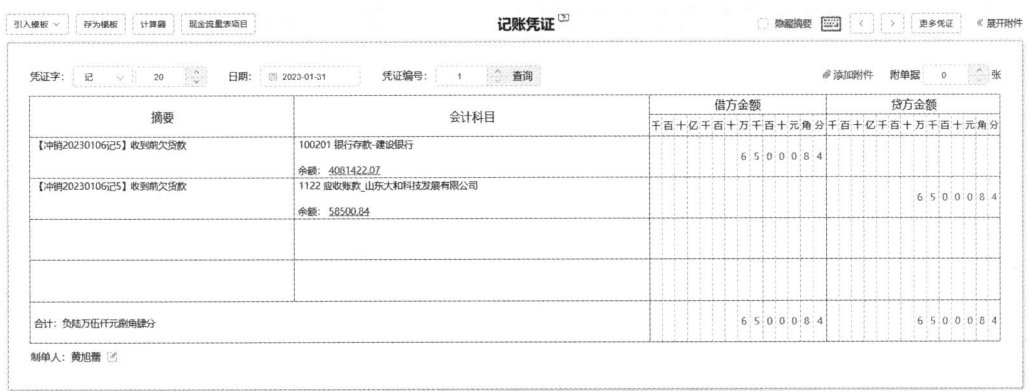

图 4-53 红字冲销凭证界面

（2）单击【保存并新增】按钮,保存当前记账凭证,并开始填制下一张记账凭证。

（3）填制正确的记账凭证,如图 4-54 所示。

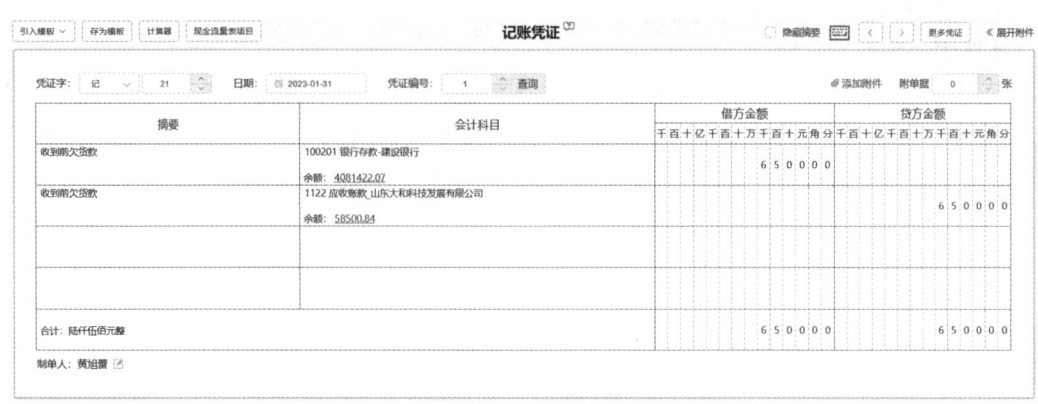

图 4-54 填制凭证界面

本 章 小 结

本章主要学习了总账的概念,总账与其他系统之间的关系,凭证的填制和凭证管理。其中,凭证的填制包括直接填制、凭证模板生成和根据原始单据生成记账凭证。凭证管理包括凭证修改、凭证审核、凭证删除、复制凭证、插入凭证、红字冲销等。

本章重要概念

总账　记账凭证　凭证管理　修改凭证　复制凭证　插入凭证　红字冲销

本 章 练 习

一、单项选择题

1. 填写凭证时,选择科目后,科目下面会显示(　　)。
   A. 科目的贷方累计发生额　　　　　　B. 科目的余额
   C. 科目的借方累计发生额　　　　　　D. 科目的发生额
2. 在凭证录入时,(　　)内容是不需要操作人员录入的。
   A. 摘要　　　　B. 科目　　　　C. 金额　　　　D. 制单人
3. 关于凭证的摘要,说法正确的是(　　)。
   A. 可以调用常用摘要也可以即时输入
   B. 凭证中不同行的摘要需要录入相同内容
   C. 同一张凭证中,系统需要手动将摘要复制到下一分录行
   D. 凭证的每一行不是必须有摘要,可以为空
4. 总账可以向(　　)模块提供数据。
   A. 薪资模块　　　　　　　　　　　　B. 固定资产模块
   C. 存货核算　　　　　　　　　　　　D. 报表模块

5. 会计核算系统最基本、最核心的功能模块是( )。
   A. 总账　　　　　　　　　　　B. 工资核算
   C. 固定资产管理　　　　　　　D. 发票管理

二、多项选择题
1. 在浪潮云会计中填制凭证时,确定科目的方法有( )。
   A. 可输入科目编码　　　　　　B. 可输入科目名称
   C. 可选择输入　　　　　　　　D. 可输入末级科目
2. 下列关于凭证审核的操作,说法错误的有( )。
   A. 凭证审核通常需更换操作员,由具有审核权限的操作员来进行
   B. 凭证只能逐张审核,不能成批审核
   C. 审核操作每月可多次进行
   D. 审核过的凭证无法取消审核
3. 在浪潮云会计中,关于错误凭证的修改方法,下列说法正确的有( )。
   A. 凭证结账后发现错误,可以先编制红字冲销凭证,再编制正确的凭证
   B. 凭证审核后发现错误,可以先取消审核,再用适当方法进行调整,实现无痕迹修改
   C. 凭证审核时发现错误,审核员若具有填制凭证的权限,则其可以直接修改
   D. 凭证填制时发现错误,可以由制单人直接修改
4. 凭证录入过程中,财务软件可以检查出的错误有( )。
   A. 借贷不平衡　　　　　　　　B. 非明细科目
   C. 凭证号不连续　　　　　　　D. 串户
5. 下列说法正确的有( )。
   A. 审核人和制单人不能是同一个人　　B. 凭证一经复核,就不能再修改和删除
   C. 取消审核签字只能由审核人自己进行　D. 制单人可取消审核签字

三、判断题
1. 填制凭证时,金额不能为"零",红字以"—"号表示。( )
2. 填写凭证时,录入设置了"客户往来"辅助核算的科目后,系统将自动弹出客户信息的输入窗口,要求输入客户信息。( )
3. 在总账中,填制记账凭证时,录入的辅助信息无法修改。( )
4. 输入凭证时,附件张数不能为零。( )
5. 在凭证录入时,可以录入下一个核算期的凭证,但不能录入已结账期的凭证。( )

四、思考题
1. 请简述凭证录入过程中如何由系统完成错误检查。
2. 请简述浪潮云会计平台记账凭证无法保存的原因。

第五章　发　票　管　理

- ➢ 内容提要
- ➢ 重点难点
- ➢ 学习目标
- ➢ 知识框架
- ➢ 思政育人
- ➢ 第一节　发票管理系统初始化
- ➢ 第二节　发票管理系统日常业务处理
- ➢ 第三节　发票管理系统凭证管理
- ➢ 本章小结
- ➢ 本章重要概念
- ➢ 本章练习

内容提要

本章主要讲解了发票管理系统的主要功能和操作方法，实现对发票的管理以及凭证的生成，包括系统设置、发票抬头录入、发票设置、凭证设置等初始化操作；与进项发票、销项发票相关的日常业务处理和凭证管理。

重点难点

本章重点为发票设置、凭证设置以及与进项发票、销项发票相关的日常业务处理和凭证管理。本章难点为与进项发票、销项发票相关的日常业务处理。

学习目标

通过本章学习，学生应理解发票管理系统的设计原理和基本操作流程；熟悉发票管理系统的主要功能；能够进行发票管理系统初始化设置和发票管理系统日常业务的处理；掌握系统设置、发票抬头录入、发票设置、凭证设置的方法；掌握与进项发票、销项发票相关的日常业务处理；掌握使用财务业务一体化策略生成凭证、查询凭证、修改凭证的方法。

知识框架

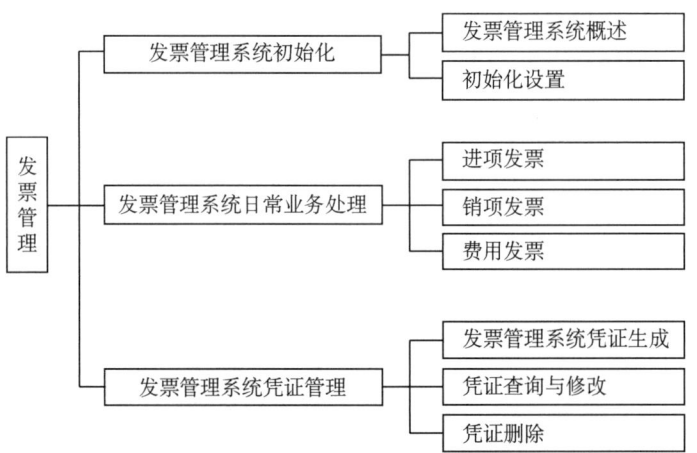

思政育人   "偷骗税必严打"以公正监管促公平竞争

良好的税收秩序是高水平社会主义市场经济体制不可或缺的组成部分,加强税收监管、打击偷税逃税是保障市场公平竞争、维护社会公平正义的必要手段。

2023年的政府工作报告提出,过去五年,我国严厉惩处偷税逃税等行为。3月16日,湖北、甘肃、安徽、广东、浙江、天津等地税务部门曝光6起涉税违法案件,再次传递出税务部门常态化依法打击各类涉税违法行为的鲜明信号。

此次曝光的案件既涉及骗取增值税留抵退税,又涉及骗取出口退税,既有虚开增值税专用发票案件,又有加油站偷税案件,既打击偷税、骗税的不法企业,又处罚未依法办理个人所得税综合所得汇算清缴的个人,充分体现了税务等部门对各类涉税违法犯罪行为"露头就打"、严惩不贷,以公正监管促公平竞争。

常态化依法打击各类涉税违法行为是保障市场公平竞争的必要手段。一直以来,税务部门认真贯彻落实党中央、国务院关于坚决惩处违法违规骗税行为的部署要求,切实加强税收监管和税务稽查,充分发挥税务、公安、检察、海关、人民银行、外汇管理六部门常态化打击虚开骗税工作机制作用,严厉打击骗取留抵退税、骗取出口退税和虚开发票等各类涉税违法犯罪行为,按照"提示提醒、督促整改、约谈警示、立案稽查、公开曝光"的五步工作法,依法查处并公开曝光典型案件,有力有效维护了经济税收秩序和国家税收安全。

2022年,全国税务系统累计曝光716起骗取留抵退税案件、22起虚开发票和骗取出口退税案件、10起涉税中介及其从业人员违法违规案件、6起演艺明星和网络主播偷逃税案件,有力释放了"偷骗税必严打""违法者必严惩"的强烈信号。

持续打击并曝光涉税违法案件是规范行业税收秩序的有效途径。从2023年税务部门已曝光的三批次14起典型涉税违法案件来看,税务部门始终保持对涉税违法犯罪行为的高压态势,依法依规进行查处,同时注重每批次曝光案件类型的多样性。

案件类型的多样体现出税务部门在聚焦重点领域、重点行业对涉税违法犯罪行为开展重点打击的同时,也针对各种类型的偷逃税行为开展全方位打击和规范化治理,持续压缩涉税违法犯罪空间,努力规范行业税收秩序,维护社会公平正义。

资料来源:人民资讯."偷骗税必严打"以公正监管促公平竞争[EB/OL].(2023-06-06)[2023-08-10]. https://baijiahao.baidu.com/s?id=1760513145309771368&wfr=spider&for=pc.

【思政寄语】

税收"取之于民,用之于民,造福于民",是保障国计民生的重要财力支撑。无论是企业纳税人还是自然人纳税人,在享受国家发展红利的同时,都应该自觉履行诚信纳税义务。作为纳税人,应树立依法诚信纳税理念,自觉诚信依法纳税,承担起相应的社会责任,不能心存侥幸,更不能触碰法律红线。

第一节 发票管理系统初始化

一、发票管理系统概述

(一)发票管理模块主要功能

【发票管理】模块可以实现对发票的管理以及凭证的生成,包括进项发票、销项发票、费用发票、发票查验、微信电子发票等模块。各模块的主要功能如下:

(1)【进项发票】模块可以实现六种进项发票信息的录入及一键生成凭证,提高记账效率。

(2)【销项发票】模块可以实现六种销项发票信息的录入、一键生成凭证及销项发票导入的功能,提高记账效率。销项发票信息录入后,可在系统首页查看增值税税负、应交税额等数据。

(3)【费用发票】模块可以手工录入或导入相关费用发票信息及一键生成凭证,减少记账工作量,提高记账效率。

(4)【发票查验】模块可以帮助企业通过发票代码、发票号码等必要信息确定发票是否存在以及查询发票真伪。

(5)【微信电子发票】模块是通过"微信卡包"将电子发票传送到PC端【微信电子发票】模块,方便企业将进项电子发票生成凭证。

(二)发票管理系统操作流程

发票管理系统操作流程如图 5-1 所示。

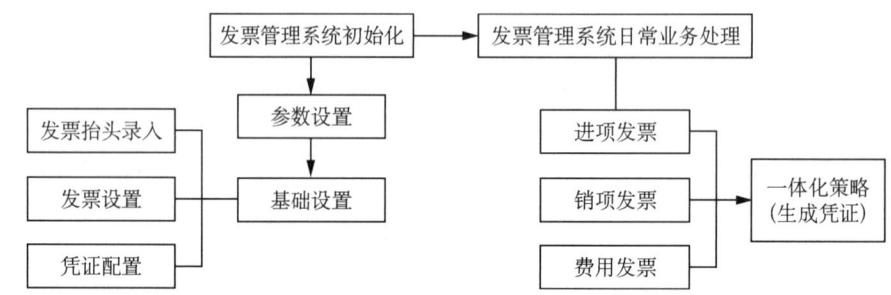

图 5-1 发票管理系统操作流程

(1)发票管理系统初始化包括系统参数设置、发票设置、凭证配置、发票抬头录入等。

(2)发票管理系统日常业务处理包括进项发票、销项发票、费用发票、微信电子发票、发票查验等。其中进项发票管理支持多种方式获取多种发票,自动统计税额,可与报账等多系统集成,通过税管云查验发票真伪并自动化认证,强化发票规范化管理;销项发票管理与前端业务系统集成,将业务数据自动合并生成开票申请,开票申请按照业务规则自动拆分后,通过与发票服务平台或税控系统对接,一键开票,一键打印,自动入账。

延伸阅读 5-1

推行全面数字化的电子发票

为落实中办、国办印发的《关于进一步深化税收征管改革的意见》要求,全面推进税收征管数字化升级和智能化改造,降低征纳成本,2021 年 12 月起,国税总局在广东省(不含深圳)、上海市和内蒙古自治区率先开始推行全电发票试点工作,全电发票的序幕由此拉开。

所谓"全电"发票,就是指全面数字化的电子发票,是与纸质发票具有同等法律效力的全新发票。全电发票覆盖全领域、全环节、全要素,不以纸质形式存在、不用介质支撑、不需申请领用,而是将纸质发票的票面信息全面数字化,通过标签管理将多个票种集成归并为电子发票单一票种,实现全国统一赋码。系统智能赋予发票开具金额总额度,设立税务数字账户实现发票自动流转交付和数据归集。

全电发票的特点如下:

(1)去介质:纳税人不再需要预先领取专用税控设备,通过网络可信身份等新技术手段,摆脱专用算法和特定硬件束缚,实现"认人不认盘"。(通俗地说,使用全电发票无需领用 UKEY,税务人不再需要进行税控设备管理。纳税人有网络就可以开票、用票。)

(2)去版式:全电发票可选择以数据电文 XML 形式交付,破除 PDF、OFD 等特定版式要求,票样根据不同业务进行差异化展示,降低发票使用成本,为纳税人提供更优质的个性化服务。(通俗地说,开具即交付,全电发票开具后,发票数据文件自动发送至开票方和受票方的税务数字账户,便利交付入账,减少人工收发。)

(3)标签化:通过标签实现了对电子发票功能、状态、用途的具体分类。标签的好处在于:一是改变当前发票票种的繁杂状况,二是实时归集发票流转状态。

(4)要素化:发票要素是发票记载的具体内容,是构成电子发票信息的基本数据项。全电发票涵盖基本要素、特定要素、附加要素3个要素,采用人工填写、自动预填、自动录入、选择填写。发票要素是构成电子发票的最小单元,生成后用于交付、使用和归档等环节。

(5)授信制:依托动态"信用+风险"的体系,结合纳税人生产经营、开票和申报行为,自动为纳税人赋予可开具发票总金额的信用额度并动态调整,实现"以系统授信为主,人工调整为辅"的授信制管理,即开票零前置。授信方式包括首次初始授信(新办纳税人和存量纳税人)、月度动态授信(月初授信额度调整、系统临时调整、开票行为触发系统授信额度定期调整)和人工调整(企税互动、依职权)。

(6)赋码制:通过信息系统在发票开具时自动赋予每张发票唯一编码的赋码机制。

资料来源:99税优.全电发票最新特点一文说清![EB/OL].(2023-02-10)[2023-06-02]. https://mp.weixin.qq.com/s/DCWonv69L6qAczx2cfVFEA.

二、初始化设置

(一)系统设置

【案例 5-1】 设置参数,将"是否生成不含税费分录(进项发票生成凭证用)"设置为"不含税费"。

【操作步骤】

(1)单击【设置】|【系统设置】按钮,打开发票系统设置界面,单击【参数设置】按钮,将"是否生成不含税费分录(进项发票生成凭证用)"设置为"不含税费",参数设置界面如图 5-2 所示。

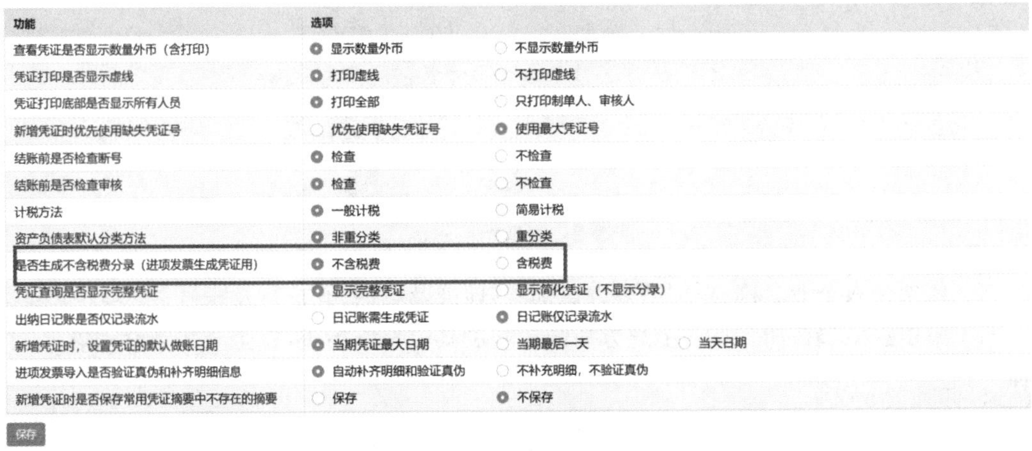

功能	选项	
查看凭证是否显示数量外币(含打印)	● 显示数量外币	○ 不显示数量外币
凭证打印是否显示虚线	○ 打印虚线	● 不打印虚线
凭证打印底部是否显示所有人员	● 打印全部	○ 只打印制单人、审核人
新增凭证时优先使用缺失凭证号	○ 优先使用缺失凭证号	● 使用最大凭证号
结账前是否检查断号	● 检查	○ 不检查
结账前是否检查审核	● 检查	○ 不检查
计税方法	● 一般计税	○ 简易计税
资产负债表默认分类方法	● 非重分类	○ 重分类
是否生成不含税费分录(进项发票生成凭证用)	● 不含税费	○ 含税费
凭证查询是否显示完整凭证	● 显示完整凭证	○ 显示简化凭证(不显示分录)
出纳日记账是否记录流水	○ 日记账需生成凭证	● 日记账仅记录流水
新增凭证时,设置凭证的默认做账日期	● 当期凭证最大日期	○ 当期最后一天　○ 当天日期
进项发票导入是否验证真伪和补齐明细信息	● 自动补齐明细和验证真伪	○ 不补充明细,不验证真伪
新增凭证时是否保存常用凭证摘要中不存在的摘要	○ 保存	● 不保存

保存

图 5-2 参数设置界面

（2）单击【保存】按钮。

（二）发票抬头

在【发票抬头】模块将企业名称、企业纳税识别号、地址电话、开户行及账号进行绑定,绑定之后,用户在手动新增进项发票、销项发票或费用发票时录入企业名称后,系统将自动录入其纳税识别号、地址电话等已绑定信息。

【案例5-2】 增设发票抬头,具体信息如表5-1所示。

表5-1 需录入发票抬头的具体信息

企业名称	票据纳税人识别号	地址及电话	开户行及账号
济南恒达新能源科技有限公司	91370000UYHJ87811	章丘市白石街道2350号 0531-55332136	建设银行章丘支行 1239998800000000
北京晶丹科技有限公司	65888111B6Y787833	海淀区中兴大厦12-08号 0531-88543217	中国银行北京海淀支行 1300000009898980
山东大和科技发展有限公司	91370100WE8P5PGF65	山东省青岛市市北区辽宁路54号 0532-88221234	中国工商银行山东总行 4820000234506970000
山东辗迟商贸有限公司	91370300UY8900RR73	青岛市崂山区创业科技园1-308号 0532-88228950	崂山农行 3420234289707920000

【操作步骤】

（1）进入【发票】|【发票抬头】模块,单击【新增】按钮,打开发票抬头界面,如图5-3所示。

图5-3 发票抬头界面

（2）依次录入企业名称、票据纳税人识别号、地址及电话、开户行及账号。

（3）单击【确定】按钮。按照上述方法继续增设其他发票抬头,直至全部增设完毕。

延伸阅读5-2

编辑、删除发票抬头信息

编辑:单击发票抬头列表右侧"编辑"按钮,如图5-4所示,弹出编辑弹窗,修改后保存即可,修改抬头信息后不会改变已增加发票的抬头信息。

图 5-4 发票抬头信息

删除：单击发票抬头列表右侧"删除"按钮，单击【确认】按钮即可删除该抬头信息，删除后不会对已增加发票产生影响。

（三）发票设置

用户在【发票设置】模块可以自定义增加进项发票和销项发票的结算方式、业务类型的内容并对其自定义匹配科目；也可修改费用发票结算类型的匹配科目，方便用户自定义指定发票生成凭证所使用的科目。

1. 进项发票设置

1）结算类型设置

【**案例 5-3**】 增设浪潮云会计平台发票管理模块的进项发票结算类型，具体结算类型如表 5-2 所示。

表 5-2 进项发票结算类型

结算类型	进项发票科目	是否创建下级科目或辅助项
银行承兑汇票	2201 应付票据	是
银行本票	101202 其他货币资金——银行本票存款	否

二维码 5-1
操作视频：
结算类型设置

【**操作步骤**】

（1）进入【发票】|【发票设置】模块，打开发票设置界面，如图 5-5 所示。

图 5-5 发票设置界面

（2）单击【进项发票】|【结算类型设置】按钮，在"结算类型"处增加"银行承兑汇票"，"是否创建下级科目或辅助项"选择"是"，保存发票时会为匹配科目自动创建下级科目或辅助项。"科目"处输入"2201 应付票据"，按 Enter 键后，浪潮云会计平台将自动保存该行数据，新增结算类型设置界面如图 5-6 所示。

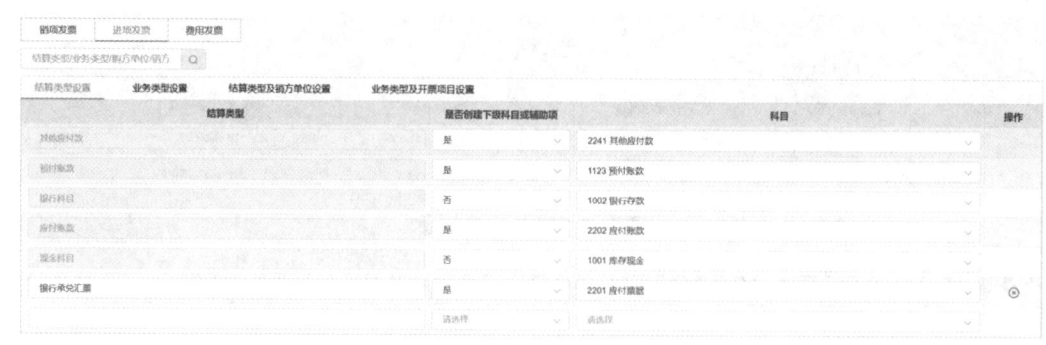

图 5-6 新增结算类型设置界面

(3) 按照同样方式,增设"银行本票"的结算类型。

2) 业务类型设置

二维码 5-2
操作视频:
业务类型设置

【案例 5-4】 增设浪潮云会计平台发票管理模块的进项发票业务类型,具体业务类型如表 5-3 所示。

表 5-3 进项发票业务类型

业务类型	进项发票科目	是否创建下级科目或辅助项
无形资产	1701 无形资产	是
采购默认科目	1402 在途物资	是

【操作步骤】

(1) 单击【发票】|【发票设置】,打开发票设置界面。

(2) 单击【进项发票】|【业务类型设置】按钮,在"业务类型"处输入"无形资产","是否创建下级科目或辅助项"选择"是",保存发票时会为匹配科目自动创建下级科目或辅助项,创建的下级科目可在"业务类型及开票项目设置"内查看。"科目"处输入"1701 无形资产",按 Enter 键后,浪潮云会计平台将自动保存该行数据。

(3) 将采购模式科目修改为"1402 在途物资",按照同样方式操作,浪潮云会计平台将自动保存该行数据。

3) 结算方式及销方单位设置

(1) 若"结算方式设置"处某科目选择创建下级科目或辅助项,且该科目未设置辅助核算,则在保存发票自动创建下级科目的同时,会在"结算方式及销方单位设置"处增加一项"结算方式—对应科目—单位"对应关系,单位为新增发票时填写的销方单位,发票生成凭证时,使用该对应关系的科目;若科目本身设置了辅助核算,则不会生成对应关系,发票生成凭证时会自动带出销方单位辅助项。

(2) 若"结算方式设置"处某科目未选择自动创建下级科目或辅助项,则不会自动增加"结算方式—对应科目—单位"对应关系,生成凭证时也不会自动带出销方单位辅助项,结算科目为结算类型对应科目的第一个子科目。

4) 业务类型及开票项目设置

(1) 若"业务类型设置"处某科目选择创建下级科目或辅助项,且该科目未设置辅助核算,则在保存发票自动创建下级科目的同时,会在此处增加一项"业务类型—对应科目—开票项目"对应关系,对应科目为新创建的下级科目,开票项目为新增发票时填写的开票项目名称;若该科目设置了辅助核算,则不会生成对应关系,发票生成凭证时会自动带出开票项目辅助项。

(2) 若"业务类型设置"处某科目未选择自动创建下级科目或辅助项,则不会自动增加"结算方式—对应科目—开票项目"对应关系,生成凭证时也不会自动带出开票项目辅助项,结算科目为结算类型对应科目的第一个子科目。

2. 销项发票设置

1) 结算方式设置

【案例 5-5】 增设浪潮云会计平台销项发票管理模块的结算类型,具体结算类型如表 5-4 所示。

表 5-4 销项发票结算类型

结算类型	销项发票科目	是否创建下级科目或辅助项
银行承兑汇票	1121 应收票据	是
银行本票	101202 其他货币资金——银行本票存款	否

【操作步骤】

(1) 进入【发票】|【发票设置】模块,打开发票设置界面,单击【销项发票】|【结算类型设置】按钮,在"结算类型"处增加"银行承兑汇票","是否创建下级科目或辅助项"选择"是","科目"处输入"1121 应收票据",按 Enter 键后,浪潮云会计平台将自动保存该行数据。

(2) 按照同样方式,增设"银行本票"的结算类型。

2) 业务类型设置

进入【发票】|【发票设置】模块,单击【销项发票】|【业务类型设置】按钮,在此处可修改系统已有业务类型匹配的科目(发票生成凭证时用),并选择是否生成下级科目或辅助项,若选择"是",保存发票时会为匹配科目自动创建下级科目或辅助项,创建的下级科目可在"业务类型及开票项目设置"内查看。系统也支持增加新的业务类型。

3) 结算方式及购方单位设置

(1) 若"结算方式设置"处某科目选择创建下级科目或辅助项,且该科目未设置辅助核算,则在保存发票自动创建下级科目的同时,会在"结算方式及购方单位设置"处增加一项"结算方式—对应科目—单位"对应关系,单位为新增发票时填写的购方单位,发票生成凭证时,使用该对应关系的科目;若科目本身设置了辅助核算,则不会生成对应关系,发票生成凭证时会自动带出购方单位辅助项。

(2) 若"结算方式设置"处某科目未选择自动创建下级科目或辅助项,则不会自动增加"结算方式—对应科目—单位"对应关系,生成凭证时也不会自动带出购方单位辅助项,结算科目为结算类型对应科目的第一个子科目。

4) 业务类型及开票项目设置

(1) 若"业务类型设置"处某科目选择创建下级科目或辅助项,且该科目未设置辅助核算,则在保存发票自动创建下级科目的同时,会在此处增加一项"业务类型—对应科目—开票项目"对应关系,对应科目为新创建的下级科目,开票项目为新增发票时填写的开票项目名称;若该科目设置了辅助核算,则不会生成对应关系,发票生成凭证时会自动带出开票项目辅助项。

(2)若"业务类型设置"处某科目未选择自动创建下级科目或辅助项,则不会自动增加"结算方式—对应科目—开票项目"对应关系,生成凭证时也不会自动带出开票项目辅助项,结算科目为结算类型对应科目的第一个子科目。

(四)凭证配置

【案例5-6】 配置销项发票生成凭证的摘要为"销售收入",凭证日期选择"当期最后日期",合并规则按照默认。

【操作步骤】

(1)单击【设置】|【凭证配置】|【销项发票】按钮,打开凭证配置界面,如图5-7所示。

图5-7 凭证配置界面

(2)摘要配置选择"选择摘要"下的"固定文本",根据销项发票生成的记账凭证,其摘要均为"销售收入",此时的销项发票摘要配置界面如图5-8所示。

图5-8 销项发票摘要配置界面

(3)凭证日期选择"当期最后日期"。

(4)单击"保存"。

【案例5-7】 配置进项发票生成凭证的摘要为"选择摘要",凭证日期选择"当期最后日期",合并规则按照默认。

【操作步骤】

(1)单击【设置】|【凭证配置】|【进项发票】按钮,打开凭证配置界面。

(2)摘要配置只选择"选择摘要",进项发票摘要配置界面具体如图5-9所示,那么根据进项发票生成的记账凭证,其摘要均为"空白"。

(3)凭证日期选择"当期最后日期"。

(4)单击"保存"。

摘要配置

○ 系统摘要　　⦿ 选择摘要

☐ 固定文本：　采购商品　　☐ 发票号码　☐ 销方单位　☐ 发票日期　☐ 认证日期

图 5-9　进项发票摘要配置界面

第二节　发票管理系统日常业务处理

一、进项发票

(一) 进项发票概述

进项发票指增值税中列计进项税额的发票。纳税人购进货物或接受应税劳务，所支付或所负担的增值税额为进项税额。其中，购进货物或应税劳务包括外购（含进口）货物或应税劳务、以物易物换入的货物、抵偿债务收入的货物、接受投资转入的货物、接受捐赠转入的货物以及在购销货物过程当中支付的运费。

应税劳务指的是其收入依法应该纳税的劳务。个人或团体向其他个人或机构提供劳务，其收入应该依法纳税，这就是提供应税劳务。而在家庭内部或其他依法不需要纳税的场合，个人或集体向他人提供的劳务就不是应税劳务。

在【进项发票】模块可以实现六种进项发票信息的录入及一键生成凭证，提高记账效率。六种进项发票信息分别为增值税专用发票、增值税普通发票、增值税普票（卷票）、增值税电子普通发票、货物运输业增值税专用发票、机动车销售统一发票。

二维码 5-4
拓展阅读：
发票种类和样式

(二) 进项发票相关业务

【案例 5-8】　1月24日，山东大朋鸟科技制造有限公司从济南恒达购买的货物已到货入库，收到的采购增值税专用发票如图 5-10 所示，款项已通过建行账户支付。

二维码 5-5
操作视频：
新增进项发票

图 5-10　采购增值税专用发票

【操作步骤】

(1) 执行【发票管理】|【进项发票】命令,单击【新增】按钮打开空白进项发票,如图 5-11 所示。

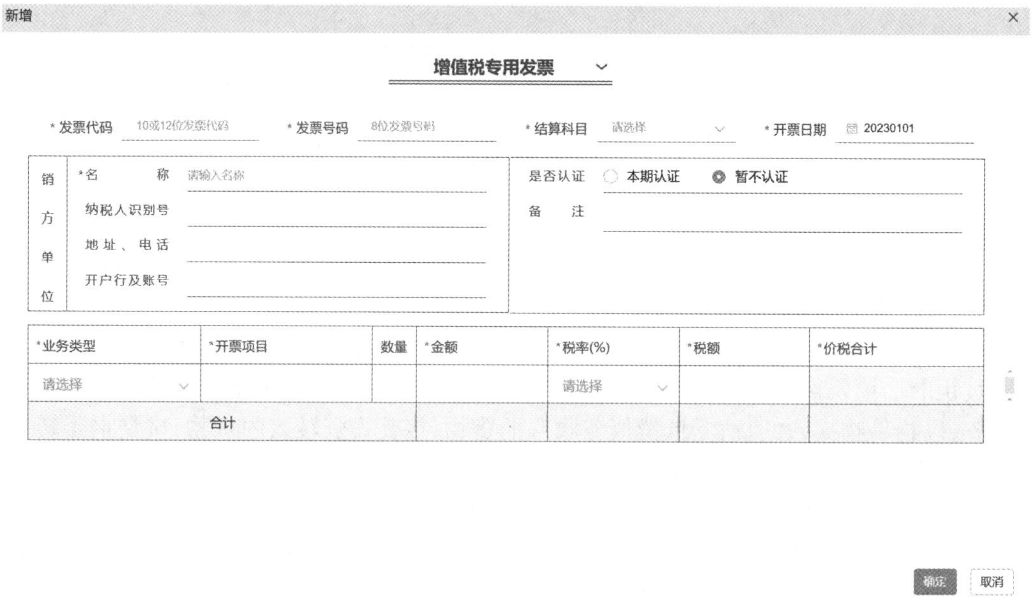

图 5-11　空白进项发票

注意:标有"＊"的为必填项,非"＊"项目可填也可不填。

(2) 单击∨图标从下拉列表(图 5-12)中选择"增值税专用发票"。

(3) 根据图 5-10 采购增值税专用发票信息依次输入发票代码"3510273168",发票号码"09381888",开票日期改为"20230124"。

(4) 单击"结算科目"下的∨图标,从下拉列表(图 5-13)中选择"银行科目"。注意:"结算科目"取自【进项发票】|【结算类型设置】。

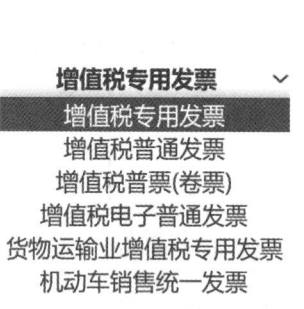

图 5-12　发票类型下拉列表

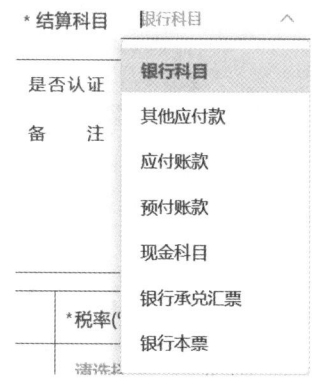

图 5-13　结算科目下拉列表

(5) 输入销方单位名称济南恒达新能源科技有限公司,选择"济南恒达新能源科技有限公司",销方单位信息如图 5-14 所示,系统自动填充纳税人识别号、地址电话、开户行及账号等信息。

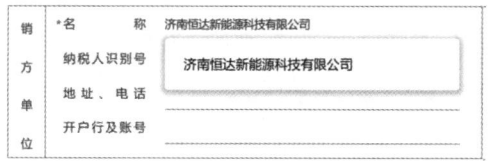

图 5-14　销方单位信息

(6)"是否认证"选择"本期认证","抵扣状态"选择"本期抵扣","抵扣方式"选择"一般项目",具体进项发票抵扣信息如图 5-15 所示。

图 5-15　进项发票抵扣信息

(7)单击"业务类型"下的  图标,从下拉列表(图 5-16)中选择"原材料","业务类型"取自【进项发票】|【业务类型设置】。

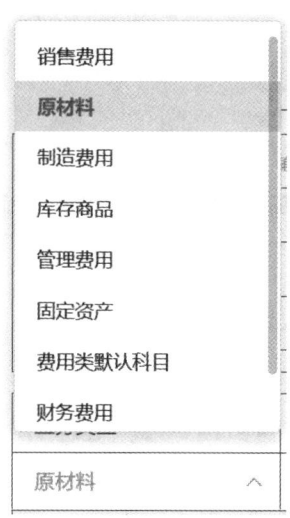

图 5-16　业务类型下拉列表界面

(8)输入"开票项目"为 2 250 毫安时锂电池,"数量"为 200,"金额"为 36 000,"税率"选择 13% 后,系统自动计算出税额和价税合计。采购增值税专用发票填写完成,如图 5-17 所示。

图 5-17 采购增值税专用发票界面

(9) 单击【确认】按钮。

(10) 勾选发票信息,单击【生成凭证】按钮,选择"已选发票",即可生成相应的凭证。生成凭证操作界面如图 5-18 所示,生成凭证后的界面如图 5-19 所示。

图 5-18 生成凭证操作界面

图 5-19 生成凭证后界面

(11) 单击记-22图标即可打开根据进项发票生成的记账凭证,如图 5-20 所示。

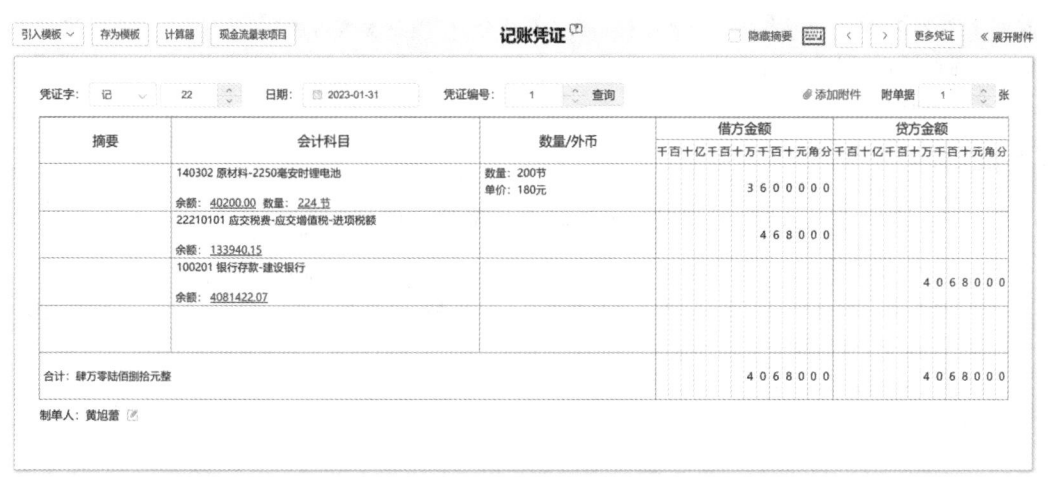

图 5-20 根据进项发票生成的记账凭证

相关思考 5-1

为什么进项发票自动生成的记账凭证没有摘要

由于在凭证配置处设置的进项发票摘要为"选择摘要",并且没有选择其他复选框,故根据进项发票生成的记账凭证均没有摘要。此类记账凭证需手动录入摘要。

(12) 在摘要处输入"购买原材料",单击第三行"100201 银行存款——建设银行"科目,单击【现金流量项目】按钮,选择"购买商品、接受劳务支付的现金",单击【设置】按钮。

(13) 单击【保存】按钮。

延伸阅读 5-3

发票代码和发票号码编码规则

全电发票的发票号码为 20 位,其中:第 1—2 位代表公历年度后两位,第 3—4 位代表各省、自治区、直辖市和计划单列市行政区划代码,第 5 位代表全电发票开具渠道等信息,第 6—20 位代表顺序编码等信息。全电发票没有发票代码。

电子专票的发票代码为 12 位,编码规则:第 1 位为 0,第 2—5 位代表省、自治区、直辖市和计划单列市,第 6—7 位代表年度,第 8—10 位代表批次,第 11—12 位为 13。发票号码为 8 位,按年度、分批次编制。

电子普票的发票代码为 12 位,编码规则:第 1 位为 0,第 2—5 位代表省、自治区、直辖市和计划单列市,第 6—7 位代表年度,第 8—10 位代表批次,第 11—12 位代表票种(11 代表电子普票)。发票号码为 8 位,按年度、分批次编制。

延伸阅读 5-4

发 票 认 证

发票认证是指对发票的真实性、合法性和准确性进行核实和确认的过程。在发票认证过程中,通常会对发票的开具方、发票的内容、发票的编号、发票的金额等进行审核,以确保发票的合规性和可信度。发票认证的目的是防止虚假发票的流通,保障纳税人的合法权益,维护税收秩序。

当前增值税专用发票认证采用"抵扣勾选"方式进行认证。抵扣勾选认证是指在增值税专用发票认证

二维码 5-7
进项发票及生成的记账凭证参考答案

过程中,纳税人通过"电子税务局—我要办税—税务数字账户"进行发票用途勾选、查询统计等业务操作。勾选认证通过后的发票才能用于增值税销项税额的抵扣,也就是说,未进行认证的增值税发票,不可用于增值税销项税额的抵扣。

> **相关思考5-2**
>
> **不得抵扣增值税专用发票如何处理**
>
> 财税〔2016〕36号文:第二十七条 下列项目的进项税额不得从销项税额中抵扣:
>
> (1)用于简易计税方法计税项目、免征增值税项目、集体福利或者个人消费的购进货物、加工修理修配劳务、服务、无形资产和不动产。其中涉及的固定资产、无形资产、不动产,仅指专用于上述项目的固定资产、无形资产(不包括其他权益性无形资产)、不动产。纳税人的交际应酬消费属于个人消费。
>
> (2)非正常损失的购进货物,以及相关的加工修理修配劳务和交通运输服务。
>
> (3)非正常损失的在产品、产成品所耗用的购进货物(不包括固定资产)、加工修理修配劳务和交通运输服务。
>
> (4)非正常损失的不动产,以及该不动产所耗用的购进货物、设计服务和建筑服务。
>
> (5)非正常损失的不动产在建工程所耗用的购进货物、设计服务和建筑服务。纳税人新建、改建、扩建、修缮、装饰不动产,均属于不动产在建工程。
>
> (6)购进的贷款服务、餐饮服务、居民日常服务和娱乐服务。
>
> (7)财政部和国家税务总局规定的其他情形。
>
> 针对此类业务,为了防止滞留票,企业应在税务数字账户进行不抵扣勾选操作,对发票进行不抵扣勾选操作不等于留存未抵扣勾选的发票。进行不抵扣勾选操作后,发票的增值税用途标签显示为已使用,后续不可用于抵扣勾选操作。

【案例5-9】 1月25日与北京晶丹科技有限公司签订采购订单,采购订单如表5-5所示,并于当日收到增值税专用发票(发票代码:6511273100;发票号码:66331577)及货物,将货物验收入库,货款尚未支付。

表5-5 采购订单

金额单位:元

名称	规格	数量	单位	不含税单价	不含税总价
PA6+玻纤浆片	PA6+玻纤	10 000	片	63	630 000
FC影像传感器	FC	300	个	317	95 100
PRO影像传感器	PRO	300	个	490	147 000

【操作步骤】

(1)执行【发票管理】|【进项发票】命令,单击【新增】按钮打开空白发票。

(2)票据类型选择"增值税专用发票"。

(3)依次输入发票代码"6511273100",发票号码"66331577",结算科目选择"应付账款",开票日期"20230125",销方单位为北京晶丹科技有限公司,选择"本期认证""本期抵扣""一般项目"。

(4)业务类型选择"原材料",开票项目为"PA6+玻纤浆片",数量"10 000",金额63 000,税率"13%"。

(5)单击➕图标增加一行业务类型,继续录入FC影像传感器。用同样的方式录入PRO

影像传感器。

(6) 单击【确认】按钮。

(7) 勾选发票信息,单击【生成凭证】按钮,选择"已选发票",即可生成相应的凭证记-23。

(8) 打开记-23记账凭证,在摘要处输入"购买原材料",单击【保存】按钮。

【案例5-10】 1月25日通过建行账户向济南文创文化传播有限公司支付广告费6 360元,并取得增值税专用发票(发票代码:9910193341;发票号码:09301921)。其中,不含税金额6 000元,税额360元。

【操作步骤】

(1) 执行【发票管理】|【进项发票】命令,单击【新增】按钮打开空白发票。

(2) 票据类型选择"增值税专用发票"。

(3) 依次输入发票代码"9910193341",发票号码"09301921",结算科目选择"银行科目",开票日期"20230125",销方单位为"济南文创文化传播有限公司",选择"本期认证""本期抵扣""一般项目"。

(4) 业务类型选择"销售费用",开票项目为"广告费",金额"6 000",税率"6%"。注意:"数量"处不填,在浪潮云会计平台,填写"数量"表示该科目为数量核算。

(5) 单击【确认】按钮。

(6) 勾选发票信息,单击【生成凭证】按钮,选择"已选发票",即可生成相应的凭证记-24。

(7) 打开记-24记账凭证,在摘要处输入"支付广告费",单击第二行"100201 银行存款——建设银行"科目,单击【现金流量项目】按钮,选择"支付其他与经营活动有关的现金",单击【设置】按钮,单击【保存】按钮。

【案例5-11】 1月26日总经办购买济南中大办公用品销售有限公司的A4打印纸12箱,取得增值税普通发票(发票代码:3713195690;发票号码:09291578),不含税金额为699.03,增值税税率3%,价税合计720元,使用现金支付。

【操作步骤】

(1) 执行【发票管理】|【进项发票】命令,单击【新增】按钮打开空白发票。

(2) 票据类型选择"增值税普通发票"。

(3) 依次输入发票代码"3713195690",发票号码"09291578",结算科目选择"现金科目",开票日期"20230126",销方单位为"济南中大办公用品销售有限公司",选择"暂不认证"。

(4) 业务类型选择"管理费用",开票项目为"办公费",金额"699.03",税率"3%"。注意:"数量"处不填,在浪潮云会计平台,填写"数量"表示该科目为数量核算。

(5) 单击【确认】按钮。

(6) 勾选发票信息,单击【生成凭证】按钮,选择"已选发票",即可生成相应的凭证记-25。

二维码5-8 [案例5-9] 的参考答案

二维码5-9 支付广告费 参考答案

相关思考5-3

为什么"记-25"为标红凭证

标红凭证需要添加辅助核算。由于"660201 管理费用——办公费"科目设置了"部门"辅助核算,因此自动生成的记账凭证需手工添加部门辅助核算。

（7）打开记-25记账凭证，在摘要处输入"购买办公用品"，在会计科目栏单击"660201 管理费用——办公费"，按 Enter 键，弹出"部门"辅助框，选择"总经办"；单击第二行"1001 库存现金"科目，单击【现金流量项目】按钮，选择"支付其他与经营活动有关的现金"，单击【设置】按钮，单击【保存】按钮。

二维码 5-10 购买办公用品业务的参考答案

相关思考 5-4

进项发票与生成记账凭证之间的关系

在浪潮云会计平台进项发票与生成记账凭证之间的关系如图 5-21 所示。

二维码 5-11 知识点讲解：进项发票与生成记账凭证之间的关系

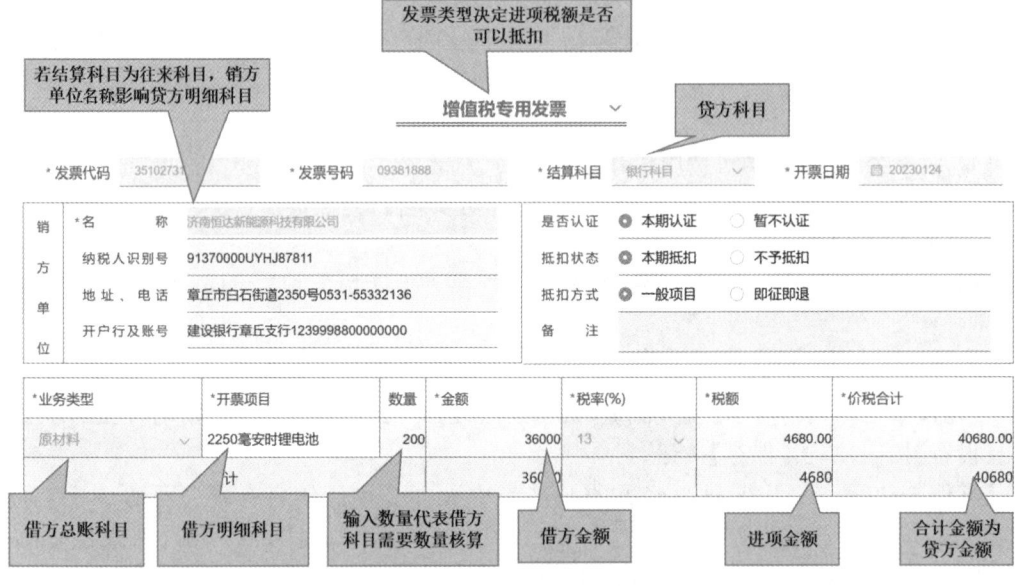

图 5-21 进项发票与生成记账凭证之间的关系

进项发票支持生成数量金额式凭证和带辅助核算的凭证。发票信息保存后，系统会自动生成明细科目（辅助核算），自行对科目设置数量核算，即可生成数量金额式凭证。

延伸阅读 5-5

进项发票导入

浪潮云会计平台不仅支持从勾选平台导出的发票信息，如图 5-22 所示，一键上传到云会计系统，也支持扫描发票导入，如图 5-23 所示。扫描发票导入有两种方式：一是购买云会计发票扫描仪，通过发票扫描仪扫描识别发票信息，并通过扫描仪客户端将发票上传到云会计系统；二是通过浪潮云会计公众号中的发票扫描功能，扫描发票信息并自动上传到云会计系统。

如图 5-22 和图 5-23 所示，不论是从勾选认证平台导入还是扫描发票导入，导入发票后，再补充输入相关的信息，可以由系统生成记账凭证。

二维码 5-12 操作视频：进项发票导入

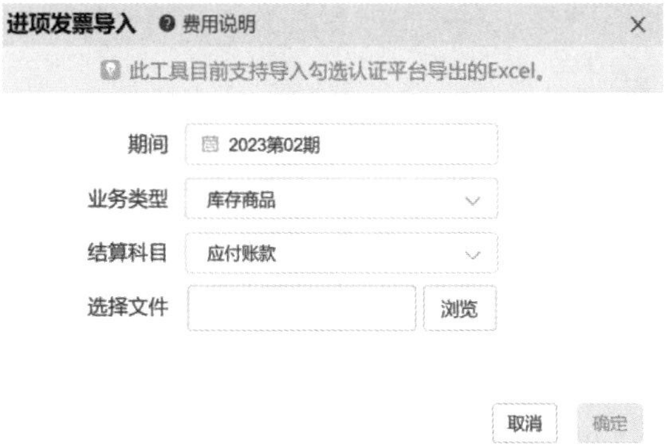

图 5-22　从勾选认证平台导入 　　　　　　图 5-23　扫描发票导入

二、销项发票

(一) 销项发票概述

销项发票是指销售企业开具的增值税发票,被用来记录销售企业提供的商品或服务的名称、价格、购买者等内容,用于记录销售结算和税务管理。

在【销项发票】模块可以实现六种销项发票信息的录入、一键生成凭证及销项发票导入的功能,提高记账效率。六种销项发票信息分别为增值税专用发票、增值税普通发票、增值税普票(卷票)、增值税电子普通发票、货物运输业增值税专用发票、机动车销售统一发票。销项发票信息录入后,可在系统首页查看增值税税负、应交税额等数据。

(二) 销项发票相关的业务

【案例 5-12】　1 月 15 日,与山东辗迟商贸有限公司签订销售合同,销售 XCJmini3 无人机 80 台,售价 4 520 元/台,不含税金额为 361 600 元,销售 XCJ4pro 无人机 100 台,售价 6 670 元/台,不含税金额为 667 000 元,当日向山东辗迟商贸有限公司发出货物并开具增值税专用发票(发票代码:5120195680;发票号码:02030001),发票注明税额共 1 162 318 元,采用银行承兑汇票结算。库存商品采用月末一次加权平均法计价。

【操作步骤】

(1) 执行【发票管理】|【销项发票】命令,单击【新增】按钮打开空白销项发票,如图 5-24 所示。

(2) 票据类型选择"增值税专用发票"。

(3) 依次输入发票代码"5120195680",发票号码"02030001",结算科目选择"银行承兑汇票",开票日期"20230115",购方单位为"山东辗迟商贸有限公司",选择"山东辗迟商贸有限公司",系统自动填充纳税人识别号、地址、电话、开户行及账号等信息。

(4) 开票类型选择"自开",征收方式不选。

(5) 业务类型选择"主营业务收入",开票项目为"XCJmini3 无人机",税目为"货物",数量"80",金额"361 600",税率"13%"。

(6) 单击⊕图标增加一行业务类型,继续输入 XCJ4pro 无人机相关数据。

(7) 单击【确认】按钮。

图 5-24 空白销项发票界面

【案例 5-13】 1月20日,与上海豪瀚科技有限公司签订销售合同,销售 XCJmini3 无人机 50 台,售价 4 560 元/台,不含税金额为 228 000 元,销售 XCJ4pro 无人机 50 台,售价 6 670 元/台,不含税金额为 333 500 元,当日向上海豪瀚科技有限公司发出货物并开具增值税普通发票(发票代码:4120195687;发票号码:06160001),发票注明税额共 634 495 元,货款尚未收到。库存商品采用月末一次加权平均法计价。

【操作步骤】

(1) 执行【发票管理】|【销项发票】命令,单击【新增】按钮打开空白发票。

(2) 票据类型选择"增值税普通发票"。

(3) 依次输入发票代码"4120195687",发票号码"06160001",结算科目选择"应收账款",开票日期"20230120",购方单位为"上海豪瀚科技有限公司","自开"发票,征收方式不选。

(4) 业务类型选择"主营业务收入",开票项目为"XCJmini3 无人机",税目为"货物",数量"50",金额"228 000",税率"13%"。

(5) 单击➕图标增加一行业务类型,继续输入 XCJ4pro 无人机相关数据。

(6) 单击【确认】按钮。

【案例 5-14】 1月21日,因产品质量问题,收到上海豪瀚科技有限公司退回的 5 台 XCJmini3 无人机,开具增值税红字发票(发票代码:4120195687;发票号码:06160005),增值税发票注明价款—22 800 元,税额—2 964 元。

【操作步骤】

(1) 执行【发票管理】|【销项发票】命令,单击【新增】按钮打开空白发票。

(2) 票据类型选择"增值税普通发票"。

(3) 依次输入发票代码"4120195687",发票号码"06160005",结算科目选择"应收账款",开票日期"20230121",购方单位为"上海豪瀚科技有限公司","自开"发票,征收方式不选。

(4) 业务类型选择"主营业务收入",开票项目为"XCJmini3 无人机",税目为"货物",数量"5",金额"—22 800",税率"13%"。

(5) 单击【确认】按钮。

三、费用发票

浪潮云会计平台中的费用发票主要适用于采购或者销售过程中发生的一些费用,例如材料采购过程中发生的运费等。

【案例 5-15】 1 月 25 日,向济南飞毛腿快递公司支付销售 XCJmini3 无人机的快递费 100 元,通过现金支付。

【操作步骤】

(1) 执行【发票管理】|【费用发票】命令,打开费用发票录入界面,如图 5-25 所示。

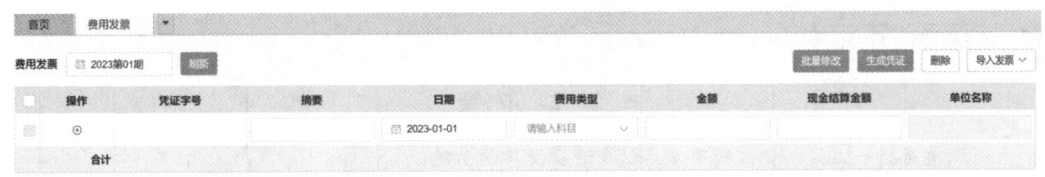

图 5-25 费用发票录入界面

(2) 输入摘要为"支付快递费",日期为"2023-01-25",费用类型从下拉列表中选择"660118 运输费",金额"100",现金结算金额"100",单位名称为"济南飞毛腿快递公司"。

(3) 勾选发票信息后单击【生成凭证】按钮即可生成记账凭证"记-26",单击记-26 图标,打开记-26 凭证,单击第二行"1001 库存现金"科目,单击【现金流量项目】按钮,选择"支付其他与经营活动有关的现金",单击【设置】按钮,单击【保存】按钮。

注:浪潮云会计平台支持多条发票信息生成一张凭证,也支持每条发票信息生成一张凭证。

延伸阅读 5-6

增值税税负测算

增值税税负率是指增值税纳税义务人当期应纳增值税占当期应税销售收入的比例。

具体计算如下:

税负率＝当期应纳增值税÷当期应税销售收入×100%

当期应纳增值税＝当期销项税额－实际抵扣进项税额

实际抵扣进项税额＝期初留抵进项税额＋本期进项税额－进项转出－出口退税－期末留抵进项税额

在浪潮云会计平台录入销项发票信息后,可在系统首页查看增值税税负、应交税额等数据,如图 5-26 所示。

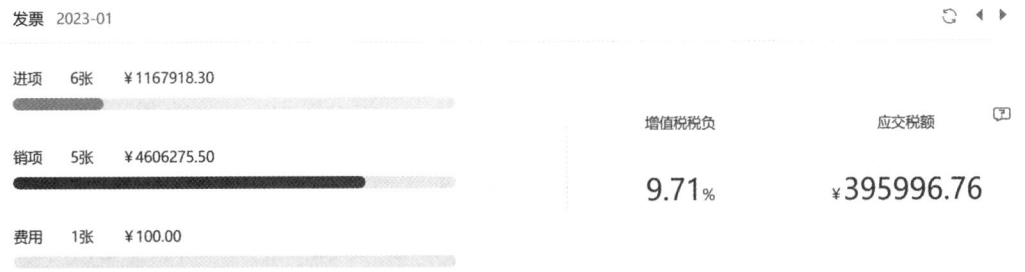

图 5-26 增值税税负、应交税额看板界面

延伸阅读5-7

发票修改、删除

1. 未生成记账凭证的发票修改、删除

勾选需修改的发票,单击【编辑】按钮即可修改发票信息,单击【删除】按钮即可删除该发票。

2. 已生成记账凭证的发票修改、删除

需将生成的记账凭证删除后,才可修改或删除发票。

3. 已结账或结转损益的发票修改、删除

若已月结或已进行损益结转,则生成凭证按钮被锁定,需反结账到该期间并且删除该期间及之后的损益结转凭证。

延伸阅读5-8

智 能 取 票

智能取票是指一键提取税控销项发票以及进项发票的功能。

智能取票,能快速获取票据,降低票据录入的错漏率。经过补齐明细的票据与税局数据一致,在保证数据准确的同时,能帮助会计人员快速进行财务处理及税务处理,提升工作效率。

延伸阅读5-9

微信电子发票

二维码5-13
操作视频:
微信电子发票生成记账凭证

【微信电子发票】模块是通过"微信卡包"将电子发票传送到PC端【微信电子发票】模块,方便企业将进项电子发票生成凭证。

操作说明:

(1) 生成电子发票后单击"添加到微信卡包",在弹出的提示框中单击"是"。

(2) 登录手机端"浪潮云会计"。

①微信关注公众号"浪潮云会计";②进入手机端"浪潮云会计",单击"免费体验",单击"微信发票"出现提示框,单击"是";③选择相应的销货单位,单击【确认】按钮。显示获取电子发票成功后,用户可以到PC端生成凭证。

(3) 通过PC端登录浪潮云会计,单击"发票——微信电子发票",可以查看到相应的电子发票。

(4) 选择相应的发票,单击"生成凭证",出现填写凭证信息界面,填写相应的信息。

①"凭证期间":在输入框中选择相应的期间。②"票据类型":在下拉列表中选择合适的类型。③"结算科目":在下拉列表中选择合适的科目。

(5) 单击"生成凭证"将微信电子发票生成相应的凭证。

(6) 批量删除微信发票凭证。选中需要删除的微信发票,单击右上角"删除",即可进行批量删除操作。

资料来源:33 云会计-微信电子发票[EB/OL].(2023-02-10)[2025-06-02].https://v.youku.com/v_show/id_XMzU2NjQ4MDAyMA==.html.

二维码5-14
操作视频:
发票查验

延伸阅读5-10

发 票 查 验

【发票查验】模块可以帮助企业通过发票代码、发票号码等必要的发票信息确定发票是否存在以及查询发票真伪。

操作说明：

（1）手工输入"发票代码"后，在空白处单击一下，进入一个新的查验界面。

（2）输入相关信息。

"发票号码"：手工输入。

"发票类型"：从下拉框中选择。

"请输入开票日期"：选择相应的开票日期。

"请输入校验码后六位"：手工输入校验码后六位。

（3）最后单击"查验"图标，在界面最下方会出现一个查询结果。

第三节 发票管理系统凭证管理

一、发票管理系统凭证生成

发票管理系统生成的凭证在保存成功后将会传递到总账系统，再由总账系统对凭证进行审核。发票管理系统和总账系统通过凭证建立联系。

发票管理系统记账凭证的生成可以采用以下两种方法：

（1）立即生成记账凭证。即在完成业务处理后立即生成凭证，具体操作见第二节进项发票相关业务记账凭证的生成。

（2）批量生成记账凭证。即在业务发生的当时不生成记账凭证，而在某一时间（如月底）同时将一批需要生成凭证的业务一键批量生成记账凭证。在浪潮云会计平台批量生成记账凭证有以下两种途径。

① 勾选所需生成记账凭证的发票信息，单击【生成凭证】|【已选发票】按钮即可一键批量生成记账凭证。

② 不需勾选发票信息，直接单击【生成凭证】|【本月发票】按钮即可一键批量生成记账凭证。

【案例5-16】 批量生成销项发票记账凭证。

【操作步骤】

（1）执行【发票管理】|【销项发票】命令，勾选发票号码为"02030001""06160001""06010005"的三张发票，一键生成记账凭证，销项发票及记账凭证界面如图5-27所示。

业务类型	税目	开票项目	结算科目	数量	单价	金额	税率(%)	税额	价税合计
发票代码:4120195687		发票号码:06010005	单位名称:山东骊迟商贸有限公司		凭证号：记-29			编辑	删除
主营业务...	货物	XCJmini3...	应收账款	5		-33,750.00	13	-4,387.50	-38,137.50
合计						-33,750.00		-4,387.50	-38,137.50
发票代码:5120195680		发票号码:02030001	单位名称:山东骊迟商贸有限公司		凭证号：记-27			编辑	删除
主营业务...	货物	XCJmini3...	应收票据-...	80		361,600.00	13	47,008.00	408,608.00
主营业务...	货物	XCJ4pro...	应收票据-...	100		667,000.00	13	86,710.00	753,710.00
合计						1,028,60...		133,718.00	1,162,318.00
发票代码:4120195687		发票号码:06160001	单位名称:上海豪瀚科技有限公司		凭证号：记-28			编辑	删除
主营业务...	货物	XCJmini3...	应收账款	50		228,000.00	13	29,640.00	257,640.00
主营业务...	货物	XCJ4pro...	应收账款	50		333,500.00	13	43,355.00	376,855.00

图5-27 销项发票及记账凭证界面

（2）打开记-29凭证，将摘要修改为"销售退回"，单击【保存】按钮，销售退回记账凭证如图5-28所示。

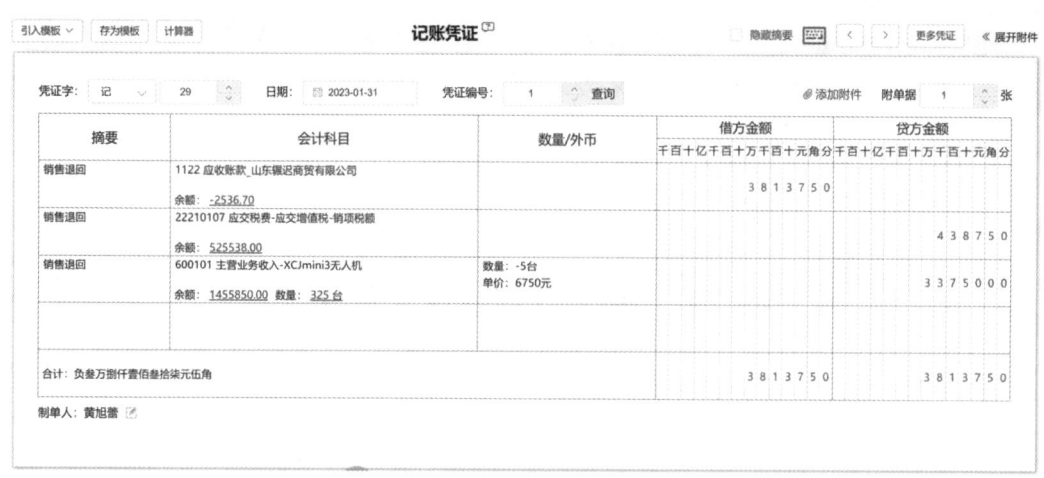

图5-28 销售退回记账凭证

相关思考5-5

销项发票与生成记账凭证之间的关系

在浪潮云会计平台销项发票与生成记账凭证之间的关系如图5-29所示。

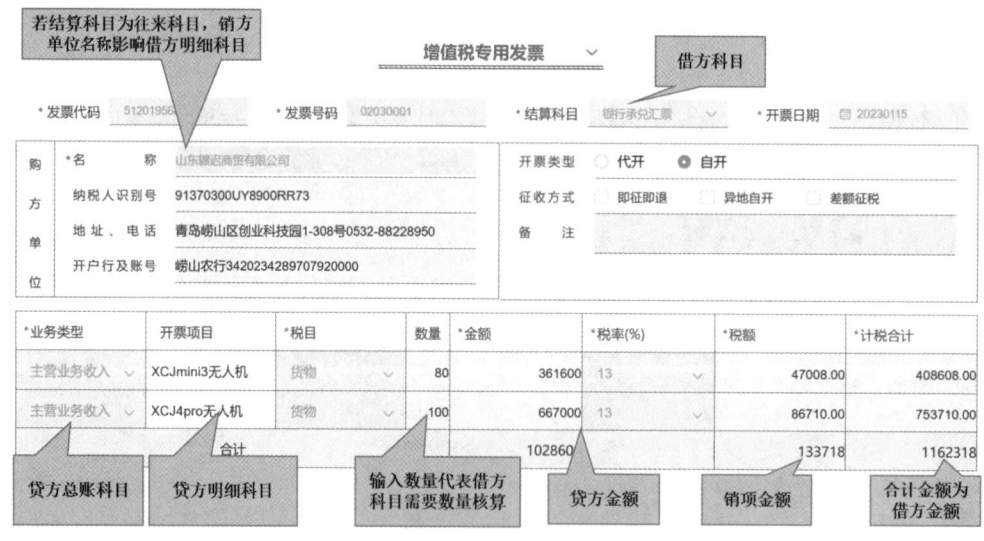

图5-29 销项发票与生成记账凭证之间的关系

销项发票支持生成数量金额式凭证和带辅助核算的凭证。发票信息保存后，系统会自动生成明细科目（辅助核算），自行对科目设置数量核算，即可生成数量金额式凭证。

二、凭证查询与修改

发票管理系统生成的记账凭证，可通过两种方法进行查看：一是在总账的查看凭证功能中查看,二是在发票管理系统中查看。

发票管理系统自动生成的凭证如果出现错误说明发票信息填写错误,应先将凭证作废或删除,或者通过红字冲销功能制作红字凭证,再修改发票信息并生成正确的凭证。不过在浪潮云会计平台,发票管理系统生成的记账凭证在凭证未审核时可实现无痕迹修改,且除凭证号不可以修改外,其他信息均可修改。

三、凭证删除

发票管理系统生成的记账凭证若出现错误,则在其未审核前可以直接删除。已审核的凭证不能直接删除,需取消审核后再删除。

本章小结

本章主要学习了发票管理系统初始化,发票管理系统日常业务处理和发票管理系统凭证管理。

本章重要概念

进项发票　销项发票　费用发票　发票认证　智能取票

本章练习

一、单项选择题

1. 浪潮云会计平台发票管理模块的进项发票结算类型影响(　　)生成。
   A. 借方科目　　　　B. 贷方科目　　　　C. 借方金额　　　　D. 贷方金额
2. 浪潮云会计平台发票管理模块的进项发票业务类型影响(　　)生成。
   A. 借方科目　　　　B. 贷方科目　　　　C. 借方金额　　　　D. 贷方金额
3. 以下说法错误的是(　　)。
   A. 未生成记账凭证的发票修改,勾选需修改的发票,单击【编辑】按钮即可修改发票信息
   B. 已生成记账凭证的发票修改,需将生成的记账凭证删除后,才可修改发票
   C. 已月结或者已进行损益结转,生成凭证按钮被锁定,需反结账到该期间并且删除该期间及之后的损益结转凭证
   D. 已生成记账凭证的发票修改,无需将生成的记账凭证删除即可修改发票
4. 根据发票信息生成标红凭证的原因是(　　)。
   A. 记账凭证没有金额　　　　　　　B. 记账凭证没有摘要
   C. 记账凭证没有会计科目　　　　　D. 记账凭证没有添加辅助核算
5. 关于发票管理模块进项发票生成的记账凭证摘要说法错误的是(　　)。
   A. 可以使用系统摘要
   B. 可以使用选择摘要下的固定文本

C. 可以使用选择摘要下的发票号码、销方单位、发票日期、认证日期

D. 凭证的每一行不是必须有摘要,可以为空

二、多项选择题

1. 新增发票时支持(　　)类型的发票新增。

   A. 增值税专用发票　　　　　　　　B. 增值税普通发票

   C. 增值税电子普通发票　　　　　　D. 机动车销售统一发票

2. 导入进项发票时支持(　　)格式的发票导入。

   A. 支持导入勾选认证平台导出的 Excel

   B. 扫描发票导入

   C. 高拍仪扫描导入

   D. 支持导入勾选认证平台导出的 XML

3. 发票管理系统初始化包括(　　)。

   A. 系统参数设置　　　　　　　　　B. 发票设置

   C. 凭证配置　　　　　　　　　　　D. 发票抬头录入

4. 进项发票录入界面(　　)为必录项。

   A. 发票代码和发票号码　　　　　　B. 结算科目

   C. 业务类型　　　　　　　　　　　D. 开票内容

5. 销项发票凭证配置中的合并规则包括(　　)。

   A. 所有发票生成一张　　　　　　　B. 相同企业合并

   C. 相同认证日期合并　　　　　　　D. 单张发票

三、判断题

1. 发票管理系统自动生成的凭证有错误,无法在总账系统修改。　　　　(　　)
2. 发票抬头信息一经使用,不可删除。　　　　　　　　　　　　　　　(　　)
3. 进项发票指增值税中列计进项税额的发票。　　　　　　　　　　　　(　　)
4. 新增进项发票时,其"结算科目"取自【进项发票】—【结算类型设置】。(　　)
5. 在新增发票中输入数量,生成的记账凭证会自动带出数量核算。　　　(　　)

四、思考题

1. 简述发票管理系统的操作流程。
2. 简述进项发票与记账凭证的关系。
3. 发票管理系统期初需要进行哪些设置?

第六章　工　资　管　理

> 内容提要
> 重点难点
> 学习目标
> 知识框架
> 思政育人
> 第一节　工资管理系统初始化
> 第二节　工资管理系统日常业务处理
> 第三节　工资管理系统凭证管理
> 本章小结
> 本章重要概念
> 本章练习

内容提要

本章主要讲解了工资管理系统的主要功能和操作方法,用于完成企业职工的工资核算和管理,包括工资类别、工资项目、社保及公积金、员工信息、期初数据、工资分摊科目等初始设置,以及工资变动、凭证生成等日常业务处理和凭证管理。

重点难点

本章重点为工资类别设置、工资项目、员工信息录入、期初数据录入、工资变动及计算、凭证生成等日常业务处理。本章难点为工资项目设置、工资变动和凭证生成。

学习目标

通过本章学习,学生应理解工资管理系统的设计原理和基本操作流程;熟悉工资管理系统的主要功能;能够进行工资管理系统初始化设置和工资管理系统日常业务的处理;掌握工资类别、工资项目、社保及公积金、员工信息、期初数据、工资分摊科目的方法;掌握与工资变动相关的日常业务处理;掌握使用财务业务一体化策略生成凭证、查询凭证、修改凭证的方法。

知识框架

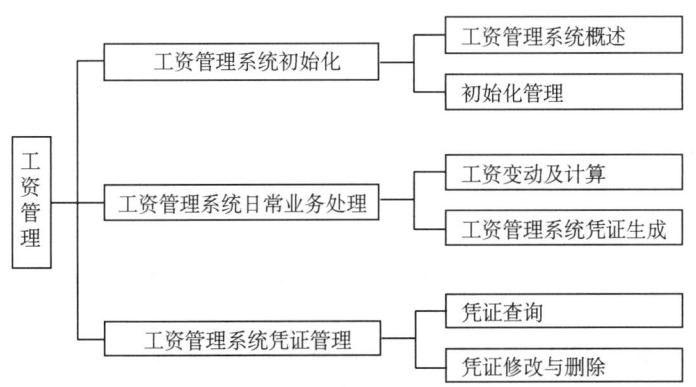

思政育人　　依法打击＋协作治理　切实把维护外出务工人员的合法权益装进制度的篮子里

隐匿、转移财产,恶意拖欠53名农民工工资74万余元。经河南省上蔡县人民检察院提起公诉,法院以拒不支付劳动报酬罪判处被告人张某有期徒刑二年六个月,并处罚金人民币二万五千元。

2018年10月,张某将从河南某建设工程有限公司承包的打井工程转包给刘某等人施工,2019年4月工程结束,河南某建设工程公司将工程款74万余元打至张某银行卡账户,然而,当刘某等人要求支付报酬时,张某却拒接电话,不知所踪。

2021年5月,刘某等人向上蔡县人力资源和社会保障局求助。经人社局调查研究,于5月12日向张某下达责令(限期)整改指令书,同时将该线索移送公安机关,但张某仍隐匿行踪,转移财产,拒不支付。公安机关经审查以涉嫌拒不支付劳动报酬罪立案侦查,并于当年10月15日依法对其刑事拘留。

2021年10月22日,案件移送至上蔡县检察院提请批准逮捕。12月28日,该案移送审查起诉。

2022年1月28日,该院以拒不支付劳动报酬罪对犯罪嫌疑人张某依法提起公诉。9月5日,法院一审作出判决。张某不服提起上诉。12月8日,法院二审终审,裁定驳回张某上诉,维持原判。

案件虽已办结,但护航农民工"钱"益之路进入进行时。该院将法律监督与能动履职有效衔接,积极与相关职能部门对接、商讨解决路径。今年一季度,该院与相关职能部门联合会签了《关于建立保障农民工工资支付　劳动监察行政执法与民事行政检察监督衔接协作机制的意见》文件,建立线索筛查移交、案件快办快结、行政履职督促、矛盾化解、联合宣传、日常联络和信息共享等6项衔接协作机制,协力解决拖欠农民工工资难题,解决好农民工外出务工的"急、难、愁、盼",切实把维护外出务工人员的合法权益装进制度的篮子里。

资料来源:驻马店检察.【宣传贯彻党的二十大精神·五一特辑④】上蔡:拒不支付劳动报酬怎么办?[EB/OL].(2023-04-25)[2023-08-10]. https://mp.weixin.qq.com/s/OPfe-1Jy2aesbIKzi46KjQ.

【思政寄语】

该案例明示用人单位应当及时足额支付劳动者劳动报酬的问题,尊重劳动,明确使命担当。取得劳动报酬权是劳动者在劳动关系中享有的基本和核心权利,保障劳动者的该权利,就是保护劳动者的生存权,是实现社会公平正义的重要基础。

习近平总书记在党的二十大报告中指出:"健全劳动法律法规,完善劳动关系协商协调机制,完善劳动者权益保障制度,加强灵活就业和新就业形态劳动者权益保障。"这对于强化社会保障,维护劳动者合法权益,优化自主创业环境,不断拓展就业创业服务渠道具有重要意义。

第一节　工资管理系统初始化

一、工资管理系统概述

(一)工资管理模块主要功能

【工资】模块实现了智能计算薪资个税,彻底告别手工算薪时代,让工作更简单,同时打通了财务和薪资数据,可以一键生成会计凭证,推动企业实现精细化管理和高效协作。该模块包括员工基本信息、工资列表、社保及公积金设置、工资计算设置、工资分摊、部门工资汇总表和个税报表七部分。

(1)【员工基本信息】模块用于维护员工的基本信息,是进行工资计算的基础。包括添加员工信息、修改员工信息、删除员工信息等,支持员工信息打印和导出。

二维码6-1
知识点讲解:
工资管理系统简介

（2）【工资列表】模块可根据员工的基础工资数据自动计算其个税和薪资。包括新增工资表、编辑工资表、生成凭证、删除工资表等功能，支持工资表打印和导出。

（3）【社保及公积金设置】模块用于维护企业社保及公积金方案，用于员工薪资的计算。系统提供了1个默认方案，企业可进行自定义添加。

（4）【工资计算设置】模块可设置工资类别以及不同工资类别的计算公式，系统预置了1种工资类别，企业可进行修改，也可自定义工资类别和工资计算公式。包括新增类别、修改类别名称、删除类别等功能。

（5）【工资分摊】模块按部门设置工资分摊的科目，用于工资列表生成凭证。

（6）【部门工资汇总表】模块展示各部门工资汇总情况的报表，使各部门人力成本清晰可见。

（7）【个税报表】模块根据薪资数据自动生成，可进行查询。

（二）工资管理系统操作流程

工资管理系统操作流程如图6-1所示。

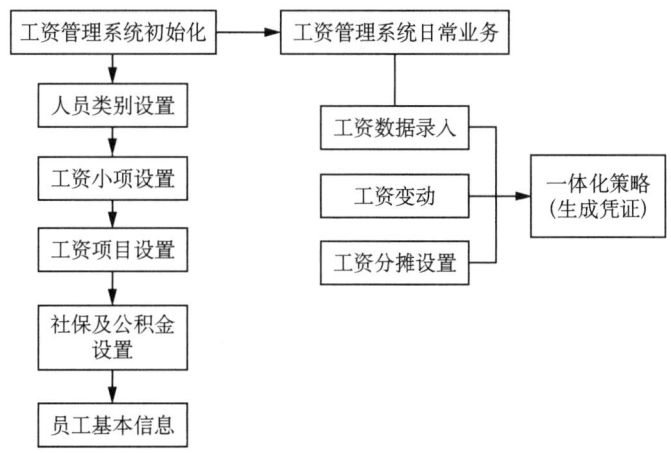

图6-1 工资管理系统操作流程

二、初始化设置

（一）工资类别设置

不同的企业，其管理模式不同，工资核算也存在不同的模式，因此浪潮云会计薪资管理系统提供单类别工资核算和多类别工资核算两种应用方案。

（1）单类别工资核算。如果企业中所有员工的工资发放项目相同，工资计算方法也相同，可对全部员工进行统一工资核算，对应选用单类别工资核算应用方案。

（2）多类别工资核算。如果企业存在下列情况之一，则需要选用多类别工资核算用方案。

① 企业中存在不同类别的人员，不同类别的人员工资发放项目不同，计算公式也不相同，但需进行统一薪资核算管理。例如，企业需要分别对在职人员、退休人员、离休人员，或者企业需要将临时工与正式职工区别开来，分别进行工资核算等。

② 企业每月进行多次工资发放，月末需要进行统一核算。例如，企业采用周薪制或工

资和奖金分次发放。

③ 企业在不同地区有分支机构,而工资核算由总部统一管理。

④ 工资发放时使用多种货币,如人民币、美元等。

【案例6-1】 设置两个工资类别:"正式人员""临时人员"。其中"总经办"除了聘用正式的员工外,会根据需要聘用一些临时人员,如保洁人员,需要设置"临时人员"工资类别,其他部门均不聘用临时人员,都是正式职员。

【操作步骤】

(1) 单击【工资】|【工资计算设置】|【新增类别】按钮,打开"新增工资计算设置类别"界面,输入"正式人员",如图6-2所示。

(2) 单击【确认】按钮。用同样的方式增加"临时人员"类别。

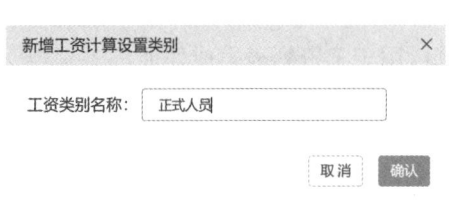

图6-2 新增工资计算设置类别界面

延伸阅读6-1

修改类别名称、删除类别

1. 修改类别名称

进入【工资】|【工资计算设置】界面,选择需要修改的工资类别,然后单击右上角【修改类别名称】按钮,输入工资类别名称,单击【确定】按钮即修改完成。

2. 删除类别

进入【工资】|【工资计算设置】界面,选择需要删除的工资类别,然后单击右上角【删除该类别】按钮,单击【确定】按钮即删除完成。

注意:工资类别已被使用,无法删除!

(二) 工资项目设置

工资往往由多个项目组成,包括基本工资、绩效工资、津贴、奖金、加班费、福利等。

1. 工资小项设置

【案例6-2】 设置工资小项,正式人员工资小项如表6-1所示,临时人员工资小项如表6-2所示。

表6-1 正式人员工工资小项

编号	工资小项
0001	基本工资
0002	岗位工资
0003	基础绩效
0004	奖励绩效
0005	事假天数
0006	病假天数
0007	加班天数

表 6-2　临时人员工资小项

编号	工资小项
0001	计时工资
0002	工时

【操作步骤】

(1) 单击【工资】|【工资计算设置】按钮，选择"正式人员"，选择工资类别界面如图 6-3 所示。

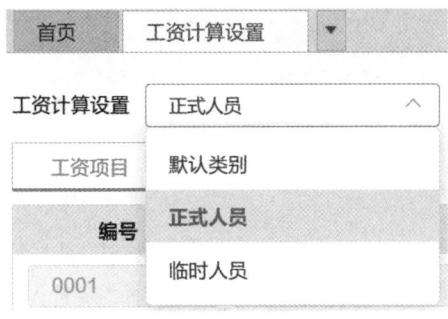

图 6-3　选择工资类别界面

(2) 单击【工资小项】按钮，工资小项设置界面如图 6-4 所示。

图 6-4　工资小项设置界面

(3) 按照表 6-1 所示的工资小项，依次录入。同一工资类别下，小项名称不可重复。

(4) 选择"临时人员"工资类别，按照表 6-2 所示的工资小项，依次录入。

2. 工资项目设置

【案例 6-3】　设置工资项目，正式人员工资项目如表 6-3 所示，临时人员工资项目如表 6-4 所示。

表 6-3　正式人员工资项目

编号	工资项目	类别
0001	基本工资	加项
0002	岗位工资	加项
0003	绩效工资	加项
0004	加班补贴	加项
0005	请假扣款	减项

表 6-4 临时人员工资项目

编号	工资项目	类别
0001	计时工资	加项

根据如下资料设置工资计算公式。

计时工资:按照实际工时发放计时工资,每工时 22 元。

公式表达为:

基本工资＝基本工资

岗位工资＝岗位工资

计时工资＝工时×22

绩效工资＝基础绩效＋奖励绩效

加班补贴＝加班天数×200

请假扣款＝事假天数×200＋病假天数×100

【操作步骤】

(1) 添加工资项目。单击【工资】|【工资计算设置】按钮,选择"正式人员",在"工资项目"选项卡中根据表 6-3 添加工资项目,选择加项或减项;选择"临时人员",在"工资项目"选项卡中根据表 6-4 添加工资项目,选择加项或减项。注意:同一工资类别中,项目名称不允许重复。

(2) 为工资项目编辑公式。

① 单击"基本工资"后面的 编辑公式 图标,打开编辑公式界面,如图 6-5 所示。运算符号选择"＋",单击"请选择工资基本项",选择"基本工资",运算符选择"＊",数值为"1",如图 6-6 所示,单击【确认】按钮。用同样的方式设置"岗位工资"的计算公式。

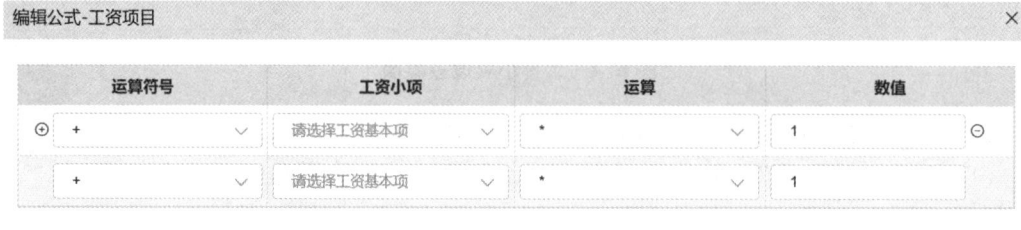

图 6-5 编辑公式界面

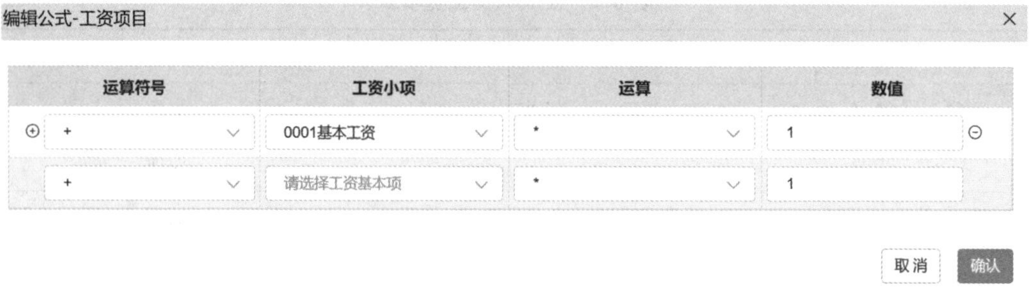

图 6-6 "基本工资"的计算公式

② 单击"绩效工资"后面的【编辑公式】,打开编辑公式界面,第一行公式编辑:运算符号选择"＋",单击"请选择工资基本项",选择"基础绩效",运算符选择"＊",数值为"1";第二行公式编辑:运算符号选择"＋",单击"请选择工资基本项",选择"奖励绩效",运算符选择"＊",数值为"1";"绩效工资"的计算公式如图6-7所示。单击【确认】按钮。

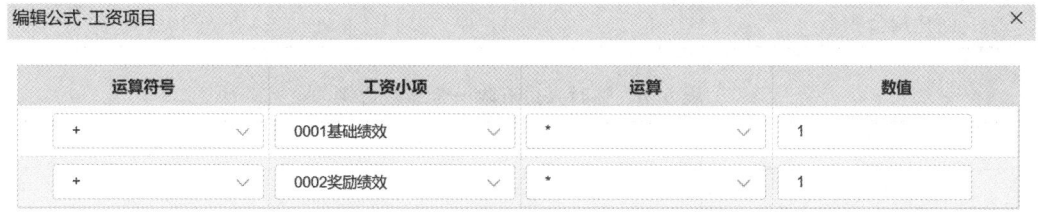

图 6-7 "绩效工资"的计算公式

③ 用同样的方式设置"加班补贴""请假扣款""计时工资"的计算公式。

 延伸阅读6-2

工资项目和工资小项的修改、删除

进入【工资】|【工资计算设置】界面,选择需要修改的工资项目或工资小项可直接修改,修改完成后数据自动保存;单击 ⊗ 图标即可删除工资项目或工资小项。

注意:对于已被使用的工资类别,工资项目、工资小项、公式不允许新增、编辑、删除。

 延伸阅读6-3

工资小项与工资项目的关系

工资项目是工资的重要组成部分,工资小项是为了工资项目的计算设立的。工资项目取值于工资小项,每一工资项目均需基于工资小项设置计算公式,如"基本工资"项目取值于"基本工资"工资小项。没有设置的工资小项不允许在计算公式中出现。一个工资项目可由多个小项构成,也可设置多种计算关系,如请假扣款＝病假天数×病假扣款＋事假天数×事假扣款。

(三) 社保及公积金设置

【社保及公积金设置】模块用于维护企业社保及公积金方案,用于员工薪资的计算。系统提供了1个默认方案,企业可进行自定义添加。

【**案例 6-4**】 山东大朋鸟科技制造有限公司的正式员工社会保险费及公积金的缴纳标准如表6-5所示,临时人员社会保险费及公积金的缴纳标准如表6-6所示。

表 6-5 正式员工五险一金缴费比例

险种	单位	个人
养老保险	20％	8％
医疗保险	10％	2％
失业保险	0.70％	0.30％

(续表)

险种	单位	个人
工伤保险	0.50%	0
生育保险	0.80%	0
住房公积金	10%	10%

表 6-6　临时人员五险一金缴费比例

险种	单位	个人
工伤保险	0.50%	0

【操作步骤】

(1) 单击【工资】|【社保及公积金设置】|【添加新方案】按钮,设置方案名称为"正式员工社保方案",单击【确定】按钮,即可进入方案添加界面,正式员工社保方案设置界面如图6-8所示。注意:方案名称不允许重复。

图 6-8　正式员工社保方案设置界面

(2) 选择缴纳项目的缴纳方式,并设置相应的缴纳比例(比例支持输入4位小数位);在空白行可输入新的缴纳项目,设置好缴纳方式和缴纳比例后回车可新增一行,同一方案内缴纳项目名称不能重复。

(3) 单击⊗图标可删除缴纳项目,若方案已被使用,则缴纳项目不允许修改、删除、新增。

(4) 设置好社保方案后,可在【员工基本信息】|【员工详细信息】选择方案。

用同样的方式设置临时人员的社保方案,临时人员社保方案设置界面如图6-9所示。

图 6-9　临时人员社保方案设置界面

延伸阅读6-4

五险一金缴费比例

五险一金月缴费额＝五险一金缴费基数×五险一金缴纳比例

缴纳基数为上一自然年的月平均收入(工资收入总额包括：工资、奖金、津贴和补贴)计算(不满全年的按照入职月份计算)。

(1) 养老保险：由企业和职工共同缴纳，其中企业缴纳比例为20%，职工缴纳比例为8%。

(2) 医疗保险：由企业和职工共同缴纳，其中企业缴纳比例为10%，职工缴纳比例为2%。

(3) 失业保险：由企业和职工共同缴纳，其中企业缴纳比例为0.5%～2%，职工缴纳比例为0.2%～1%。失业保险的缴纳比例近些年有下降趋势。

(4) 工伤保险：由企业全额缴纳，个人不用缴纳。公司缴纳比例按照行业风险程度确认，缴纳比例为0.5%～1.2%。

(5) 生育保险：由企业全额缴纳，缴纳比例为0.8%。

(6) 住房公积金：由企业和职工共同缴纳，公司根据自己的经营情况决定，公司与个人缴纳的比例一致，缴纳比例5%～12%。

需要注意的是，具体的缴纳比例可能因地区、企业规模、职工工资等因素而略有不同。

(四) 员工基本信息

【员工基本信息】模块用于维护员工的基本信息，是进行工资计算的基础，包括添加员工信息、修改员工信息、删除员工信息等，支持员工信息打印和导出。

【案例6-5】 设置员工基本信息。正式员工基本信息如表6-7所示，临时人员基本信息如表6-8所示。

二维码6-6
操作视频：
员工基本信息设置—单个录入

表6-7　正式员工基本信息

编号	姓名	证件号码	性别	手机	出生日期	学历	入职日期	部门编号
0001	杨磊	123456789123456789	男	15165160000	1980-1-1	硕士	2021-10-11	0001
0002	赵紫妍	123456789123456780	女	13876549999	1985-2-2	硕士	2021-10-27	0003
0003	赵廷豪	123456789123456781	男	16788881234	1986-3-3	本科	2021-12-20	0005
0004	黄旭蕾	123456789123456782	女	15566770002	1987-4-1	本科	2021-10-31	0003
0005	王玉和	123456789123456783	女	18766779898	1988-5-1	本科	2021-10-31	0003
0006	王田	123456789123456784	女	13345679890	1989-6-1	本科	2022-4-20	0002
0007	田依浓	123456789123456785	女	19811220080	1988-7-1	本科	2022-7-31	000401
0008	王贤	123456789123456786	男	18754955662	1986-8-1	本科	2022-3-14	000402
0009	徐涵	123456789123456787	女	19864108836	1987-9-1	本科	2022-5-17	000402
0010	周浩楠	123456789123456788	男	13954469888	1990-1-1	本科	2022-6-27	000402

表6-8　临时人员基本信息

编号	姓名	证件号码	性别	手机	出生日期	学历	入职日期	部门编号
0011	王文	123456789123456790	男	15165160001	1975-1-1	其他	2023-1-1	0001
0012	赵妍	123456789123456791	女	13876549910	1975-2-2	其他	2023-1-1	0001

注意:为了简化操作,假设生产车间正式员工社保及公积金缴存基数为4 378元,其他部门正式员工缴存基数为5 200元,临时人员缴存基数为4 000元;以下信息所有员工相同,人员类别为境内人员,证件类型为居民身份证,个税起征点为5 000元,工资始发日期为入职日期,工资状态为正常,缴纳社保及公积金;正式员工的社保方案为"正式员工社保方案",临时人员社保方案为"临时人员社保方案";享受专项附加扣除且按照系统预制的金额扣除(子女教育1 000元,首套住房贷款1 000元,住房租金1 500元,赡养老人2 000元);非残疾人员,非烈属,非孤老。

【操作步骤】

新增员工有2种方式:一是手工添加,二是批量导入。

1. 手工添加

(1)单击【工资】|【员工基本信息】|【添加员工】按钮,打开"新增员工信息"界面,如图6-10所示。

图6-10　新增员工信息界面

（2）在"员工基本信息"界面，录入编号&姓名、人员类别等基本信息，选择好社保及公积金方案并设置该员工是否享受专项附加扣除后，单击右上角【保存】按钮，即可完成员工信息添加。

① 编号&姓名：取值于辅助字典—员工，员工不允许重复，一个员工辅助项只能有一份员工信息。

② 人员类别：人员类别为境内人员，证件类型可选居民身份证；境外人员，证件类型可选择中国护照、外国护照等10种类型。

③ 证件类型：根据人员类别进行选择。

④ 工资状态：状态"正常"，则可正常制作工资列表；状态"停发"即代表是离职员工，需要填写工资停发日期。

⑤ 工资类别：根据员工所属工资类别选择。在设置好【工资计算设置】模块后，此处可进行选择。

⑥ 部门：取值于辅助字典—部门。

⑦ 社保及公积金：录入缴纳基数后工资列表可自动带出，也可在工资列表内再录入。缴纳比例支持输入4位小数。

⑧ 专项附加扣除：可自行选择员工是否享受专项附加扣除，6类专项附加扣除金额已预制，若不需要扣除的项目，可将其扣除金额设置为0。

注意：标"＊"为必填项；新增保存成功后，编辑时不允许修改员工编号名称；修改辅助字典员工编号、姓名，员工基本信息也同步更新。

用同样方式增加临时人员。

2. 批量导入

（1）单击【工资】|【员工基本信息】模块，单击右上角 图标，弹出导入员工界面，如图6-11所示，下载导入模板。

二维码6-7
操作视频：
员工基本信息设置—批量导入

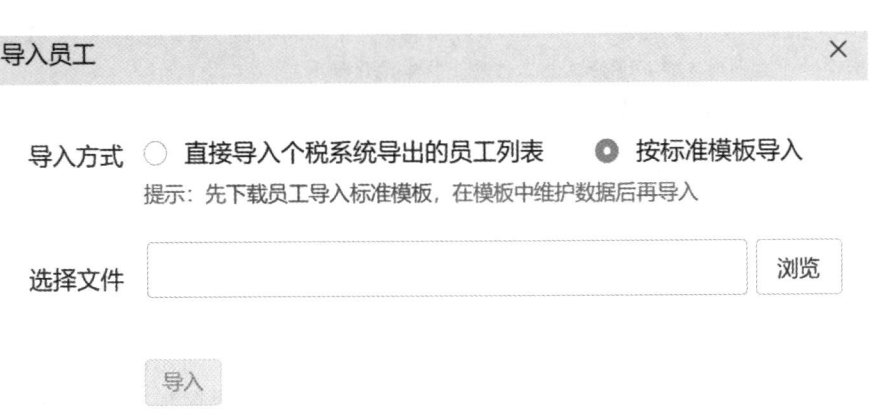

图6-11 导入员工界面

二维码6-8
批量导入员工信息模板

（2）在导入员工信息模板内按要求编辑员工的信息，如图6-12所示，并将其导入系统中，导入后的员工信息表如图6-13所示。

	A	B	C	D	E	F	G	H	I	J	K	L	M	N	O	P	Q	R
1	检查状态	*编号	姓名（系统自动识别，无需填写）	*人员类别	*证件类型	*证件号码	*性别	*手机	邮箱	*出生日期	*学历	*入职日期	银行名称	银行账号	*个税起征点	*工资类别	*工资始发日期	*工资状态
2		0002	赵紫妍	境内人员	居民身份证	123456789123456780	女	13876549999		1985-2-2	硕士	2021-10-27			5000	正式人员	2021-10-27	正常
3																		
4																		
5																		

员工信息　员工辅助核算　部门辅助核算　+

图 6-12　导入员工信息模板

员工基本信息　-　刷新　　不显示已离职员工　添加员工　导入　导出　打印　批量修改　删除

编号	姓名	部门	手机	邮箱	证件号码	工资状态	操作
0001	杨磊	总经办	15165160000		123456789123456789	正常	编辑 删除
0002	赵紫妍	财务部	13876549999		123456789123456780	正常	编辑 删除
0003	赵廷豪	采购部	16788881234		123456789123456781	正常	编辑 删除
0004	黄旭蕾	财务部	15566770002		123456789123456782	正常	编辑 删除
0005	王玉和	财务部	18766779898		123456789123456783	正常	编辑 删除
0006	王田	销售部	13345679890		123456789123456784	正常	编辑 删除
0007	田依浓	车间管理	19811220080		123456789123456785	正常	编辑 删除
0008	王贤	生产车间	18754955662		123456789123456786	正常	编辑 删除
0009	徐涵	生产车间	19864108836		123456789123456787	正常	编辑 删除
0010	周浩楠	生产车间	13954469888		123456789123456788	正常	编辑 删除
0011	王文	总经办	15165160001		123456789123456790	正常	编辑 删除
0012	赵妍	总经办	13876549910		123456789123456791	正常	编辑 删除

图 6-13　员工信息表

注意：批量导入的员工信息只能导入员工的基本信息，无法导入“社保及公积金”和“专项附加扣除”的数据。

相关思考 6-1

如何修改、删除员工信息

1. 修改员工信息

单击【工资】|【员工基本信息】界面，单击员工后面的“编辑”，即进入编辑界面，修改信息后单击【保存】按钮。

浪潮云会计平台同时支持批量修改员工信息。具体操作如下：

单击【工资】|【员工基本信息】界面，单击右上角“批量修改”，即进入批量修改界面，修改员工的工资类别、部门、个税起征点、是否缴纳社保及公积金、是否享受专项附加扣除信息，修改信息后单击【保存】按钮。

2. 删除员工信息

单击【工资】|【员工基本信息】界面，选中员工信息，单击右上角“删除”，可进行批量删除；单击员工信息后面的“删除”，可删除单个员工信息。

注意：员工已存在工资信息，不允许删除！

二维码 6-9 操作视频：批量修改员工信息

【案例 6-6】 承[案例 6-5]修改批量导入员工的信息。为了简化操作，假设生产车间正式员工的社保及公积金缴存基数为 4 378 元，其他部门员工的缴存基数为 5 200 元；享受专项附加扣除且按照系统预制的金额扣除。

【操作步骤】

(1) 选择“生产车间”需要批量修改的员工，如图 6-14 所示。

(2) 单击【批量修改】按钮，打开“批量修改”界面，取消“工资类别”“部门”“个税起征点设置”复选框，缴纳社保公积金选择“员工社保方案”，输入缴存基数“4 378”，输入后的“批量修改”界面如图 6-15 所示，单击【保存】按钮。

图 6-14　选择需要批量修改的员工信息

（3）选择正式员工类别下非生产车间人员，单击【批量修改】按钮，打开"批量修改"界面，缴纳社保公积金选择"员工社保方案"，输入缴存基数"5 200"，单击【保存】按钮。

图 6-15　批量修改界面

（五）录入期初数据

工资数据按变动频度分为固定工资数据和变动工资数据两部分。固定工资数据是指每月相对固定不变的工资数据。工资模块中，在初次使用时需要录入固定工资数据，如基本工资、岗位工资、绩效工资等。每月固定不变的数据在系统投入使用时一次输入，长期使用时只在提职、提薪、晋级时才进行修改。变动工资数据是指每月都会发生变化的工资数据，如病事假扣款、代扣税等代扣款，需要在每月处理工资数据前进行编辑修改。这里提到的输入期初数据是指输入固定工资数据。

录入期初数据在【工资列表】模块录入。【工资列表】模块可根据员工的基础工资数据自动计算其个税和薪资,包括新增工资表、编辑工资表、生成凭证、删除工资表等功能,支持工资表打印和导出。

【案例 6-7】 山东大朋鸟科技制造有限公司正式人员期初工资数据如表 6-9 所示。

表 6-9 正式人员期初工资数据

单位:元

编号	姓名	部门名称	基本工资	岗位工资	基础绩效	奖励绩效
0001	杨磊	总经办	12 000	5 000	1 000	2 400
0002	赵紫妍	财务部	10 000	4 000	1 000	1 800
0003	赵廷豪	采购部	8 000	4 000	1 000	1 400
0004	黄旭蕾	财务部	6 000	3 000	1 000	800
0005	王玉和	财务部	4 000	3 000	1 000	1 500
0006	王田	销售部	4 000	3 000	1 000	1 600
0007	田依浓	车间管理	6 000	4 000	1 000	1 000
0008	王贤	生产车间	4 000	3 000	1 000	400
0009	徐涵	生产车间	4 000	3 000	1 000	400
0010	周浩楠	生产车间	4 000	3 000	1 000	200

二维码 6-10
操作视频:
录入期初数据

【操作步骤】

(1)单击【工资】|【工资列表】按钮,选择"正式人员",单击【新增】|【新增工资表】按钮,"新增"界面如图 6-16 所示,打开"新增工资表"对话框,如图 6-17 所示。

图 6-16 新增界面

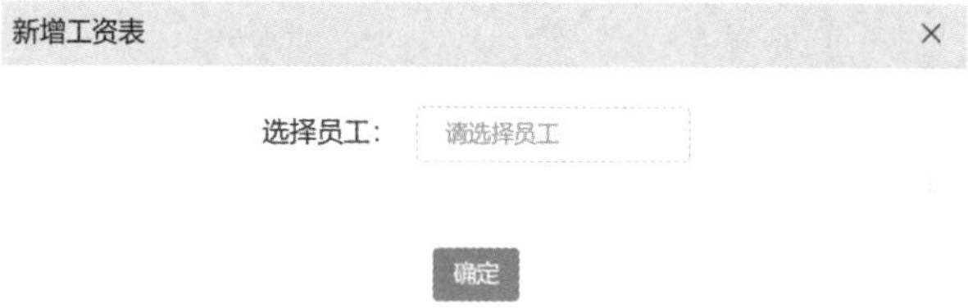

图 6-17 新增工资表对话框

(2)单击"请选择员工",打开"选择员工"对话框,如图 6-18 所示,选择所有的正式人员,单击【确定】按钮,自动返回"新增工资表"对话框,单击【确定】按钮,自动返回"工资列表"界面,如图 6-19 所示。

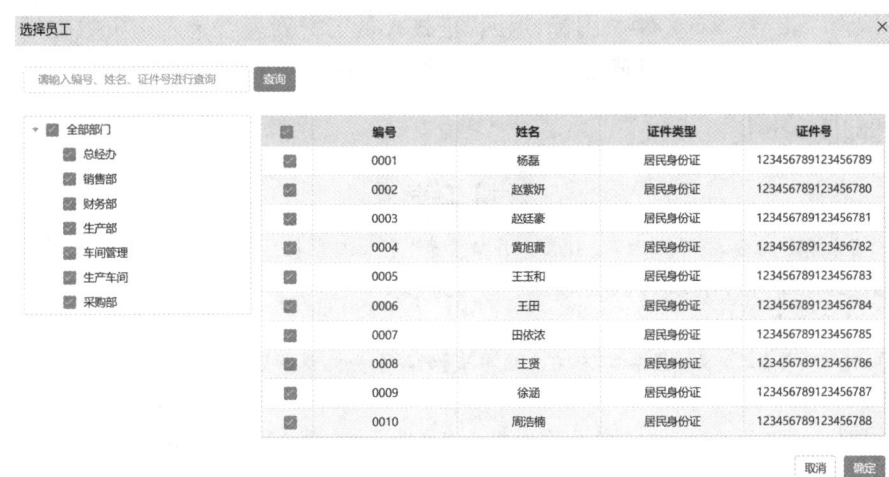

图6-18 选择员工对话框

凭证字号	编号	姓名	部门	工资总额	基本工资	岗位工资	绩效工资	加班津贴	请假扣款	代扣个人款项	专项附加扣除总额	个税起征点	应纳税所得额	应重个税	实发工资	公司承担款项	员工成本
	0001	杨磊	总经办	0	0	0	0	0	0	1055.6	5500	5000	0	0	0	2184	0
	0002	赵紫妍	财务部	0	0	0	0	0	0	1055.6	5500	5000	0	0	0	2184	0
	0003	赵廷豪	采购部	0	0	0	0	0	0	1055.6	5500	5000	0	0	0	2184	0
	0004	黄旭蕾	财务部	0	0	0	0	0	0	1055.6	5500	5000	0	0	0	2184	0
	0005	王玉和	财务部	0	0	0	0	0	0	1055.6	5500	5000	0	0	0	2184	0
	0006	王田	销售部	0	0	0	0	0	0	1055.6	5500	5000	0	0	0	2184	0
	0007	田依浓	车间管理	0	0	0	0	0	0	1055.6	5500	5000	0	0	0	2184	0
	0008	王贤	生产车间	0	0	0	0	0	0	888.73	5500	5000	0	0	0	1838.76	0
	0009	徐涵	生产车间	0	0	0	0	0	0	888.73	5500	5000	0	0	0	1838.76	0
	0010	周浩楠	生产车间	0	0	0	0	0	0	888.73	5500	5000	0	0	0	1838.76	0
合计										10,055.39	55,000.00					20,804.28	

图6-19 正式人员工资列表

（3）选择 ☑ 编辑、显示工资明细图标，打开工资列表编辑界面，根据表6-9输入每位员工的基本工资、岗位工资，输入每行信息后单击【保存】按钮，输入后的期初工资数据如图6-20所示。

编号	姓名	部门	工资总额	基本工资	岗位工资	绩效工资
0001	杨磊	总经办	20600	12000	5000	3400
0002	赵紫妍	财务部	17300	10000	4000	2800
0003	赵廷豪	采购部	14800	8000	4000	2400
0004	黄旭蕾	财务部	10800	6000	3000	1800
0005	王玉和	财务部	10300	4000	3000	2500
0006	王田	销售部	10200	4000	3000	2600
0007	田依浓	车间管理	12800	6000	4000	2000
0008	王贤	生产车间	9400	4000	3000	1400
0009	徐涵	生产车间	9400	4000	3000	1400
0010	周浩楠	生产车间	8200	4000	3000	1200

图6-20 输入期初工资数据

(4)取消☐ 编辑、显示工资明细图标,返回"正式人员工资列表",录入工资数据后,系统根据设置的公式及录入的相关基础数据自动计算各个工资项目并汇总。

延伸阅读6-5

新增工资表

新增工资表有3种方式:手工录入、引入上月工资表、导入工资表。手工录入工资表的操作步骤参考【案例6-6】,现介绍另外两种方式。

1. 引入上月工资表

(1)单击【工资】|【工资列表】界面,在右上角单击【新增】按钮,选择【引入上月工资】按钮,打开引入上月工资表界面,如图6-21所示。

(2)选择引入的工资类别及员工名字,然后根据需要将工资小项设置为"0",设置为0之后工资列表内该数值为0,单击【引入】按钮即可。

2. 导入工资表

(1)单击【工资】|【工资列表】界面,在右上角单击【新增】按钮,选择【导入工资表】按钮,打开导入工资表界面,如图6-22所示。

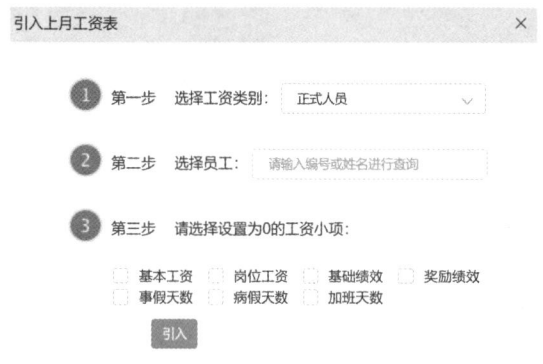

图6-21 引入上月工资表界面

图6-22 导入工资表界面

(2)在"导入工资表"弹窗内选择导入的工资类别、员工,然后下载Excel模板,在模板内填入信息后,导入即可。

延伸阅读6-6

修改、删除工资列表

1. 修改工资列表

进入【工资】|【工资列表】界面,选择☑ 编辑、显示工资明细图标,在明细表内修改相关数据。

2. 删除工资列表

进入【工资】|【工资列表】界面,选择工资表,单击右上角的【删除】按钮,即可删除工资表。

注意:员工的工资条生成凭证后,其工资数据不允许修改,删除对应的凭证后可继续修改工资数据。

(六)工资分摊科目设置

【工资分摊】模块按部门设置工资分摊的科目,用于工资列表生成凭证,浪潮云会计平台已设置了一套工资分摊科目,如图6-23所示。企业应根据需要修改部分工资分摊科目。

图 6-23 预制的工资分摊科目

与薪酬管理相关的账务处理

1. 分配工资、计提五险一金、工会经费和职工教育经费账务处理

企业在分配工资,计提各种社会保险费、住房公积金、工会经费和职工教育经费等职工薪酬时,应做如下账务处理。

借：生产成本　　【生产工人工资】
　　制造费用　　【车间管理人员工资】
　　管理费用　　【行政管理部门人员工资】
　　销售费用　　【销售人员工资】
　　贷：应付职工薪酬——工资
　　　　　　　　　——社会保险费
　　　　　　　　　——住房公积金
　　　　　　　　　——工会经费
　　　　　　　　　——职工教育经费

2. 发放工资并代扣个税和社会保险费及公积金的账务处理

借：应付职工薪酬——工资
　　贷：应交税费——应交个人所得税
　　　　其他应付款——个人承担社会保险费
　　　　　　　　　——个人承担住房公积金

3. 缴纳社会保险费、住房公积金及个税的账务处理

借：应付职工薪酬——社会保险费
　　　　　　　　——住房公积金
　　其他应付款——个人承担社会保险费
　　　　　　　——个人承担住房公积金
　　应交税费——应交个人所得税
　　贷：银行存款

二维码 6-11
操作视频：
工资分摊设置

【案例 6-8】 修改各部门工资分摊科目,具体如表 6-10 所示。

表 6-10 修改各部门工资分摊科目

部门	科目用途描述	科目
总经办 财务部 销售部 采购部 车间管理 生产车间	缴纳社保及公积金、个税现金科目	100201 银行存款——建设银行
	发放工资现金科目	100201 银行存款——建设银行
	计提个人承担公积金科目	224102 其他应付款——个人承担住房公积金
	计提个人承担社保科目	224101 其他应付款——个人承担社会保险费
销售部	公司承担公积金费用科目 公司承担社保费用科目 工资费用科目	660110 销售费用——职工薪酬
车间管理	公司承担公积金费用科目 公司承担社保费用科目 工资费用科目	510102 制造费用——职工薪酬
生产车间	公司承担公积金费用科目 公司承担社保费用科目 工资费用科目	50010102 生产成本——基本生产成本——直接人工

【操作步骤】

单击【工资】|【工资分摊】按钮,选择部门,根据表 6-10 修改相关科目,修改完成后,数据自动保存。销售部修改后的工资分摊如图 6-24 所示。

图 6-24 销售部工资分摊界面

第二节 工资管理系统日常业务处理

一、工资变动及计算

由于职工工资与考勤、工作业绩等各项因素相关,因此,每个月都需要进行职工工资数据的调整。

【案例 6-9】 输入本月考勤数据，1月份正式员工考勤数据如表 6-11 所示，临时人员考勤数据如表 6-12 所示。

二维码 6-12
操作视频：
变动数据

表 6-11　1月份正式员工考勤数据

编号	姓名	部门名称	事假天数	病假天数	加班天数
0001	杨磊	总经办	1		2
0002	赵紫妍	财务部		1	3
0003	赵廷豪	采购部			2
0004	黄旭蕾	财务部			
0005	王玉和	财务部			4
0006	王田	销售部			3
0007	田依浓	车间管理			4
0008	王贤	生产车间			5
0009	徐涵	生产车间			5
0010	周浩楠	生产车间			

表 6-12　1月份临时人员考勤数据

编号	姓名	部门名称	工时
0011	王文	总经办	96
0012	赵妍	总经办	96

【操作步骤】

（1）进入"正式员工工资列表"界面，选择☑ 编辑、显示工资明细图标，打开工资列表编辑界面，根据表 6-11 按钮输入每位员工的考勤数据，输入每行信息后单击【保存】按钮，输入的考勤数据如图 6-25 所示。

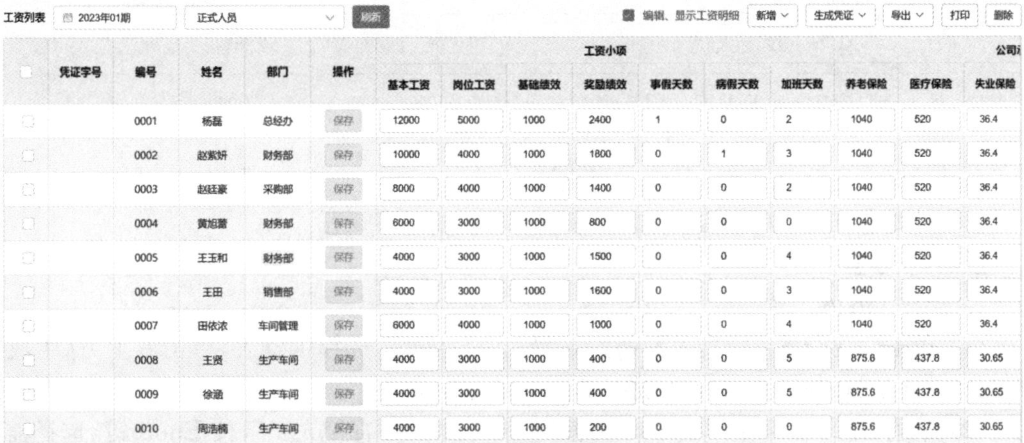

图 6-25　输入考勤数据

（2）取消□ 编辑、显示工资明细图标，返回"正式人员工资列表"，录入工资数据后，系统根据设置的公式及录入的相关基础数据自动计算各个工资项目并汇总，如图 6-26 所示。

凭证字号	编号	姓名	部门	工资总额	基本工资	岗位工资	绩效工资	加班津贴	请假扣款	代扣个人款项	专项附加扣除总额	个税起征点	应纳税所得额	应缴个税	实发工资	公司承担款项	员工成本
	0001	杨叔	总经办	20600	12000	5000	3400	400	200	1055.6	5500	5000	9044.4	271.33	19273.07	2184	22784
	0002	赵紫妍	财务部	17300	10000	4000	2800	600	100	1055.6	5500	5000	5744.4	172.33	16072.07	2184	19484
	0003	赵红豪	采购部	14800	8000	4000	2400	400	0	1055.6	5500	5000	3244.4	97.33	13647.07	2184	16984
	0004	黄怡蕾	财务部	10800	6000	3000	1800	0	0	1055.6	5500	5000	0	0	9744.4	2184	12984
	0005	王玉和	财务部	10300	4000	3000	2500	800	0	1055.6	5500	5000	0	0	9244.4	2184	12484
	0006	王田	销售部	10200	4000	3000	2600	600	0	1055.6	5500	5000	0	0	9144.4	2184	12384
	0007	田依浓	车间管理	12800	6000	4000	2000	800	0	1055.6	5500	5000	1244.4	37.33	11707.07	2184	14984
	0008	王贵	生产车间	9400	4000	3000	1400	1000	0	888.73	5500	5000	0	0	8511.27	1838.76	11238.76
	0009	徐洁	生产车间	9400	4000	3000	1400	1000	0	888.73	5500	5000	0	0	8511.27	1838.76	11238.76
	0010	周浩楠	生产车间	6200	4000	3000	1200	0	0	888.73	5500	5000	0	0	7311.27	1838.76	10038.76

图 6-26　正式人员工资列表查看界面

（3）根据表 6-12 录入临时人员的工时，计算各个工资项目并汇总，此时的临时人员工资列表查看界面如图 6-27 所示。

编号	姓名	部门	工资总额	计时工资	代扣个人款项	专项附加扣除总额	个税起征点	应纳税所得额	应缴个税	实发工资	公司承担款项	员工成本
0011	王文	总经办	2112	2112	0	5500	5000	0	0	2112	20	2132
0012	赵妍	总经办	2112	2112	0	5500	5000	0	0	2112	20	2132
			4,224.00	4,224.00		11,000.00				4,224.00	40.00	4,264.00

图 6-27　临时人员工资列表查看界面

二、工资管理系统凭证生成

工资是人工费最主要的部分，因此，企业需要对工资费用进行工资总额的计提、分配及各种经费的计提，并编制记账凭证。

二维码 6-13
操作视频：
生成凭证

【案例 6-10】　自动生成如下记账凭证，其中生产工人工资按照生产产品的工时计算，生产产品的工时如表 6-13 所示。

表 6-13　生产产品的工时

产品名称	生产工时
XCJmini3 无人机	2 000
XCJ4pro 无人机	3 000

（1）计提 1 月份全部正式员工工资凭证。
（2）计提本月公司承担的社保及公积金。

【操作步骤】

1. 计提 1 月份工资

（1）单击【工资】|【工资列表】按钮，选择"正式人员"，选择工资表，单击右上方【生成凭证】|【计提工资】按钮，即可自动生成计提工资的记账凭证。

（2）单击"50010102 生产成本——基本生产成本——直接人工"，按 Enter 键，选择辅助项"XCJmini3 无人机"，金额改为"10 800"，设置界面如图 6-28 所示。

图 6-28　设置 50010102 生产成本——基本生产成本——直接人工辅助项

二维码 6-14 计提工资凭证参考答案

（3）单击⊕图标，插入一行空白行，输入摘要"2023 年 1 期生产车间计提工资"，会计科目处输入"50010102 生产成本——基本生产成本——直接人工"，按 Enter 键，选择辅助项"XCJ4pro 无人机"，按照借贷必相等的原则，金额自动填充 16 200。

（4）单击【保存】按钮，保存计提工资的记账凭证，关闭记账凭证，返回"工资列表"界面。

（5）在"工资列表"界面选择"临时人员"，选择工资表，单击右上方【生成凭证】|【计提工资】按钮，自动生成计提工资的记账凭证，单击【保存】按钮，保存计提工资的记账凭证。

2. 计提本月公司承担的社保及公积金

（1）在"工资列表"界面选择"正式员工"，选择工资表，单击右上方【生成凭证】|【计提公司缴纳社保及公积金】按钮，自动生成计提公司缴纳社保及公积金的记账凭证；参照"计提工资"记账凭证，修改"50010102 生产成本——基本生产成本——直接人工"，为其设置辅助核算，设置完成后，保存记账凭证。

（2）在"工资列表"界面选择"临时人员"，选择工资表，单击右上方【生成凭证】|【计提公司缴纳社保及公积金】按钮，自动生成计提公司缴纳社保及公积金的记账凭证，单击【保存】按钮，保存计提公司缴纳社保及公积金的记账凭证。

【案例 6-11】　1 月 25 日缴纳社保及公积金。

【操作步骤】

（1）在"工资列表"界面选择"正式员工"，选择工资表，单击右上方【生成凭证】|【缴纳社保及公积金】按钮，自动生成缴纳社保及公积金的记账凭证，单击【保存】按钮；

（2）在"工资列表"界面选择"临时人员"，选择工资表，单击右上方【生成凭证】|【缴纳社保及公积金】按钮，自动生成缴纳社保及公积金的记账凭证，单击【保存】按钮。

【案例 6-12】　1 月 31 日发放临时人员的工资。

【操作步骤】

在"工资列表"界面选择"临时人员"，选择工资表，单击右上方【生成凭证】|【发放工资】按钮，自动生成发放工资的记账凭证，单击【保存】按钮。

相关思考 6-2

下月发放工资的记账凭证生成方法

方法一：

参考"第四章　总账管理"设置的"02-发放工资并代扣社保、公积金及个税"的凭证模板生成发放工资、代扣社保、代扣公积金、代扣个税的记账凭证。

方法二：

在"工资列表"界面选择相应的类别，选择工资表，单击右上方【生成凭证】|【发放工资】按钮，自动生成发放工资的记账凭证、代扣社保、代扣公积金、代扣个税的记账凭证。

第三节 工资管理系统凭证管理

一、凭证查询

工资管理系统生成的记账凭证,可通过两种方法进行查看:一是在总账的查看凭证功能中查看;二是在工资管理系统中查看。

【案例 6-13】 在工资管理系统中查询山东大朋鸟科技制造有限公司1月份正式员工工资分摊生成的凭证。

【操作步骤】

(1) 进入【工资】|【工资列表】界面,选择"正式员工",即可看到相应的工资分摊凭证,如图 6-29 所示。

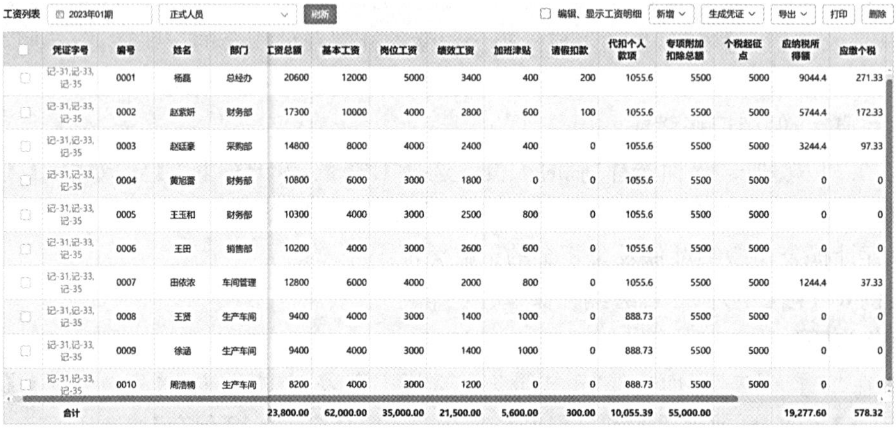

图 6-29 工资分摊凭证查询界面

二维码 6-15
工资管理模块记账凭证参考答案

(2) 单击记-31,即可联查凭证。

 延伸阅读 6-8

部门工资汇总表查询

【部门工资汇总表】模块展示各部门工资汇总情况的报表,使各部门人力成本清晰可见。查询部门工资汇总表操作步骤如下所示:

进入【工资】|【部门工资汇总表】,选择查询期间,即可看到该期间各部门的工资汇总数据,部门工资汇总表如图 6-30 所示。

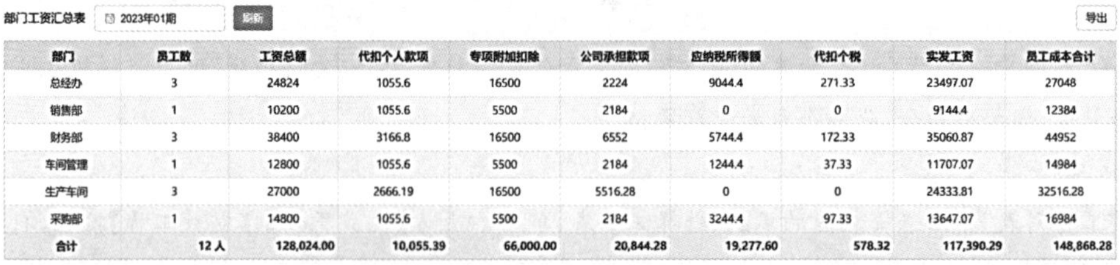

图 6-30 部门工资汇总表

二、凭证修改与删除

工资系统自动生成的凭证如果出现错误说明工资计算错误,应先将凭证作废或删除,或者通过红字冲销功能制作红字凭证,再重新计算工资并生成正确的凭证。不过在浪潮云会计平台,工资管理系统生成的记账凭证在凭证未审核时可实现无痕迹修改,且除凭证号不可以修改外,其他信息均可修改。

工资管理系统生成的记账凭证出现错误,未审核前可以直接删除。已审核的凭证不能直接删除,需取消审核后再删除。

延伸阅读6-9

下月【工资】模块的相关核算

(1) 引入上月工资表。下一月份在【工资】模块将上一月份的固定数据结转到本月份,具体操作如下:

进入【工资】|【工资列表】界面,选择相应的类别,单击【新增】|【引入上月工资表】按钮,选择员工,选择设置为0的工资小项,引入上月工资界面如图6-31所示,单击【引入】按钮,引入后的正式员工工资表界面如图6-32所示。

二维码6-16
操作视频:
下月【工资】模块的相关操作

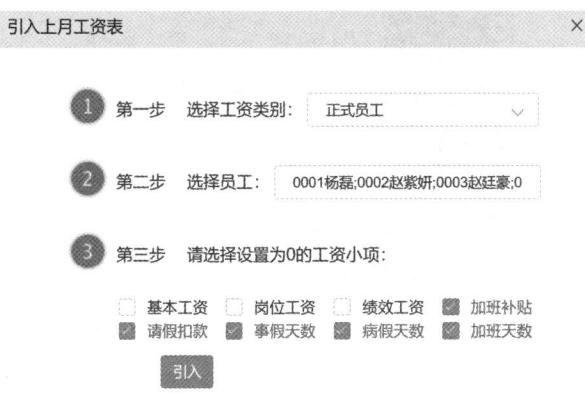

图6-31 引入上月工资界面

	凭证字号	编号	姓名	部门	工资总额	绩效工资	交通补贴	请假扣款	加班补贴	代扣个人款项	专项附加扣除总额	个税起征点	应纳税所得额	应缴个税	实发工资
		0001	杨磊	总经办	8400	3400	5000	0	0	1154.4	4000	5000	0	0	7245.6
		0002	赵紫妍	财务部	6800	2800	4000	0	0	1154.4	4000	5000	0	0	5645.6
		0003	赵廷豪	采购部	6400	2400	4000	0	0	1154.4	4000	5000	0	0	5245.6
		0004	黄旭蕾	采购部	4800	1800	3000	0	0	1154.4	4000	5000	0	0	3645.6
		0005	王玉和	财务部	4400	1400	3000	0	0	1154.4	4000	5000	0	0	3245.6
		0006	王田	销售部	4400	1400	3000	0	0	1154.4	4000	5000	0	0	3245.6
		0007	田依浓	生产部	6000	2000	4000	0	0	971.92	4000	5000	0	0	5028.08
		0008	王贤	生产部	4400	1400	3000	0	0	971.92	4000	5000	0	0	3428.08
		0009	徐涵	生产部	4400	1400	3000	0	0	971.92	4000	5000	0	0	3428.08
		0010	周浩楠	生产部	4400	1400	3000	0	0	971.92	4000	5000	0	0	3428.08
	合计				54,400.00	19,400.00	35,000.00			10,814.08	40,000.00				43,585.92

图6-32 引入后的正式员工工资表界面

(2) 根据下月考勤数据录入变动数据。
(3) 生成计提工资、社保、公积金等记账凭证。

本 章 小 结

本章主要学习了工资管理系统初始化,工资管理系统日常业务处理及操作注意事项,工资管理系统凭证查询、修改和作废。

本章重要概念

工资类别　工资小项　工资项目　工资分摊　工资列表

本 章 练 习

一、单项选择题

1. 如图6-33所示,在进行工资管理时,在以下(　　)选项卡会生成工资分摊记账凭证并传递到账务系统。

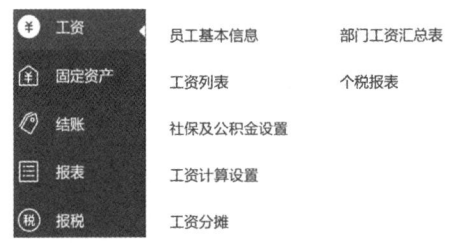

图6-33 【工资】模块功能列表

　A. 工资计算设置　　　　　　　　B. 工资列表
　C. 工资分摊　　　　　　　　　　D. 部门工资汇总表

2. 工资核算软件一般将工资原始数据分为两类,它们是(　　)。
　A. 固定数据和变动数据
　B. 手工数据和计算机数据
　C. 应发数据和实发数据
　D. 基本数据和实际数据

3. 以下(　　)工作不属于工资管理系统初始设置范畴。
　A. 人员类别设置　　　　　　　　B. 工资项目设置
　C. 员工档案设置　　　　　　　　D. 计件工资统计

4. 在工资管理系统中,以下(　　)内容使用后不能修改。
　A. 人员附加信息　　　　　　　　B. 人员类别名称
　C. 工资项目　　　　　　　　　　D. 银行名称

5. 在工资管理系统中,人员的增减变动应该在(　　)中处理。
　A. 工资变动　　　　　　　　　　B. 人员类别
　C. 人员档案　　　　　　　　　　D. 数据上报

二、多项选择题

1. 多工资类别应用方案可以解决下列( )问题。
   A. 企业按周发放工资,月末需要统一核算
   B. 企业存在不同类别的人员,不同类别人员工资发放项目不同,计算公式不同,但需要进行统一工资核算管理
   C. 企业在不同地区设有分支机构,而工资核算由总部统一管理
   D. 企业使用多种货币发放工资

2. 在下列工资数据项中,属于固定项的有( )。
   A. 基本工资　　　　　　　　B. 岗位工资
   C. 加班补贴　　　　　　　　D. 交通补贴

3. 在工资管理系统分摊类型设置中,可以设置的分摊类型有( )。
   A. 制造费用　　　　　　　　B. 计提公司缴纳社保及公积金
   C. 计提工资　　　　　　　　D. 管理费用

4. 工资管理系统传递到总账中的凭证,在总账中可以进行( )。
   A. 修改　　　B. 删除　　　C. 查询　　　D. 审核

5. 在工资管理系统已被使用的工资类别,( )不允许新增、编辑、删除。
   A. 工资项目　　B. 工资小项　　C. 公式　　　D. 员工

三、判断题

1. 工资分摊设置计入的会计科目必须是末级会计科目。　　　　　　　( )
2. 多工资类别下查询工资系统账表必须进入具体工资类别。　　　　　( )
3. 通过总账系统可以查询到工资核算系统下生成的凭证。　　　　　　( )
4. 对于工资系统传递到总账中的凭证,若发现该凭证制作错误,在总账中可通过凭证修改功能进行更改。　　　　　　　　　　　　　　　　　　　　　　　　　( )
5. 在工资管理系统中,进行期末处理后,当月数据允许变动。　　　　( )

四、思考题

1. 简述工资管理系统操作流程。
2. 简述工资变动与记账凭证的关系。
3. 工资管理系统期初需要进行哪些设置?

第七章　固定资产管理

> 内容提要
> 重点难点
> 学习目标
> 知识框架
> 思政育人
> 第一节　固定资产系统初始化
> 第二节　固定资产日常业务处理
> 本章小结
> 本章重要概念
> 本章练习

内容提要

本章主要讲解了浪潮云会计固定资产系统概述和操作方法,包括固定资产系统初始化和固定资产日常业务处理。其中,固定资产系统初始化主要指期初固定资产录入;固定资产日常业务处理主要包括资产增加、计提折旧、资产减少和期末对账。

重点难点

本章重点为固定资产系统初始化设置和固定资产日常业务处理。本章难点为固定资产日常业务处理中的计提折旧和资产减少操作。

学习目标

通过本章学习,学生应理解固定资产系统的基本概念;熟悉固定资产系统的操作流程;掌握期初固定资产录入的原理与方法;掌握固定资产增加、减少、计提折旧的原理与方法;掌握固定资产系统期末对账的原理与方法。

知识框架

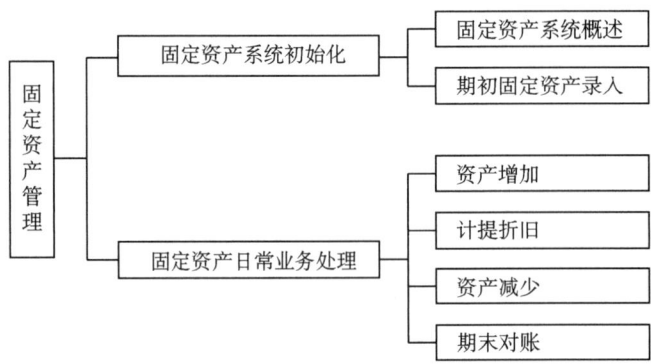

思政育人 企业成长与降杠杆:固定资产加速折旧政策的激励效应

  2014年1月,我国正式试行固定资产加速折旧政策,允许生物药品制造业、专用设备制造业、铁路、船舶、航空航天和其他运输设备制造业、计算机、通信和其他电子设备制造业、仪器仪表制造业和信息传输、软件和信息技术服务业六大试点行业的企业按照缩短折旧年限(不低于规定年限的60%)、双倍余额递减法或年数总和法对自2014年1月1日后新购进的固定资产进行加速折旧,旨在增大企业投资初期的扣除额度,减轻企业负担,鼓励企业加快转型升级。2015年又增加了轻工、纺织、机械、汽车四个领域重点行业,2019年进一步扩大至全部制造业行业。

  从加速期限上看,我国加速折旧政策主要分为一次性扣除和多年加速折旧。一次性扣除政策规定企业可以将一定限额以内的固定资产购置支出作为成本费用在当期一次性扣除。例如,在2014年首次实行时,针对持有的固定资产的单位价值限额是5 000元,针对新购进的科研用固定资产的限额是100万元,2018年将新购进设备、器具的限额提高至500万元。多年加速折旧政策则规定特定行业可以通过缩短折旧年限或者更改折旧方法的方式递延纳税。

  企业通过加速折旧的方式,可以不受固定数额限制地对购置的固定资产进行加速扣除,进而可以较大程度地缓解企业当期的融资约束。因此,加速折旧对企业具有强力的投资刺激作用,还能促进企业研发创新。

  资料来源:钟国辉,陈高,刘锋.企业成长与降杠杆:固定资产加速折旧政策的激励效应[J].税务研究,2021(5):47-53.

【思政寄语】

  固定资产加速折旧政策可以不受固定数额限制地对购置的固定资产进行加速扣除,进而可以较大程度地缓解企业当期的融资约束,体现了我国的大国担当,民族自信与国家认同。

第一节 固定资产系统初始化

一、固定资产系统概述

  固定资产是指使用期限超过1年的房屋、建筑物、机器、机械、运输工具以及其他与生产经营有关的设备、器具、工具等。不属于生产经营主要设备的,单位价值在2 000元以上,并且使用年限超过两年的物品,也应作为固定资产进行管理。固定资产是企业正常生产经营的必要条件,正确核算和管理企业的固定资产,对于保护企业资产完整、保证企业再生产资金来源意义重大。

  固定资产系统主要完成企业固定资产日常业务的核算和管理,按月反映固定资产的增加、减少、原值变化及其他变动,保证企业固定资产的安全完整并充分发挥其效能。

  固定资产系统的操作可以分为初始化设置、日常业务处理、期末对账。

  1. 初始化设置

  首次使用该系统,需录入期初固定资产相关数据。期初固定资产是指固定资产系统启用月份前,已存在于企业的固定资产,而不是本月新增加的固定资产。期初固定资产是固定资产管理系统处理的起点,因此,准确录入期初固定资产相关数据是保证历史资料的连续性、正确进行固定资产核算的基本要求。为了保证所输入期初固定资产数据的准确无误,应该在开始输入前对固定资产进行全面的清查盘点,做到账实相符。

  期初固定资产数据录入完毕后,其原值合计应与总账系统固定资产科目余额数据相符;

期初累计折旧合计应与总账系统累计折旧账户的余额相符。

2. 日常业务处理

固定资产系统日常业务处理包括资产增加、资产减少、计提折旧等。

当企业由于各种原因增加或减少其固定资产时,就需要进行相应的处理,即根据固定资产的增减更新固定资产管理界面的固定资产信息,并录入相关凭证,以保证折旧计算的正确性及期末对账的平衡。

根据已经录入系统的固定资产资料每期计提折旧一次,制作记账凭证,将本期的折旧费用结转,并将当期的折旧额累加到累计折旧项目中。

3. 期末对账

对账是将固定资产管理模块中记录的固定资产和累计折旧数额与总账模块中固定资产和累计折旧科目的数值进行核对,验证是否一致的过程。在月末结账之前必须在固定资产管理模块与总账模块之间进行对账,若对账平衡,才能开始月末结账。

二、期初固定资产录入

浪潮云会计固定资产模块相对其他系统较为简便,可以直接在固定资产管理界面中输入期初固定资产的相关信息,系统会根据填入的信息自动计算折旧额,默认固定资产的折旧计提方法为直线法。

【案例 7-1】 山东大朋鸟科技制造有限公司期初固定资产情况如表 7-1 所示。

表 7-1 山东大朋鸟科技制造有限公司期初固定资产一览表

金额单位:元

二维码 7-1
操作视频:
期初固定资产录入

编号	资产名称	原值	购买日期	年限(年)	残值率	期初累计折旧	数量	净值	月折旧额	本月折旧	部门
1	基本车间	540 000	202109	40	4%	16 200.00	1 幢	523 800.00	1 080.00	1 080.00	生产车间
2	办公楼	1 465 491	202012	40	4%	70 434.63	1 幢	1 395 056.37	2 930.78	2 930.78	总经办
3	商务车	200 000	202112	5	4%	38 400.00	1 辆	161 600.00	3 200.00	3 200.00	销售部
4	机械设备	50 000	202012	10	5%	9 600.00	1 台	40 400.00	394.79	394.79	生产车间
5	打印机	5 000	202012	20	4%	480.00	1 台	4 520.00	20.00	20.00	采购部
6	机床加工设备	67 761	202012	10	4%	13 010.11	1 台	54 750.89	542.09	542.09	生产车间
7	内燃发电机组	55 938	202012	20	4%	5 370.05	1 台	50 567.95	223.75	223.75	生产车间
8	电脑	5 800	202004	3	4%	4 845.33	1 台	954.67	180.67	180.67	财务部
	合计	2 389 990				158 340.12		2 231 649.88	8 572.08	8 572.08	

【操作步骤】

(1) 在系统主界面中,将光标移至左侧主菜单栏中的【固定资产】模块,然后单击其右侧出现的【固定资产管理】按钮,进入"固定资产管理"界面。

(2) 在"固定资产管理"界面,输入资产名称"基本车间"、原值"540 000"、购买日期"202109"、年限"40"、残值率(%)"4"、期初累计折旧"16 200"、数量"1",其他信息如"净值""月折旧额""本月折旧"由系统自动计算得出。

(3) 单击空白处,即保存成功。

(4) 每录完一个固定资产,界面自动新增一行,继续以上述方法录入即可。全部期初固定资产录入完毕界面如图 7-1 所示。

二维码 7-2
操作视频:
录入期初固定资产卡片对账

资产编号	资产名称	原值	购买日期	年限	残值率(%)	期初累计折旧	数量	单位	净值	月折旧额	本月折旧	录入日期	操作
1	基本车间	540,000.0	202109	40	4	16,200.00	1		523,800.00	1,080.00	1,080.00	202301	删除
2	办公楼	1,465,491	202012	40	4	70,434.53	1		1,395,056.83	2,930.78	2,930.78	202301	删除
3	商务车	200,000.0	202112	5	4	38,400.00	1		161,600.00	3,200.00	3,200.00	202301	删除
4	机械设备	50,000.00	202012	10	5	9,600.00	1		40,400.00	394.79	394.79	202301	删除
5	打印机	5,000.00	202012	20	4	480.00	1		4,520.00	20.00	20.00	202301	删除
6	机床加工	67,761.00	202012	10	2	13,010.11	1		54,750.89	542.09	542.09	202301	删除
7	内燃发电机	55,938.00	202012	20	4	5,370.05	1		50,567.95	223.75	223.75	202301	删除
8	电脑	5,800.00	202004	3	4	4,845.33	1		954.67	180.67	180.67	202301	删除
合计		2,389,990.00				158,340.12			2,231,649.88	8,572.08	8,572.08		

图 7-1 期初固定资产录入完毕界面

延伸阅读 7-1

导入固定资产的方法

若固定资产信息较多,可使用导入固定资产功能。

导入固定资产的步骤:

(1) 在"固定资产管理"界面,单击右上角导入功能按钮,下载导入模板。

(2) 参考模板示例与提示录入固定资产相关信息并保存模板。

(3) 单击"浏览"选择模板后,单击导入成功后会显示"导入成功"标志。

(4) 单击界面右上方的"返回"按钮,返回"固定资产管理"界面,导入后的固定资产会在"固定资产管理"中显示。

延伸阅读 7-2

税法关于固定资产计提折旧相关规定

1. 一般折旧规定

(1) 在企业所得税的规定上,固定资产应按照直线法计提折旧,准予扣除。

(2) 企业应当自固定资产投入使用月份的次月起计算折旧。

(3) 停止使用的固定资产,应当自停止使用月份的次月起停止计算折旧。

(4) 企业应当根据固定资产的性质和使用情况,合理确定固定资产的预计净残值。

(5) 固定资产的预计净残值一经确定,不得变更。

2. 最低折旧年限规定

(1) 企业会计准则对企业折旧的年限并没有明确要求,应按照企业实际情况进行。

(2) 企业所得税法对固定资产的最低折旧年限有明确规定，具体年限如下：
① 房屋、建筑物，为 20 年；
② 飞机、火车、轮船、机器、机械和其他生产设备，为 10 年；
③ 与生产经营活动有关的器具、工具、家具等，为 5 年；
④ 飞机、火车、轮船以外的运输工具，为 4 年；
⑤ 电子设备，为 3 年。

3. 特殊折旧规定

(1) 企业会计准则上的加速折旧有"双倍余额抵减法"和"年数总和法"。
(2) 税法上的加速折旧政策有"缩短折旧年限法"和"加速折旧法"。
(3) 企业的固定资产由于技术进步等原因，确需加速折旧的，可以缩短折旧年限或采取加速折旧的方法，包括下列情况：
① 由于技术进步，产品更新换代较快的固定资产；
② 常年处于强震动、高腐蚀状态的固定资产。
(4) 对于采取缩短折旧年限法，最低的折旧年限不得低于规定最低年限的 60%。

二维码 7-3
拓展阅读：
固定资产加
速折旧涉税
知识

第二节　固定资产日常业务处理

固定资产日常业务处理包括资产增加、资产减少、计提折旧等。通过在固定资产管理界面中增删固定资产及填制相关凭证完成相应的资产增加、减少操作。日常业务处理完毕后，还需进行期末对账的操作。

一、资产增加

企业通过购买或其他方式取得固定资产时，要进行固定资产增加的处理。在固定资产管理界面添加新增的固定资产信息，并在凭证界面录入固定资产增加的凭证。

【案例 7-2】 1 月 19 日，公司为丰富员工业余活动，购买 1 台动感单车，4 500 元/台。当日取得增值税专用发票，增值税发票中注明价款为 4 500 元，增值税额为 585 元，通过建行账户支付全部货款。购买当日动感单车已组装完成并投入使用。预计使用年限为 5 年，残值率为 4%。

二维码 7-4
操作视频：
新增动感单
车的业务处
理

【操作步骤】

(1) 在系统主界面中，将光标移至左侧主菜单栏中的【固定资产】模块，然后单击其右侧出现的【固定资产管理】按钮，进入"固定资产管理"界面。

(2) 在"固定资产管理"界面下面的空白行，输入资产名称"动感单车"、原值"5085"、购买日期"202301"、年限"5"、残值率(%)"4"、数量"1"，其他信息如"净值""月折旧额"由系统自动计算得出。

(3) 单击空白处，即保存成功。

(4) 在系统主界面中，将光标移至左侧主菜单栏中的【凭证】模块，然后单击其右侧出现的【凭证】按钮，进入"凭证"界面，录入该业务相应的凭证，如图 7-2 所示。

注意：此处的记账凭证也可通过"发票管理"模块录入进项发票生成记账凭证。

(5) 单击【保存并新增】按钮。

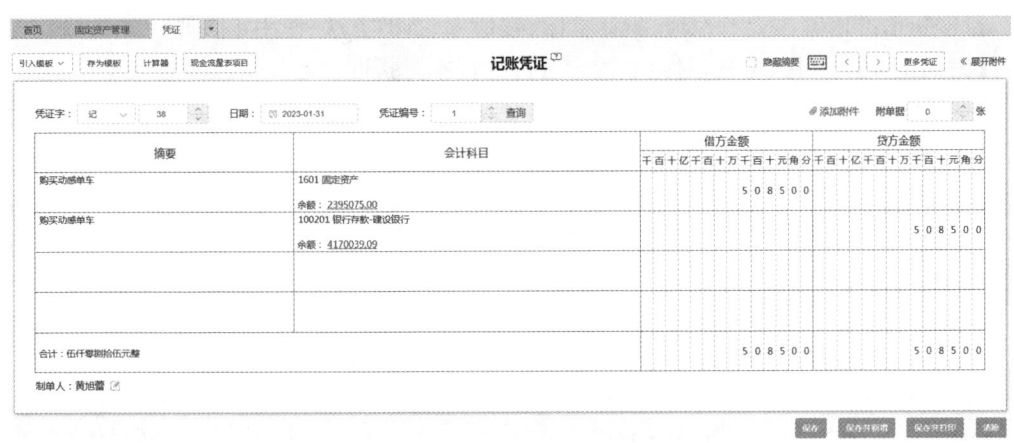

图 7-2　新增固定资产动感单车的凭证

【案例 7-3】　1 月 19 日,公司为财务部购买 1 台戴尔电脑用作办公,30 000 元/台,当日取得增值税专用发票,增值税发票中注明价款为 30 000 元,增值税额为 3 900 元,通过建行账户支付全部货款。购买当日投入使用。预计使用年限为 3 年,残值率为 4%。

【操作步骤】

(1) 在"固定资产管理"界面下面的空白行,输入资产名称"戴尔电脑"、原值"30 000"、购买日期"202301"、年限"3"、残值率(%)"4"、数量"1",其他信息如"净值""月折旧额"由系统自动计算得出。

(2) 单击空白处,即保存成功。

(3) 在"凭证"界面,录入该业务相应的凭证,如图 7-3 所示。

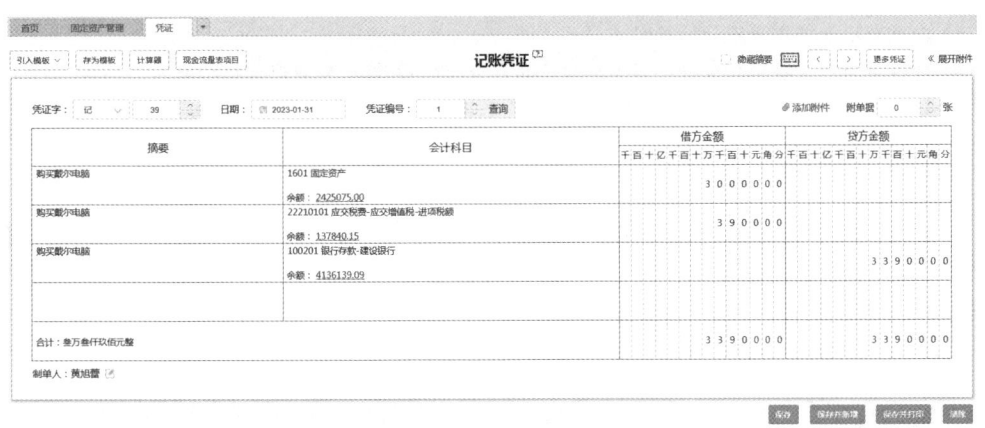

图 7-3　新增固定资产戴尔电脑的凭证

注意:此处的记账凭证也可通过"发票管理"模块录入进项发票生成记账凭证。

(4) 单击【保存并新增】按钮。

二、计提折旧

根据已经录入系统的固定资产资料每期计提折旧一次,制作记账凭证,将本期的折旧费用结转,并将当期的折旧额累加到累计折旧项目中。

二维码 7-5
操作视频:
与发票模块
结合生成新
增固定资产
的记账凭证

影响折旧的因素主要有原值、累计折旧、残值率、折旧方法、使用年限等。

【案例 7-4】 1 月 31 日，对企业固定资产计提本月折旧。

【操作步骤】

（1）在"凭证"界面，录入该业务相应的凭证，如图 7-4 所示。

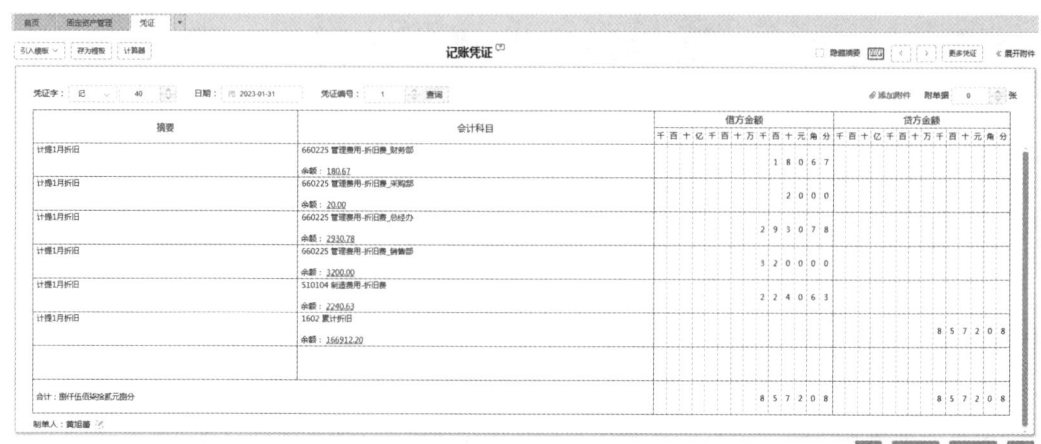

图 7-4 计提折旧的凭证

二维码 7-6
操作视频：
计提折旧

（2）单击【保存并新增】按钮。

二维码 7-7
操作视频：
计提折旧前
后固定资产
管理界面的
区别

延伸阅读 7-3

计提折旧的注意事项

（1）本月新增资产本月不计提折旧。

（2）计提折旧后又对账套进行了影响折旧计算或分配的操作，必须重新计提折旧。

（3）计提折旧的凭证保存后，数据就传递到了总账系统中，如果想重新计提折旧，必须先删除此凭证。

三、资产减少

固定资产减少是指固定资产在使用过程中，由于毁损、出售、盘亏等原因退出企业经营活动。此时，需要进行固定资产减少的处理，在固定资产管理界面删除减少的固定资产，并在凭证界面录入固定资产减少的凭证。

只有计提折旧后，才可以进行资产减少的操作。

延伸阅读 7-4

固定资产处置账务处理

固定资产处置时，通常会有如下几个步骤。

（1）固定资产账面价值转入固定资产清理：

借：固定资产清理

　　累计折旧

　　固定资产减值准备

　贷：固定资产

(2) 发生清理费用：

借：固定资产清理

　　贷：银行存款

(3) 收到处置价款、残料入库和确认应收赔款等：

借：银行存款/原材料/其他应收款等

　　贷：固定资产清理

　　　　应交税费——应交增值税(销项税额)

(4) 结转清理净损益。这又分为两种情况：

① 出售、转让固定资产的，结转的清理净损益转入"资产处置损益"科目；

借：资产处置损益

　　贷：固定资产清理　　[或编制相反分录]

② 毁损、报废固定资产的，结转的清理净损益转入"营业外收入"或"营业外支出"科目。

A. 结转净损失

借：营业外支出

　　贷：固定资产清理

B. 结转净收益

借：固定资产清理

　　贷：营业外收入

【案例 7-5】　1 月 31 日，公司报废 2020 年 4 月购买的编号为 8 的电脑 1 台，清理收入 200 元，已收到现金(新增科目：671101，非流动性资产处置损失)。

【操作步骤】

(1) 在"固定资产管理"界面中，单击固定资产编号为"8"的电脑所在行右侧的【清理】按钮，显示还原按钮，同时原值等金额清零。

(2) 单击【设置】|【科目】按钮，打开"科目"界面。单击【损益】选项卡，将光标移至"6711 营业外支出"科目行，在该科目编号右侧即时显示两个按钮⊕ ✎，单击按钮⊕，弹出"新增科目"界面，输入科目名称"非流动性资产处置损失"，单击【保存】按钮。

(3) 在"凭证"界面，依次录入该业务相应的凭证，如图 7-5—图 7-7 所示。

二维码 7-8
操作视频：
报废电脑的
业务处理

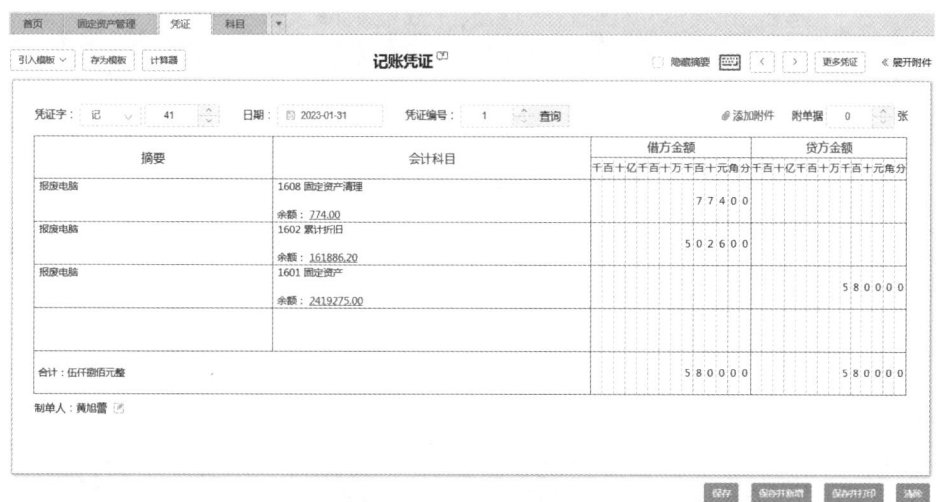

图 7-5　报废电脑的凭证

二维码7-9
操作视频：
通过发票管理模块生成清理收入的记账凭证

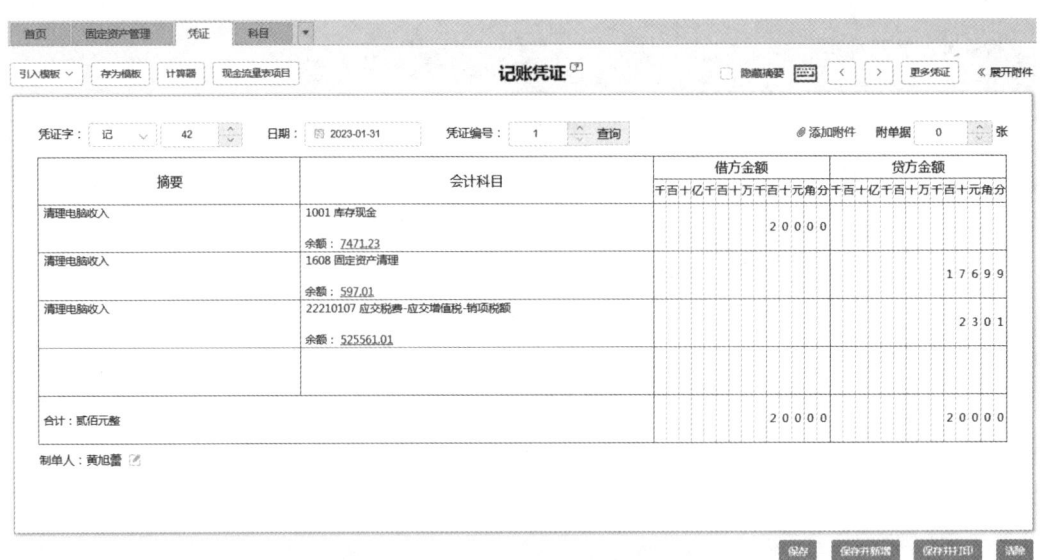

图7-6　清理电脑收入的凭证

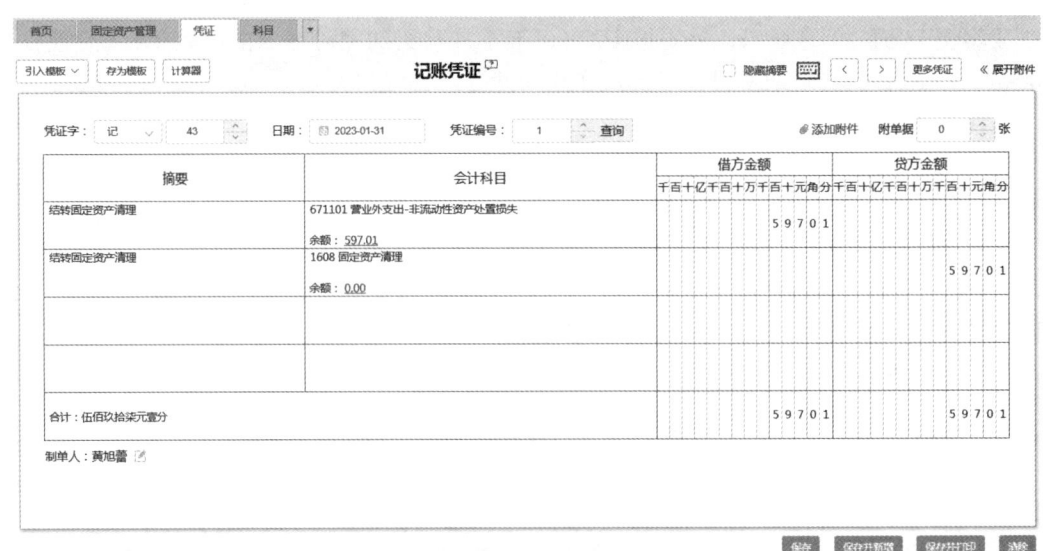

图7-7　结转固定资产清理的凭证

二维码7-10
操作视频：
出售内燃发电机组的业务处理

【案例7-6】　1月31日，公司出售内燃发电机组，不含税售价20 000元，开具增值税专用发票，款项已转入建行账户；出售过程中发生清理费用1 000元，已通过现金支付。

【操作步骤】

（1）在"固定资产管理"界面中，单击固定资产编号为"7"的内燃发电机组所在行右侧的【清理】按钮，显示还原按钮，同时原值等金额清零。

（2）在"凭证"界面，依次录入该业务相应的凭证，如图7-8—图7-11所示。

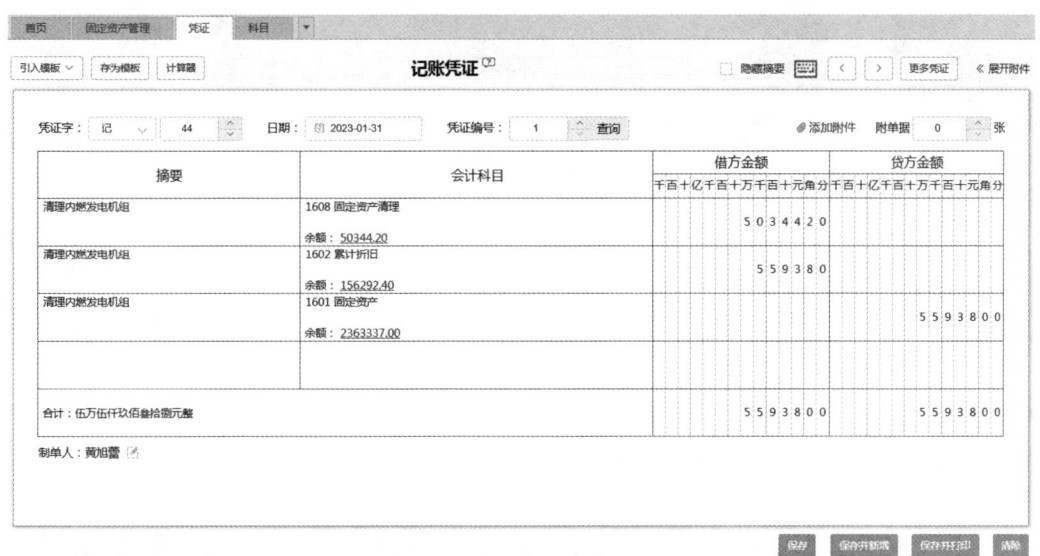

图7-8 清理内燃发电机组的凭证

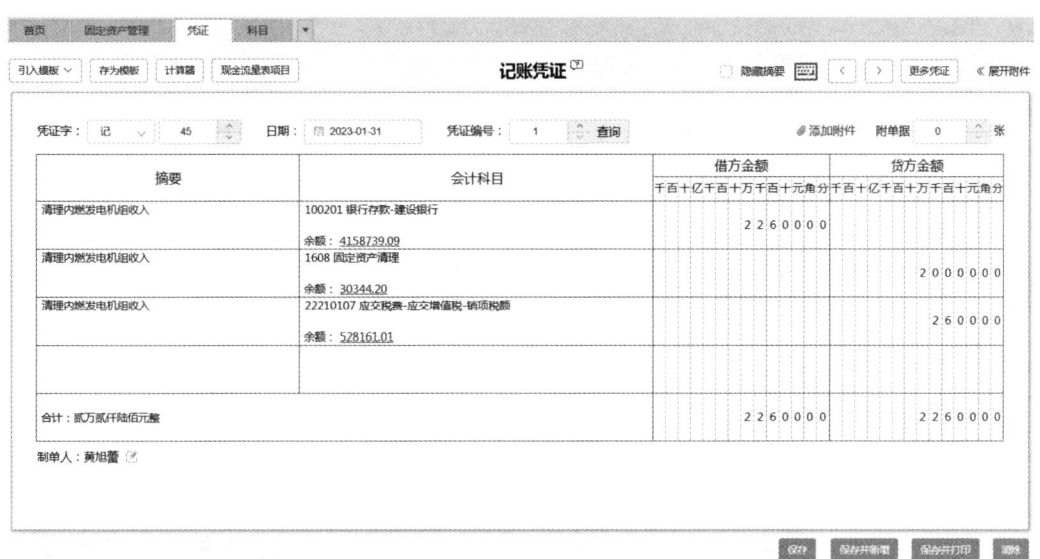

图7-9 清理内燃发电机组收入的凭证

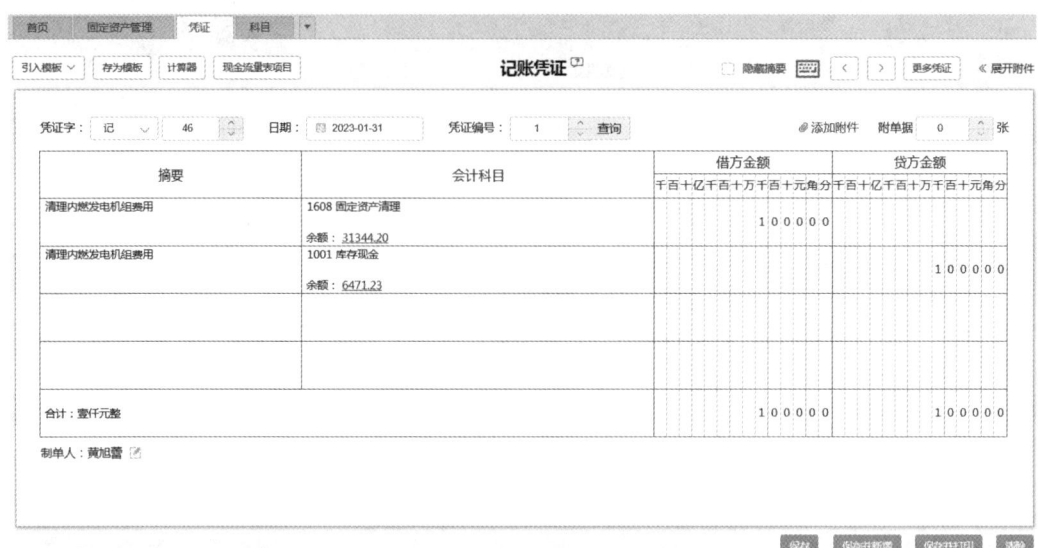

图 7-10 清理内燃发电机组费用的凭证

图 7-11 结转内燃发电机组清理损失的凭证

四、期末对账

完成本月的固定资产系统日常业务处理之后,需进行期末对账。浪潮云会计固定资产模块设置了对账功能,可以通过此功能来检测固定资产管理模块中的资产账面价值、折旧金额与总账中的固定资产账面价值、折旧金额是否相符。

【案例 7-7】 固定资产管理模块与总账对账。

【操作步骤】

在"固定资产管理"界面,单击右上方的【对账】按钮,系统自动将"固定资产管理"界面中的"固定资产原值"和"资产累计折旧"金额与账面上的"固定资产原值"和"资产累计折旧"金额进行比对,并显示一个对账结果:"平衡"或"不平衡"。固定资产对账平衡界面如图 7-12 所示。

图 7-12 固定资产对账平衡界面

相关思考 7-1

对账结果显示"不平衡"时怎么处理

检查月底计提折旧的凭证是否生成;检查"固定资产管理"界面录入的固定资产信息,包括期初固定资产及本月新增固定资产的信息是否准确。

本 章 小 结

本章主要学习了固定资产系统初始化,固定资产日常业务处理和固定资产系统期末对账。

本章重要概念

期初固定资产　资产增加　计提折旧　资产减少　期末对账

本 章 练 习

1. 什么是期初固定资产?
2. 固定资产日常业务处理主要包括什么?
3. 固定资产系统期末对账如果不平衡怎么解决?

第八章 出纳管理

➢ 内容提要
➢ 重点难点
➢ 学习目标
➢ 知识框架
➢ 思政育人
➢ 第一节 出纳管理系统初始化
➢ 第二节 出纳管理系统日常业务处理
➢ 本章小结
➢ 本章重要概念
➢ 本章练习

内容提要

本章主要讲解了浪潮云会计出纳管理系统基础设置、出纳管理系统日常业务处理、核对总账。

重点难点

本章重点为出纳管理系统基础设置、出纳管理系统日常业务处理、核对总账。本章难点为出纳管理系统日常业务处理。

学习目标

通过本章学习,学生应掌握浪潮云会计出纳管理系统基础设置、出纳管理系统日常业务处理、核对总账等相关操作。

知识框架

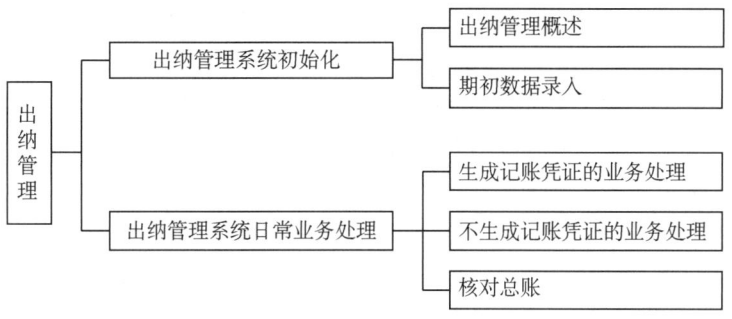

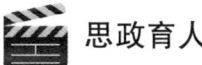 **思政育人**　　　　董必武为六角钱作检讨

老一辈无产阶级革命家董必武,一生清正廉洁,为全党树立了一个真正共产党员的楷模,留下许多清正廉洁的故事。董必武酷爱书法,他经常写的就是"性习于俭,俭以养廉"八个字。这八个字不仅是他淡泊俭朴的生活写照,也是他一生清廉为政的工作写真。

1941年,中央派董必武到红岩八路军重庆办事处,担任南方局常委、统战工作委员会书记,并亲自掌管红岩机关财务开支。由于受国民党顽固派发动的反共高潮影响,设在红岩的八路军重庆办事处生活条件极其艰难。为了改善红岩的生活状况,董必武对红岩机关的伙食开支进行严格管理和监督。他要求办伙食的同志既要想尽办法改善领导和同志们的伙食,又决不能乱花一分钱。

一天晚上,董必武召开了一次特别的会议,会议刚开始,他便取下老花镜,翻开笔记本,认真地看了看大家,就开始作检查。

原来,不久前,红岩村办事处招待所的所长把报账的票据拿给董必武签字。董必武翻看发票,发现都是买菜、买米、买煤、车票之类的日常开销,经审核后属于报销范围,就签了字同意报销。所长报账时,办事处的出纳却发现有六角钱的车票是私人坐车,按规定是不能报销的。此事很快反馈到董必武那里,董必武又重新审查了一遍,认定那六角钱的车票确实不能报,便叫所长把六角钱的车票取出来了。董必武为此十分自责,执意要在办事处召开会议作检查,并亲自向党中央写了检讨信。

董必武在会上说:"同志们在生活上这样勤俭节约,但我在审核发票的时候,却犯了一个错误,把不该报账的六角钱车票签了字报销。幸好被出纳同志及时发现,不然会造成公家的损失。这件事发生后,一些同志觉得没有什么大不了的,但我认为这不是小事,这关系到党的财务纪律问题。"

见同志们听得很认真,董必武继续说:"我们党的经费来得不容易,每分每厘都是同志们用血汗甚至生命换来的,我们只有精打细算的责任,没有浪费铺张的权力。六角钱这件事情,起码说明我的工作不认真,责任心不强,对办事处所处的地位和重要意义认识不足,所以我必须为此作深刻检讨。"

资料来源:廖欣惠."清廉专栏"‖第一期:为六角钱做检讨的董必武[EB/OL].(2023-05-24)[2023-08-10]. https://mp.weixin.qq.com/s/tRKi5tQKBFaVJaPXJIvORg.

【思政寄语】

"公生明,廉生威",这句话的意思是,为官公正,才能使政治清明;为官清廉,才能在百姓中树立威信。董必武一生的轨迹,都践行着"清廉"二字。作为新时代的青年学子,我们要自觉遵守党纪国法,树立正确的价值观,做到心有所畏、言有所戒、行有所止,始终保持清正廉洁的政治本色。

第一节 出纳管理系统初始化

一、出纳管理概述

出纳工作是指以货币资金、票据、有价证券为对象,反映和监督本单位货币资金运动,并对货币资金、票据和有价证券进行整理与保管的工作。货币资金是单位资产中流动性最强、最易导致流失的资产。为了加强对货币资金的管理,按照财务会计制度的规定,每个单位都必须配备出纳人员负责货币资金的收付管理。

出纳人员日常工作的主要内容是进行货币资金的存入和提取。为了加强对货币资金的管理,保证货币资金的安全与完整,按照现行《现金管理暂行条例》的规定,对货币资金的收付有严格的制度要求,单位各项收入所得的现金,超过库存限额的部分或超过坐支额度的部分,必须于当日存入开户银行;单位在发放工资、支付差旅费及未达到银行结算起点的零星小额支出时,可以从本单位库存现金限额中支付或从银行提取,不得从本单位的现金收入中直接支付。由于以上禁止坐支现金和现金限额管理的规定,出纳人员必须经常在现金和银行存款之间转换货币资金形式:将现金存入银行,增加银行存款;从银行提取现金,使现金增加。

出纳人员的工作职责是对单位货币资金的安全、完整负责,因此出纳人员必须随时了解和掌握单位货币资金的实际情况,完成日记账的填制。日记账是按照经济业务的发生或完成时间的先后顺序逐日逐笔登记账簿,设置目的是将经济业务按时间顺序清晰地反映在账簿记录中。

浪潮云会计平台出纳系统主要用于出纳记录企业资金的收支情况,并提供对账管理功能,全面管理企业资金流动。浪潮云会计平台出纳系统主要包括"日记账""业务类型""核对总账",如图 8-1 所示。

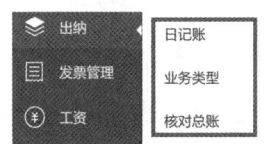

图 8-1 出纳系统

二维码 8-1 操作视频:出纳管理系统初始设置

二、期初数据录入

初次使用浪潮云会计平台出纳系统,需要录入日记账月初余额。

【案例 8-1】 在 2023 年 1 月 1 日,录入"库存现金""银行存款——建设银行"及"银行存款——中国银行"科目的期初余额。

【操作步骤】

(1) 以出纳"王玉和"的角色登录浪潮云会计平台。

(2) 执行【出纳】|【日记账】命令,打开"现金银行日记账"录入界面,该界面默认"库存现金"日记账登记界面。

(3) 根据第三章的表 3-10,录入科目"库存现金",月初余额"4 352.7","库存现金"日记账月初余额如图 8-2 所示。

二维码 8-2 操作视频:期初数据录入

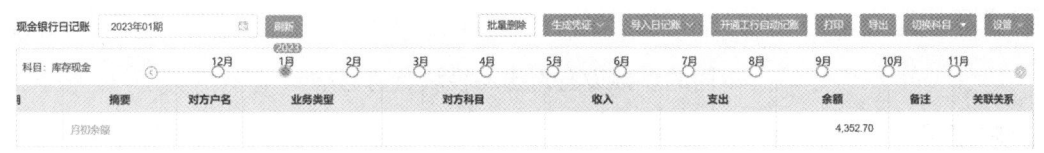

图 8-2 "库存现金"日记账月初余额

(4) 单击右上角【切换科目】按钮,选择"银行存款——建设银行",打开"银行存款——建设银行"日记账,根据表 3-11,录入"银行存款——建设银行"月初余额"1 257 500.89"。运用同样的方法录入"银行存款——中国银行"的月初余额。

第二节 出纳管理系统日常业务处理

浪潮云会计平台中的出纳日常业务主要有日记账录入和核对总账。日记账可以用来连续记录全部经济业务的完成情况,也可以用来连续记录某一类经济业务的完成情况。为了逐日反映现金和银行存款的收付情况,各单位一般应设置出纳日记账。通过现金日记账和银行存款日记账分别记录现金和银行存款的收入、支出及结存情况。

一、生成记账凭证的业务处理

(一) 参数设置

【案例 8-2】 设置参数,将"出纳日记账是否仅记录流水"设置为"日记账需生成记账凭证"。

【操作步骤】

执行【设置】|【系统设置】|【参数设置】命令,打开"参数设置"选项卡,将"出纳日记账是

否仅记录流水"设置为"日记账需生成记账凭证",系统设置中的参数设置界面如图 8-3 所示,单击【保存】按钮。

图 8-3　系统设置中的参数设置界面

相关思考 8-1

不同的参数设置对出纳模块有何影响

参数设置为"日记账需生成记账凭证",出纳系统有"日记账""业务类型"和"核对总账"三个模块,日记账录入界面如图 8-4 所示。

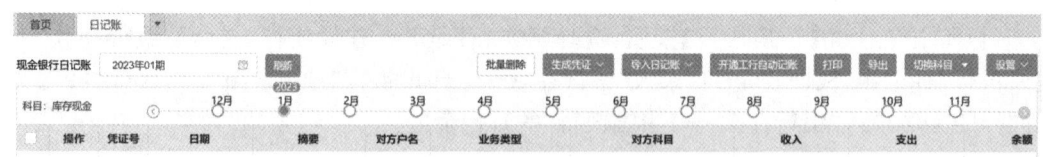

图 8-4　"日记账需生成记账凭证"参数下的日记账录入界面

参数设置为"日记账仅记录流水",出纳系统只有"日记账"和"核对总账"两个模块,日记账录入界面如图 8-5 所示。

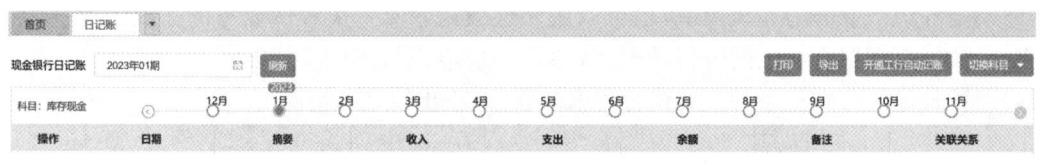

图 8-5　"日记账仅记录流水"参数下的日记账录入界面

(二) 业务类型设置

"业务类型"模块主要维护日记账的收支类型资料、对方科目、收支方向,新增日记账时可根据业务类型内容自动匹配对方科目和方向。浪潮云会计平台预制了部分业务类型,如图 8-6 所示。出纳可以对此进行编辑、新增、调整或删除等操作。

【案例 8-3】　新增出纳业务的业务类型如表 8-1 所示。

二维码 8-3
操作视频:
新增出纳业务类型

图 8-6　部分业务类型

表 8-1　新增出纳业务的业务类型

业务类型	对方科目	收支方向
提取备用金	100201 银行存款——建设银行	贷方
缴纳城建税	222114 应交税费——应交城市维护建设税	贷方
缴纳教育费附加	222113 应交税费——应交教育费附加	贷方

【操作步骤】

执行【出纳】|【业务类型】命令,输入业务类型、对方科目和收支方向,新增后的业务类型界面如图 8-7 所示。

图 8-7　新增后的业务类型界面

(三) 日记账录入设置

在日记账录入界面,可根据需要设置相关操作。

(1) 是否摘要记忆:若选择"是",则摘要栏可自动记录以往录入过的摘要内容,下次录入相同业务时可直接选择摘要。

(2) 是否辅助匹配:若选择"是",则生成凭证时自动匹配辅助,生成带辅助核算的凭证。

(3) 是否显示本日小计:若选择"是",则日记账列表页可按日统计收入、支出和余额。

(四) 日记账录入

当发生涉及现金及银行存款的业务时,需要填制日记账的收入或支出事项及金额。出纳需要将涉及库存现金、银行存款的经济业务分别录入"库存现金"日记账、"银行存款"日记账。

日记账录入步骤如下所示：

(1) 在系统主界面中，单击【出纳】下的【日记账】模块，进入"日记账"界面。

(2) 点击界面上方"现金银行日记账"后的期间文本框，选择相应的会计期间，或通过时间轴进行期间的选择。

(3) 点击界面右上方"切换科目"选择"库存现金"或"银行存款"科目。

(4) 启用账套当期，"库存现金"或"银行存款"有余额的，在界面余额列下输入期初余额。

(5) 输入相应的日记账信息。

"日期"：选择合适的日期填写。

"摘要"：手工录入或从摘要列表进行选择，摘要默认带有记忆功能，可自动记忆之前填写过的摘要，若不需要该功能，可在【设置】中取消摘要记忆。

"对方户名"：手工录入对方户名。

"业务类型"：选择合适的业务类型，若无匹配的业务类型，需执行【出纳】|【业务类型】命令，在"业务类型"界面新增。

"对方科目"：业务类型匹配好后，此处不需要填写。

"收入"：手工录入金额。

"支出"：手工录入金额。

"余额"：系统自动计算得出。

(6) 录入完成后，鼠标点击空白处，系统自动保存日记账，并自动新增一行。

(7) 单击"操作"下的⊕图标，可在底部插入一行空白行，输入相应的收支信息即可。

(8) 单击"操作"下的⊖图标，弹出"是否确定进行删除操作？"的提示框，单击"确定"即可删除当前行。

二维码8-4
日记账涉及库存现金、银行存款的经济业务

二维码8-5
操作视频：提取备用金业务

二维码8-6
操作视频：收到前欠货款业务

二维码8-7
操作视频：缴纳税费业务

? 相关思考8-2

如何批量删除日记账

勾选需要删除的多条记录，单击右上角【批量删除】按钮，弹出"是否确定进行删除操作？"的提示框，单击"确定"，即可删除选择行。

【案例8-4】 将山东大朋鸟科技制造有限公司2023年1月份发生的涉及库存现金、银行存款的经济业务分别录入"库存现金"日记账、"银行存款——建设银行"日记账和"银行存款——中国银行"日记账。本书选取以下几笔经济业务录入日记账并生成记账凭证。

(1) 3日，从建行账户提取备用金4 500元。

(2) 6日，收到山东大和科技发展有限公司前欠货款6 500元，已收到建行银行的回单。

(3) 16日，缴纳增值税11 078.6元，城市维护建设税1 105.24元，教育费附加243.68元，已收到建设银行回单。

【操作步骤】

(1) 执行【出纳】|【日记账】命令，打开"现金银行日记账"录入界面，设置现金银行日记账日期为"2023年01期"，如图8-8所示。

图 8-8　设置现金银行日记账日期界面

（2）先录入第一笔经济业务，在"库存现金"日记账界面，录入以下信息。①日期：2023-01-03；②摘要：提取备用金；③业务类型：提取备用金；④收入：4 500。注意：录入收入"4 500"后，系统自动计算出余额。勾选该条记录，勾选日记账业务界面如图 8-9 所示。

图 8-9　勾选日记账业务界面

（3）单击右上角【生成凭证】按钮，生成凭证界面如图 8-10 所示，系统自动生成计提备用金的记账凭证，生成凭证后的库存现金日记账界面如图 8-11 所示，单击记-46 图标可以联查记账凭证，提取备用金记账凭证如图 8-12 所示。

图 8-10　生成凭证界面　　　　图 8-11　生成凭证后库存现金日记账界面

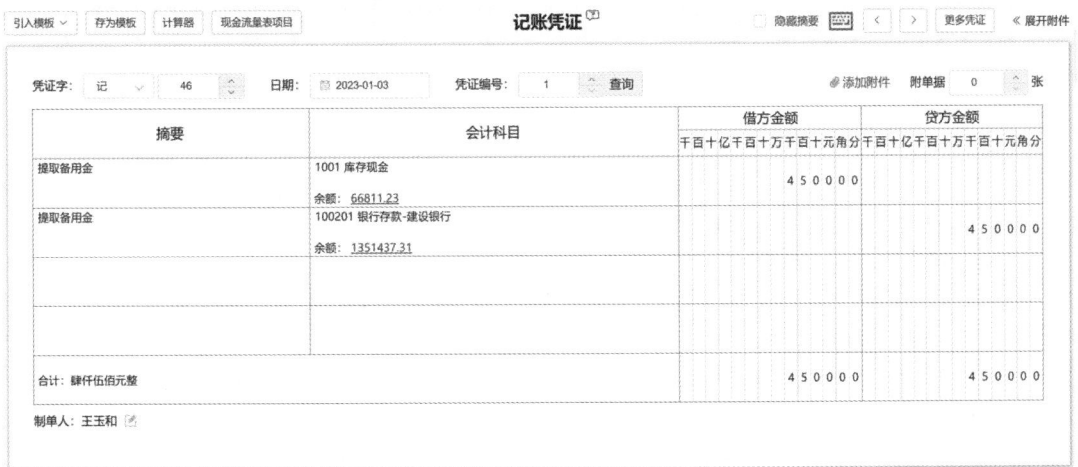

图 8-12　提取备用金记账凭证

(4) 由于提取备用金业务不仅需要登记"库存现金"日记账,还需登记"银行存款——建设银行"日记账,故单击 切换科目 图标,选择"100201 银行存款——建设银行",打开"银行存款——建设银行"日记账,录入日期为"2023-01-03",摘要为"提取备用金",业务类型选择"提取备用金",将对方科目修改为"库存现金",输入支出"4 500",系统自动计算出余额。

(5) 为了避免相同业务重复生成凭证,浪潮云会计平台支持建立两条相同业务,不同方向日记账的关联关系。单击【去关联】按钮,打开"关联设置",如图 8-13 所示,选择相同的经济业务,单击【保存】按钮,即完成关联关系的建立。单击 图标,可以查看已关联的日记账记录。

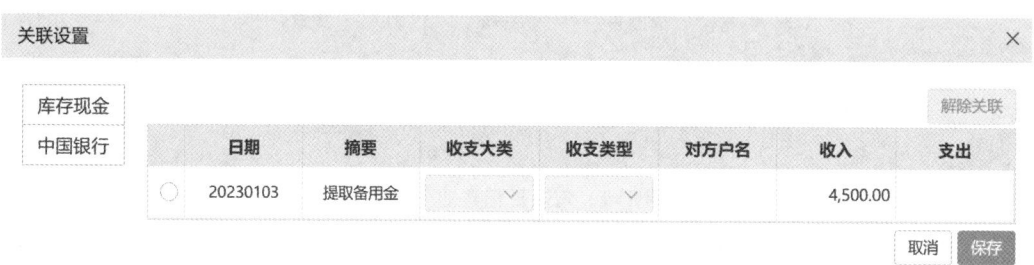

图 8-13 关联设置界面

(6) 在"银行存款——建设银行"界面,继续录入第二笔经济业务的基本信息,日期为"2023-01-06",摘要为收到前欠货款,业务类型选择"收货款"后,对方科目自动出现"应收账款"科目,在收入列输入"6 500"。选择该笔记录,单击【生成凭证】按钮,生成"标红凭证"。

 延伸阅读8-1

标 红 凭 证

浪潮云会计平台生成的记账凭证,若有需添加辅助核算的科目,则会生成标红凭证。需要联查记账凭证,为其添加辅助项。

(7) 单击标红凭证记-47,为"1122 应收账款"添加辅助项山东大和科技发展有限公司,单击【保存】按钮,保存记账凭证。

相关思考8-3

如何生成带辅助核算的凭证

若要生成带辅助核算的凭证,需满足以下 3 个条件:

(1) 执行【出纳】|【日记账】命令,单击【设置】按钮,开启"辅助匹配"。

(2) 日记账录入中的"对方科目"需已设置辅助核算,即收入方向的必须已设置客户辅助,支出方向的必须已设置供应商辅助。

(3) 日记账录入中的"对方户名"必须在对应的客户或供应商辅助字典中存在,若对方户名不存在于辅助字典中,凭证字号标红显示。

(8) 在"银行存款——建设银行"界面,继续录入第三笔经济业务的基本信息,由于第三笔经济业务的对方科目有多个,故需根据对方科目录入多行,第三笔经济业务的录入界面如图 8-14 所示。

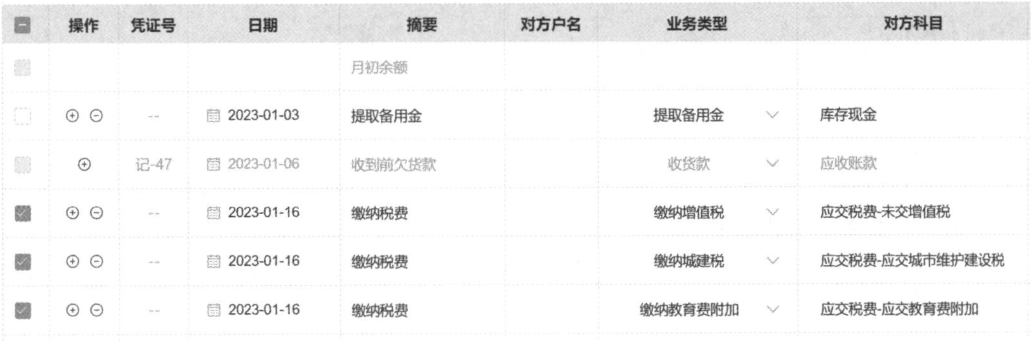

☐	操作	凭证号	日期	摘要	对方户名	业务类型	对方科目
				月初余额			
☐	⊕ ⊖	--	2023-01-03	提取备用金		提取备用金	库存现金
	⊕	记-47	2023-01-06	收到前欠货款		收货款	应收账款
☑	⊕ ⊖	--	2023-01-16	缴纳税费		缴纳增值税	应交税费-未交增值税
☑	⊕ ⊖	--	2023-01-16	缴纳税费		缴纳城建税	应交税费-应交城市维护建设税
☑	⊕ ⊖	--	2023-01-16	缴纳税费		缴纳教育费附加	应交税费-应交教育费附加

图 8-14　第三笔经济业务的录入界面

相关思考 8-4

如何将三条记录生成一张记账凭证

浪潮云会计平台默认单条记录生成一张记账凭证，缴纳税费业务记录了三条，按照默认设置会生成三张记账凭证，那么如何将三条记录生成一张记账凭证？

（9）勾选这三条记录，如图 8-14 所示，执行【生成凭证】|【凭证配置】命令，打开凭证配置界面，选择“勾选日记账生成一张”，如图 8-15 所示，单击【确定】按钮。

图 8-15　凭证配置界面

（10）单击【生成凭证】按钮，即可将三条记录生成一张记账凭证，如图 8-16 所示。

摘要	会计科目	借方金额	贷方金额
缴纳税费	222102 应交税费-未交增值税 余额：415757.29	1107860	
缴纳税费	222114 应交税费-应交城市维护建设税 余额：21240.78	110524	
缴纳税费	222113 应交税费-应交教育费附加 余额：9319.38	24368	
合计金额	100201 银行存款-建设银行 余额：1350009.79		1242752
合计：壹万贰仟肆佰贰拾柒元伍角贰分		1242752	1242752

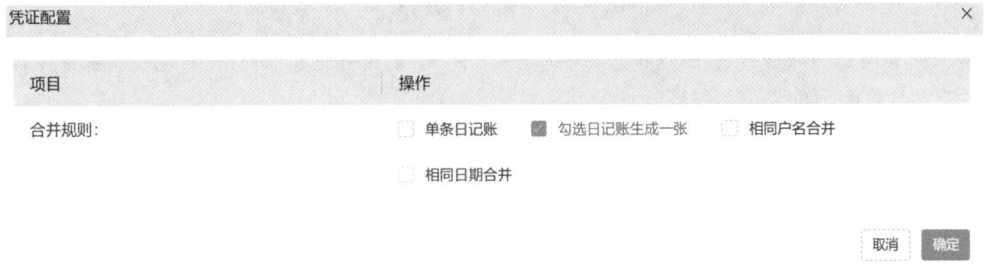

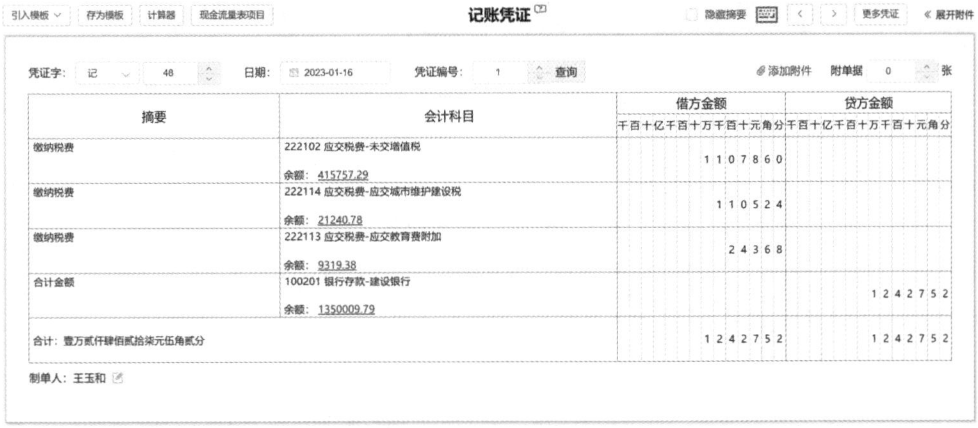

图 8-16　“勾选日记账生成一张”后生成的记账凭证

延伸阅读8-2

导入日记账信息

1. 常用银行流水导入

第一步,从银行网银下载银行流水,目前支持中国银行、工商银行、农业银行、建设银行、中信银行、交通银行、恒丰银行、民生银行、光大银行。

第二步,执行【出纳】|【日记账】命令,在日记账界面单击右上角 导入日记账 图标,选择"日记账导入",弹出导入日记账界面,如图8-17所示。

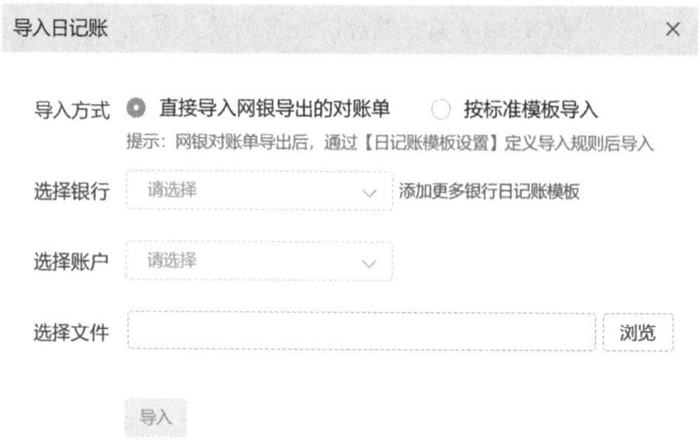

图8-17 导入日记账界面

第三步,在导入日记账弹窗内,选择需要导入流水的所属银行,并选择账户(库存现金或银行存款),然后上传下载好的银行流水,导入即可。

2. 其他银行流水导入

方法一:

在"导入日记账"界面,单击【添加更多银行日记账模板】按钮,打开"日记账模板"界面,如图8-18所示。

图8-18 日记账模板界面

单击【新增】按钮,打开"新增日记账模板"界面,如图8-19所示,根据要求添加银行日记账模板后,即可参考"常用银行流水导入"方法导入日记账信息。

图 8-19 新增日记账模板界面

方法二：

在"导入日记账"界面，选择"按标准模板导入"，如图 8-20 所示，单击【下载日记账标准模板】按钮，下载日记账标准模板，选择账户（库存现金或银行存款），然后上传填写好的导入模板，导入即可。

图 8-20 选择"按标准模板导入"的导入日记账界面

二维码 8-8
库存现金日
记账导入模
板

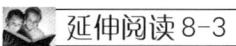

浪潮云会计平台的自动记账功能

单击【开通工行自动记账】按钮，按照提示信息选择对应的功能，填写企业相关信息。已经开通工行企业账号的用户单击【已开通】按钮进行绑定。否则需要单击【未开通】按钮进行开户操作。开通此功能后，云会计系统会根据工行账号发生的交易情况自动录入流水信息。

二维码 8-9
银行存款——
建设银行导
入模板

二、不生成记账凭证的业务处理

(一) 参数设置

【案例 8-5】 设置参数,将"出纳日记账是否仅记录流水"设置为"日记账仅记录流水"。

【操作步骤】

执行【设置】|【系统设置】|【参数设置】命令,打开"参数设置"选项卡,将"出纳日记账是否仅记录流水"设置为"日记账仅记录流水",系统设置中的参数设置界面如图 8-21 所示,单击【保存】按钮。

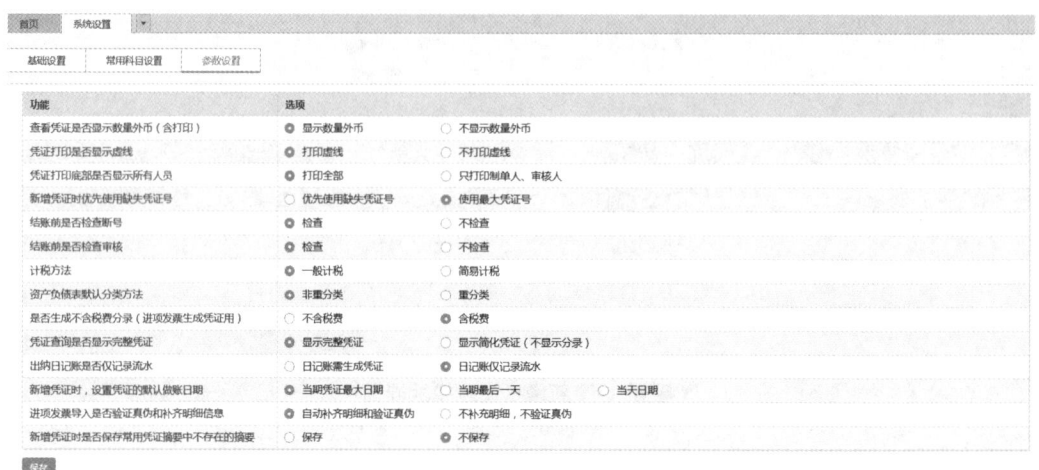

图 8-21 系统设置中的参数设置界面

(二) 日记账录入

在浪潮云会计平台将参数设置为仅记录流水,在录入日记账时,无需录入业务类型、对方账户和对方科目。日记账录入步骤如下所示。

(1) 在系统主界面中,单击【出纳】下的【日记账】模块,进入"日记账"界面。

(2) 点击界面上方"现金银行日记账"后的期间文本框,选择相应的会计期间,或通过时间轴进行期间的选择。

(3) 点击界面右上方"切换科目"选择"库存现金"或"银行存款"科目。

(4) 启用账套当期,"库存现金"或"银行存款"有余额的,在界面余额列下输入期初余额。

(5) 输入相应的日记账信息。

"日期":选择合适的日期填写。

"摘要":手工录入或从摘要列表进行选择,摘要默认带有记忆功能,可自动记忆之前填写过的摘要,若不需要该功能,可在【设置】中取消摘要记忆。

"收入":手工录入金额。

"支出":手工录入金额。

"余额":系统自动计算得出。

(6) 录入完成后,鼠标点击空白处,系统自动保存日记账,并自动新增一行。

【案例 8-6】 将山东大朋鸟科技制造有限公司 2023 年 1 月份发生的涉及库存现金、银行存款的经济业务分别录入"库存现金"日记账、"银行存款——建设银行"日记账和"银行存款——中国银行"日记账。

【操作步骤】

（1）执行【出纳】|【日记账】命令，打开"现金银行日记账"录入界面，设置现金银行日记账日期为"2023年01期"。将山东大朋鸟科技制造有限公司2023年1月份发生的涉及库存现金的经济业务录入"库存现金"日记账，如图8-22所示。

二维码8-10
"库存现金"
日记账参考答案

图8-22 库存现金日记账部分业务

（2）单击【切换科目】按钮，选择"银行存款——建设银行"科目，录入"银行存款——建设银行"日记账。选择"银行存款——中国银行"科目，录入"银行存款——中国银行"日记账。

注意：如果开通了银企互联，可以直接下载已开通银行的银行流水，查询实时余额。

三、核对总账

"核对总账"模块主要是把总账系统中库存现金、银行存款科目发生额、余额和日记账中账户的收支情况进行对比，便于客户核查出纳模块登记的收支情况是否与做账业务相符。浪潮云会计平台根据出纳账户和出纳账户对应的会计科目进行核对。

注意：浪潮云会计平台中的总账是指总账系统。

【案例8-7】 核对日记账与总账。

【操作步骤】

执行【出纳】|【核对总账】命令，打开"核对总账"界面，即可查看核对结果，如图8-23所示。若无差额，则代表日记账与总账核对一致，账账相符。

二维码8-11
"银行存款——建设银行"日记账和"银行存款——中国银行"日记账参考答案

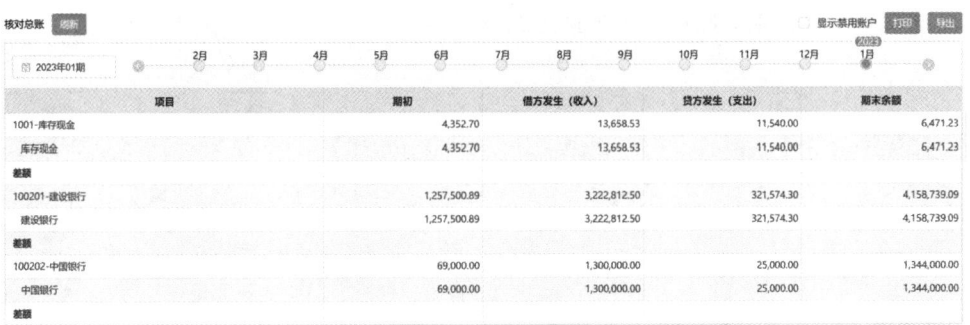

图8-23 日记账与总账核对结果

相关思考8-5

对账结果有差额时怎么处理

对账结果有差额，说明日记账与总账存在不一致。那么日记账与总账核对不一致时应如何处理？

若系统设置为"日记账需生成记账凭证",日记账与总账核对不一致,应从以下几方面检查:

(1) 出纳系统的日记账所有记录是否均已生成记账凭证。

(2) 相同业务有无重复生成记账凭证。

(3) 是否存在在总账系统手工填制了记账凭证,而未录入出纳系统的日记账模块;或在总账系统手工填制了记账凭证,又在出纳系统的日记账模块生成了记账凭证,导致重复记账。

若系统设置为"日记账仅记录流水",日记账与总账核对不一致,应从以下几方面检查:

(1) 所有涉及库存现金、银行存款的经济业务是否均已录入出纳系统的日记账模块。

(2) 检查两系统是否存在漏记、多记、错记的经济业务。

具体检查的操作步骤如下:

第一步,查询总账系统有差额科目的日记账。

第二步,查询出纳系统有差额科目的日记账。

第三步,对总账系统的日记账与出纳系统的日记账进行逐笔核对。

第四步,根据检查结果修改对应系统的日记账,修改完成后再次核对,直至总账系统与出纳系统日记账无差额。

本 章 小 结

本章主要学习了出纳管理系统基础设置,出纳管理系统日常业务处理和核对总账。

本章重要概念

出纳工作　货币资金　日记账　标红凭证　核对总账

本 章 练 习

1. 什么是标红凭证?
2. 出纳管理系统日常业务处理主要包括什么?
3. 出纳管理系统期末对账如果不平衡怎么解决?

第九章 期 末 处 理

- ➤ 内容提要
- ➤ 重点难点
- ➤ 学习目标
- ➤ 知识框架
- ➤ 思政育人
- ➤ 第一节 期末处理概述
- ➤ 第二节 期末业务处理
- ➤ 本章小结
- ➤ 本章重要概念
- ➤ 本章练习

内容提要

本章主要讲解了期末转账的主要内容;自定义结转模板的操作方法,使用自定义结转模板生成凭证及使用系统结转模板生成凭证的操作方法;期末结账的操作方法。

重点难点

本章重点是使用自定义结转模板生成凭证及使用系统结转模板生成凭证的操作方法,期末结账的操作方法。难点是自定义结转模板的操作方法。

学习目标

通过本章学习,学生应掌握自定义结转模板的操作方法,使用自定义结转模板生成凭证及使用系统结转模板生成凭证的操作方法,期末结账的操作方法。熟悉期末转账的主要内容。

知识框架

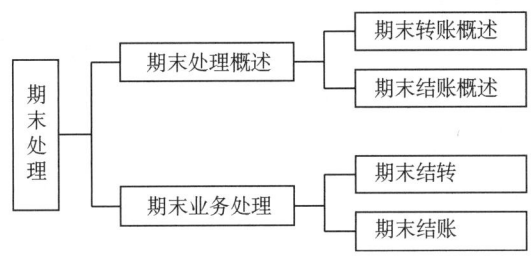

思政育人　　　　中国现代会计之父——潘序伦

潘序伦(1893—1985),江苏省宜兴县人,中国现代杰出的会计学家、著名教育家。他创建了事务所、学校、出版社"三位一体"的立信会计事业,被誉为"中国现代会计之父"。潘序伦先生提出"信以立志、信以守身、信以处事、信以待人、毋忘立信、当必有成"的"立信"准则,他认为"立信"是做人的重要准则,同时也是会计的职业道德,忠于会计事务必"立信"。

在《中国之会计师职业》一文中,潘先生提出:"夫学识、经验及才能,在会计师固无一项可缺,然根本上究不若道德之重要。……因商界环境,千变万化,利诱威胁,无处不有。会计师苟无强固之道德观念,则在在可以代人舞弊,为己舞弊。然会计师之职业,实为商界保障信用而设,苟有不道德行为,而自丧信用,则此项职业,即失其根本存在之理由。"

潘序伦先生在给立信学校毕业生的纪念册题词道:"昔孔圣有言:去食去兵,无信不立,则固以立信为建国之首务矣。若退而言会计,则立信为尤要。信苟不立,虽有良法美意又安所附丽,以收其功乎?新式会计之功能,以立信为之基石;必基石稳固而后可以尽其功能;此虽常言,实为先圣之所昭示,明并日月,愿与诸同学拳拳服膺而信守之也。"

【思政寄语】

潘序伦先生为中国现代会计事业和会计教育事业做出了巨大贡献,是当之无愧的现代会计学宗师和职业教育的楷模。党的二十大报告指出"弘扬诚信文化,健全诚信建设长效机制"。潘先生倡导并终生实践的立信精神,我们要继承,更要发扬光大。

第一节 期末处理概述

期末处理是指会计人员将本月所发生的日常经济业务全部登记入账后,在每个会计期末都需要完成的一些特定的会计工作,主要包括期末转账业务、试算平衡、对账、结账以及期末会计报表的编制等。本章主要介绍期末转账及期末结账。

一、期末转账概述

期末转账包括但不限于以下内容。
(1) 根据权责发生制,计提应由本期承担的长期借款利息、短期借款利息等。
(2) 根据成本计算方法,分配材料费用、制造费用等,计算本月完工产品成本。
(3) 在全月平均法下,结转本月已销商品成本。
(4) 根据资产减值等准则,进行减值测试,计提减值准备。
(5) 根据增值税法律制度,计算本月应交增值税及相关附加税。
(6) 根据金融资产相关准则,对金融资产期末公允价值变动进行处理。
(7) 根据外币折算等准则,确认外币项目的汇兑损益。
(8) 根据企业所得税法计算应交所得税,根据所得税准则确认所得税费用。

在期末转账的过程中,部分数据需要查询账表获得,如明细账、余额表、多栏账及各种辅助账等。

二、期末结账概述

结账工作通常由系统自动完成。一般企业在结账之前要进行数据备份。结账后,只能进行相关账簿的查询和打印,当期不能再进行日常账务处理工作。

第二节 期末业务处理

一、期末结转

(一) 自定义结转模板

"期末结转"模块包含软件默认设置好的"结转制造费用""结转销售成本""摊销待摊费

用""结转未交增值税""计提税金""结转汇兑损益"和"结转损益"等结转凭证模板。系统会根据当期的账务处理及软件默认的公式自动生成某些数据,如制造费用、销售成本等。若用户不想使用系统结转模板或者想新增结转模板,可以在此模块自定义结转模板。

【案例 9-1】 计提短期借款利息,借款年利率为 4.35%,按月收息,利随本清。

【操作步骤】

（1）单击【结账】下的【期末结转】模块,进入【期末结转】界面。

（2）单击【自定义结转模板】下的＋号,进入新增自定义结转模板界面,如图 9-1 所示。

图 9-1 自定义结转模板界面

（3）关于计提短期借款利息的自定义模版如图 9-2 所示。在弹出的自定义结转界面,"模板编码"输入"01","模板名称"输入"计提短期借款利息"。

图 9-2 自定义模板—计提短期借款利息

（4）第一行"摘要"输入"计提短期借款利息","会计科目"参照选择"660302 利息费用","方向"选择"借","金额"选择"编辑公式"。单击【编辑公式】按钮进入编辑公式界面,如图 9-3 所示,设置其运算符号、会计科目、取数规则、运算方式及数值,单击【确认】按钮即公式设置完成。

（5）第二行"摘要"输入"计提短期借款利息","会计科目"参照选择"2232 应付利息","方向"选择"贷","金额"选择"找平"。

（6）单击【保存模板】按钮。

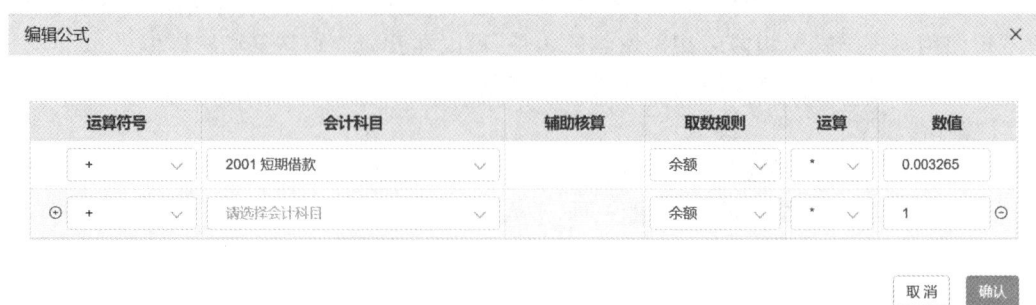

图 9-3　编辑公式—计提短期借款利息

【案例 9-2】　计提坏账准备，坏账计提比率为 2‰。
【操作步骤】
（1）单击【结账】下的【期末结转】模块，进入【期末结转】界面。
（2）单击【自定义结转模板】下的＋号，进入新增自定义结转模板界面。
（3）关于计提坏账准备的自定义模板如图 9-4 所示。在弹出的自定义结转界面，"模板编码"输入"02"，"模板名称"输入"计提坏账准备"。

图 9-4　自定义模板—计提坏账准备

（4）第一行"摘要"输入"计提坏账准备"，"会计科目"参照选择"6702 信用减值损失"，"方向"选择"借"，"金额"选择"编辑公式"。单击【编辑公式】按钮进入编辑公式界面，如图 9-5 所示，设置其运算符号、会计科目、取数规则、运算方式及数值，单击【确认】按钮即公式设置完成。第二行"摘要"输入"计提坏账准备"，"会计科目"参照选择"123102 应收账款坏账准备"，"方向"选择"贷"，"金额"选择"找平"。单击【保存模板】按钮。

【案例 9-3】　计提工会经费。
【操作步骤】
（1）单击【结账】下的【期末结转】模块，进入【期末结转】界面。
（2）单击【自定义结转模板】下的＋号，进入新增自定义结转模板界面。
（3）关于计提工会经费的自定义模板如图 9-6 所示。在弹出的自定义结转界面，"模板编码"输入"03"，"模板名称"输入"计提工会经费"。

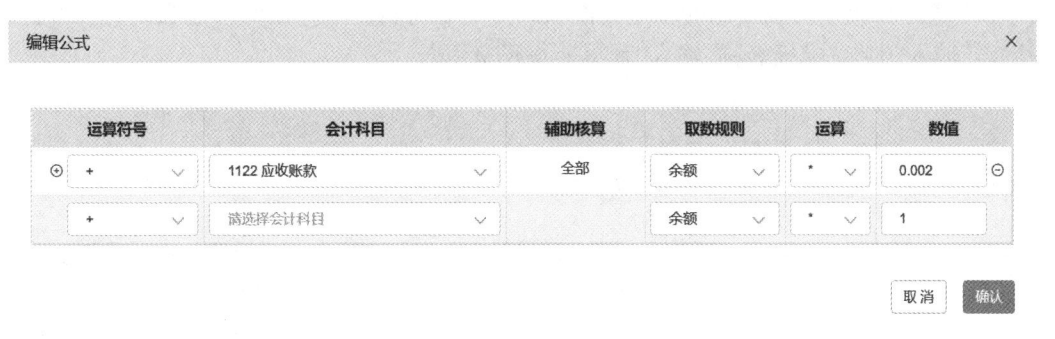

图 9-5　编辑公式—计提坏账准备

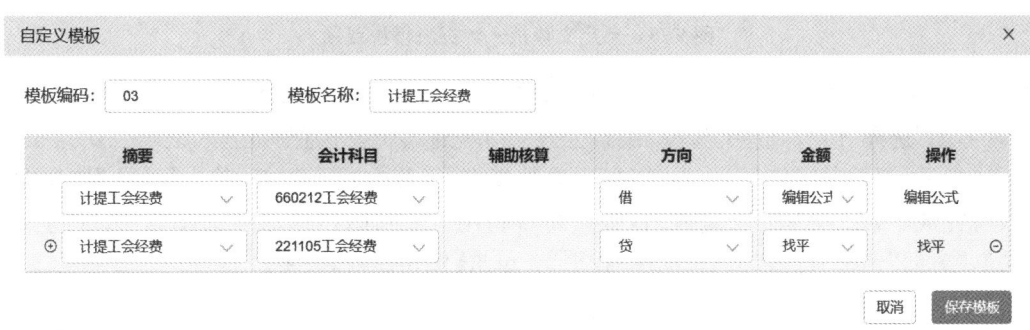

图 9-6　自定义模板—计提工会经费

（4）第一行"摘要"输入"计提工会经费"，"会计科目"参照选择"660212 工会经费"，"方向"选择"借"，"金额"选择"编辑公式"。单击【编辑公式】按钮进入编辑公式界面，如图 9-7 所示，设置其运算符号、会计科目、取数规则、运算方式及数值，单击【确认】按钮即公式设置完成。第二行"摘要"输入"计提工会经费"，"会计科目"参照选择"221105 工会经费"，"方向"选择"贷"，"金额"选择"找平"。单击【保存模板】按钮。

图 9-7　编辑公式—计提工会经费

【案例 9-4】　计提所得税费用。
【操作步骤】
（1）单击【结账】下的【期末结转】模块，进入【期末结转】界面。
（2）单击【自定义结转模板】下的＋号，进入新增自定义结转模板界面。

（3）关于计提所得税费用的自定义模板如图9-8所示。在弹出的自定义结转界面，"模板编码"输入"04"，"模板名称"输入"计提所得税费用"。

图9-8　自定义模板—计提所得税费用

（4）第一行"摘要"输入"计提所得税费用"，"会计科目"参照选择"680101当期所得税费用"，"方向"选择"借"，"金额"选择"编辑公式"。单击【编辑公式】按钮进入编辑公式界面，如图9-9所示，设置其运算符号、会计科目、取数规则、运算方式及数值，单击【确认】按钮即公式设置完成。第二行"摘要"输入"计提所得税费用"，"会计科目"参照选择"222111应交所得税"，"方向"选择"贷"，"金额"选择"找平"。单击【保存模板】按钮。

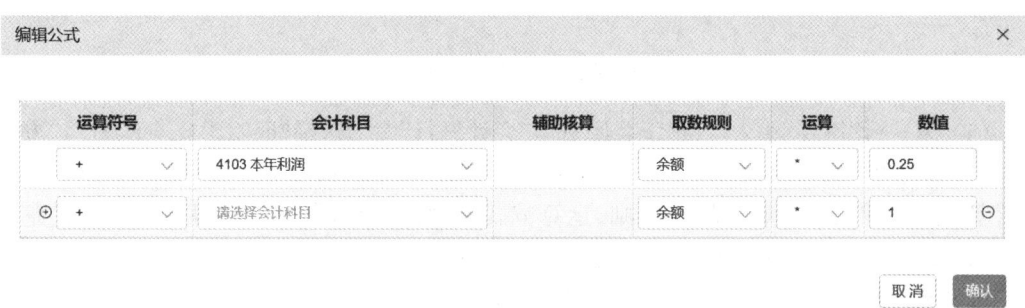

图9-9　编辑公式—计提所得税费用

相关思考9-1

如何修改自定义结转模板

（1）在【自定义结转模板】下找到要修改的结转模板，单击模板右上角的图标，进入编辑自定义结转模板界面，如图9-10所示。

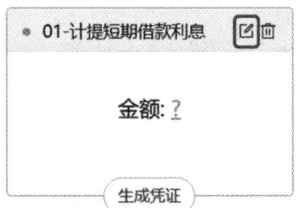

图9-10　编辑自定义结转模板

(2)在编辑自定义结转模板界面,修改模板编码、模板名称、摘要、会计科目、方向、取数公式,然后保存模板即可。修改结转模板不影响已经生成的结转凭证。

(二)转账生成

定义好结转模板后,每月月末执行"生成凭证"功能,则可自动生成期末结转的凭证。使用系统结转模板生成凭证需要在【系统结转模板】下进行操作,使用自定义结转模板生成凭证需要在【自定义结转模板】下进行操作。

【案例9-5】 山东大朋鸟科技制造有限公司发生如下业务:

(1)31日,计提短期借款利息,借款年利率为4.35%,按月收息,利随本清。

(2)31日,计提坏账准备,坏账计提比率为2‰。

(3)31日,计提工会经费。

【操作步骤】

以计提短期借款利息为例。

(1)单击【结账】下的【期末结转】模块,进入【期末结转】界面。

(2)在【自定义结转模板】下查找到【计提短期借款利息】模板,如图9-11所示,单击【生成凭证】按钮,系统会根据本期的业务凭证自动计算结转金额,生成计提短期借款利息的凭证,单击【保存】按钮即可保存当前记账凭证,如图9-12所示。实际业务中企业可以在凭证中修改分录或金额。

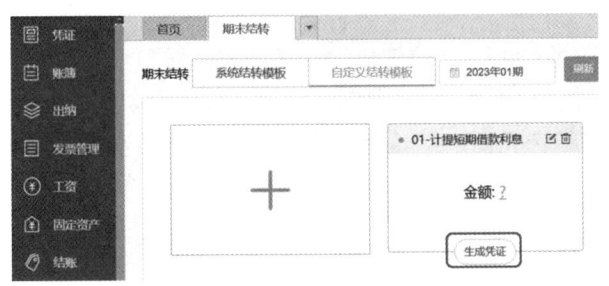

图9-11 自定义结转模板界面—计提短期借款利息

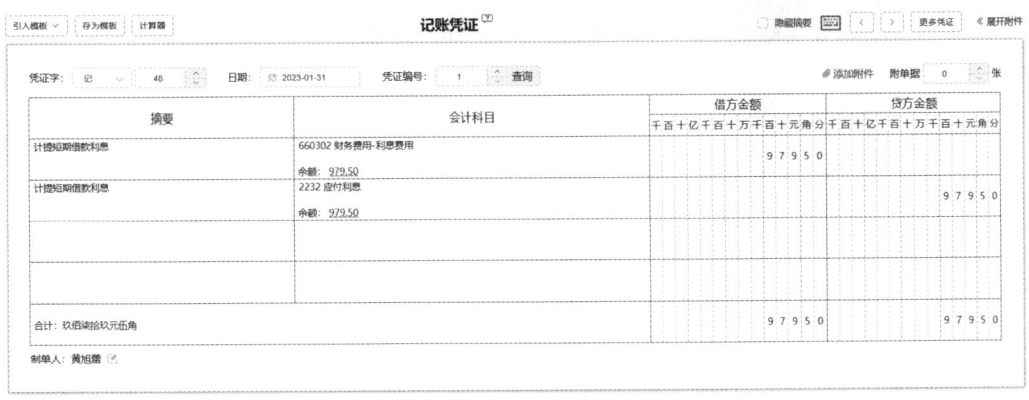

图9-12 计提短期借款利息凭证界面

(3)计提短期借款利息凭证保存后会在自定义结转模板处看到"记-48"凭证号,可以单击【查看凭证】按钮,如图9-13所示,查看具体凭证分录。

二维码9-2 计提坏账准备及计提工会经费参考答案

图9-13 自定义结转模板—查看凭证界面

【案例9-6】 31日,根据生产工时分配本月制造费用,制造费用分配表如表9-1所示。

表9-1 制造费用分配表

金额单位:元

制造费用总额	产品名称	生产工时(小时)	应承担金额
	XCJmini3 无人机	2 000	
	XCJ4pro 无人机	3 000	

【操作步骤】

(1)单击【结账】下的【期末结转】模块,进入【期末结转】界面。

(2)在【系统结转模板】下查找到【结转制造费用】模板,如图9-14所示,单击【生成凭证】按钮,系统提示"该结转凭证中结转金额来源科目和结转金额去向科目的辅助核算无法完全对应,需要您在结转凭证中进行调整!"如图9-15所示,单击【确定】按钮。

二维码9-3 操作视频:结转制造费用

图9-14 系统结转模板界面—结转制造费用

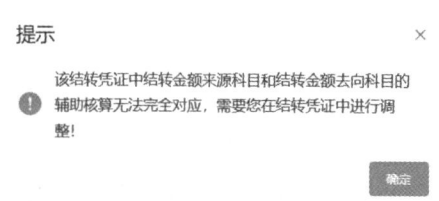

图9-15 系统提示界面

（3）在生成的凭证里进行调整，调整后的凭证如图 9-16 所示，单击【保存】按钮即可保存当前记账凭证。

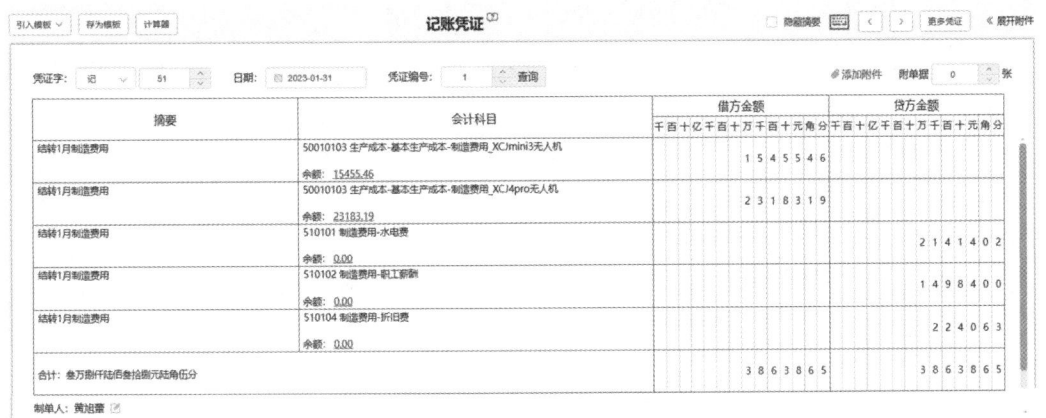

图 9-16 结转制造费用凭证界面

（4）保存后会在【结转制造费用】模块看到"记-51"凭证号，如图 9-17 所示，可以单击"查看凭证"，查看具体凭证分录。

图 9-17 结转制造费用界面

【案例 9-7】 31 日，本月生产的 XCJmini3 无人机完工 76 台，XCJ4pro 无人机完工 86 台，均已全部入库，假设不存在在产品，结转生产成本。

二维码 9-4
操作视频：
结转生产成本

【操作步骤】
（1）单击【结账】下的【期末结转】模块，进入【期末结转】界面。
（2）在【系统结转模板】下查找到【结转生产成本】模板，如图 9-18 所示，单击【生成凭证】按钮，系统提示"该结转凭证中结转金额来源科目和结转金额去向科目的数量核算无法完全对应，需要您在结转凭证中进行调整！"单击【确定】按钮。

图 9-18 系统结转模板界面—结转生产成本

（3）在生成的凭证里进行调整，调整后的凭证如图 9-19 所示，单击【保存】按钮即可保存当前记账凭证。

引入模板　存为模板　计算器　　记账凭证　　隐藏摘要　更多凭证　《 展开附件

凭证字：记　52　日期：2023-01-31　凭证编号：1　查询　　添加附件　附单据　0　张

摘要	会计科目	数量/外币	借方金额	贷方金额
结转1月生产成本	140501 库存商品-XCJmini3无人机 余额：83351.97　数量：76 台	数量：76台 单价：1096.7364元	8335197	
结转1月生产成本	140502 库存商品-XCJ4pro无人机 余额：192788.96　数量：86 台	数量：86台 单价：2241.7321元	19278896	
结转1月生产成本	50010101 生产成本-基本生产成本-直接材料_XCJmini3无人机 余额：0.00			5489000
结转1月生产成本	50010101 生产成本-基本生产成本-直接材料_XCJ4pro无人机 余额：0.00			15009600
结转1月生产成本	50010102 生产成本-基本生产成本-直接人工_XCJmini3无人机 余额：0.00			1300651
结转1月生产成本	50010102 生产成本-基本生产成本-直接人工_XCJ4pro无人机 余额：0.00			1950977
结转1月生产成本	50010103 生产成本-基本生产成本-制造费用_XCJmini3无人机 余额：0.00			1545546
结转1月生产成本	50010103 生产成本-基本生产成本-制造费用_XCJ4pro无人机 余额：0.00			2318319
合计：贰拾柒万陆仟壹佰肆拾元玖角叁分			27614093	27614093

制单人：黄旭蕾

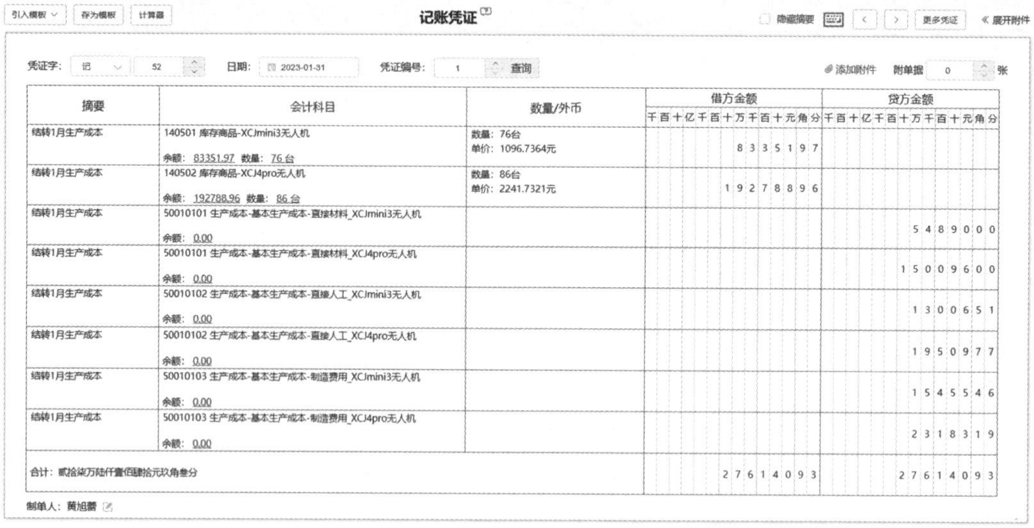

图 9-19　结转生产成本凭证界面

（4）保存后会在【结转生产成本】模块看到“记-52”凭证号，可以单击“查看凭证”，查看具体凭证分录。

相关思考 9-2

如何使用系统结转模板生成摊销待摊费用凭证

（1）单击【凭证】下的【期末结转】模块，进入【期末结转】界面。

（2）在【系统结转模板】下查找到【摊销待摊费用】模板，把鼠标放在显示的金额上，会出现一个模板说明，显示“长期待摊费用余额”和“上期摊销费用”金额，如图 9-20 所示。单击【生成凭证】按钮，会生成摊销待摊费用的凭证，单击【保存】按钮即可。

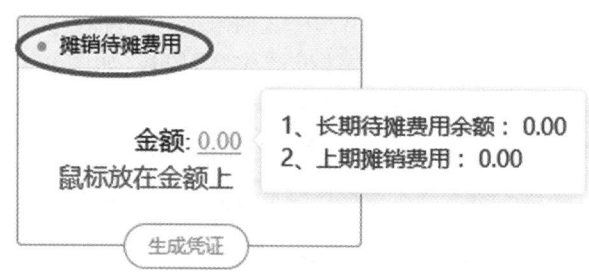

图 9-20　系统结转模板界面—摊销待摊费用

（3）保存后会在【摊销待摊费用】模块看到“记-* *”凭证号，可以单击“查看凭证”，查看具体凭证分录。

【案例 9-8】　31 日，结转本月未交增值税。

【操作步骤】

（1）单击【结账】下的【期末结转】模块，进入【期末结转】界面。

(2) 在【系统结转模板】下查找到【结转未交增值税】模板,把鼠标放在显示的金额上,会出现一个模板说明,显示"本期应缴增值税贷方余额",如图 9-21 所示。单击【生成凭证】按钮,会生成期末结转未交增值税的凭证,如图 9-22 所示,单击【保存】按钮即可。

图 9-21　系统结转模板界面—结转未交增值税

图 9-22　结转未交增值税凭证界面

(3) 保存后会在【结转未交增值税】模块看到"记-53"凭证号,可以单击"查看凭证",查看具体凭证分录。

【案例 9-9】　31 日,计提本月城市维护建设税 7%,应交教育费附加 3%,应交地方教育费附加 2%。(计算结果保留两位小数)

【操作步骤】

(1) 单击【结账】下的【期末结转】模块,进入【期末结转】界面。

(2) 在【系统结转模板】下查找到【计提税金】模板单击 图标,出现计提税金设置界面,如图 9-23 所示。选择"按月计提",根据实际需求填写各科目的比率,单击【保存模板】按钮,以后就可按照此模板计提税金。

(3) 单击模板中的【生成凭证】按钮,即可生成计提税金的凭证,如图 9-24 所示,单击【保存】按钮即可。

(4) 保存后会在【计提税金】模块看到"记-54"凭证号,可以单击"查看凭证",查看具体凭证分录。

【案例 9-10】　31 日,结转本月销售产品成本。(适用月末一次加权平均法)

【操作步骤】

(1) 单击【结账】下的【期末结转】模块,进入【期末结转】界面。

二维码 9-5
操作视频:
结转销售成本

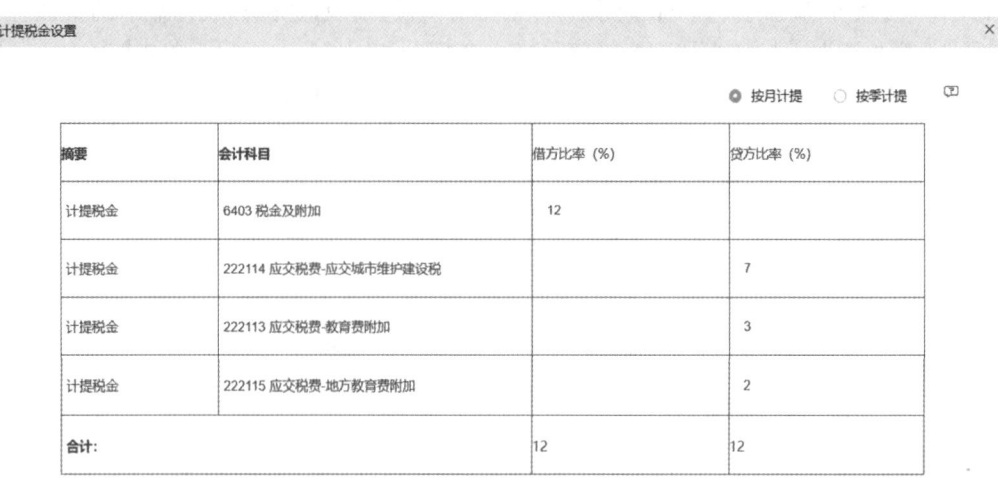

图 9-23 计提税金设置界面

图 9-24 计提税金凭证界面

（2）在【系统结转模板】下查找到【结转销售成本】模板，把鼠标放在显示的金额上，会出现一个模板说明，显示"主营业务成本＝主营业务收入的商品数量×库存商品的商品单价"，如图 9-25 所示，单击【生成凭证】按钮。

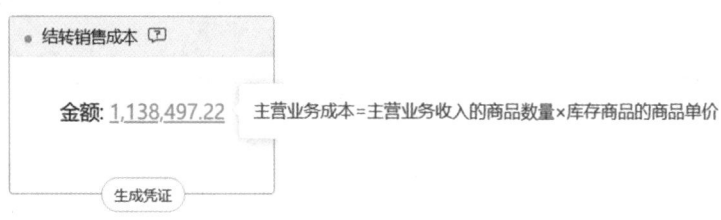

图 9-25 系统结转模板界面—结转销售成本

（3）在生成的凭证里进行调整，调整后的凭证如图 9-26 所示，单击【保存】按钮即可保存当前记账凭证。

图 9-26　结转销售成本凭证界面

（4）保存后会在【结转销售成本】模块看到"记-55"凭证号,可以单击"查看凭证",查看具体凭证分录。

【案例 9-11】　31 日,月末美元对人民币汇率为 1∶6.4,计算汇兑损益。

【操作步骤】

（1）单击【设置】下的【币别】模块,进入【币别】界面,如图 9-27 所示。

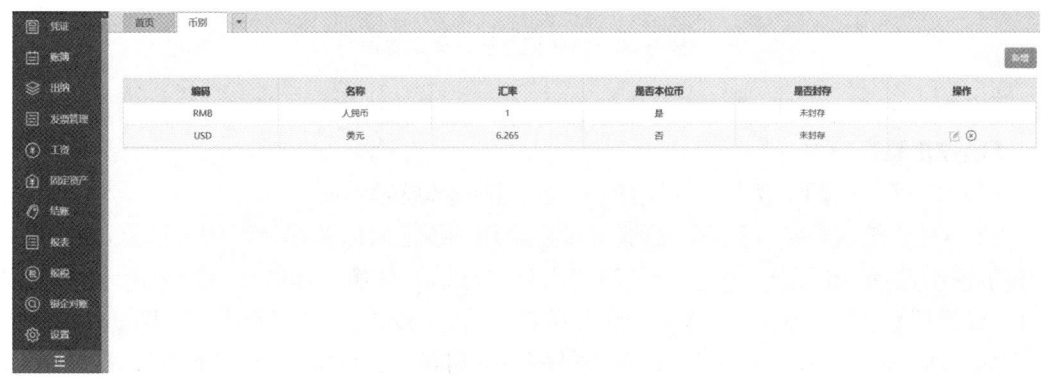

图 9-27　币别界面

二维码 9-6
拓展阅读:
资产负债表
日外币业务
处理

二维码 9-7
操作视频:
结转汇兑损益

（2）单击美元所在行的图标,出现"编辑外币"界面,将汇率修改为 6.4,单击【保存】按钮,如图 9-28 所示。系统提示数据保存成功。

（3）单击【结账】下的【期末结转】模块,进入【期末结转】界面。

（4）在【系统结转模板】下查找到【结转汇兑损益】模板,把鼠标放在显示的金额上,会出现一个模板说明,显示"待结转金额"和"已结转金额",如图 9-29 所示。单击【生成凭证】按钮,会生成期末结转汇兑损益凭证,如图 9-30 所示。

（5）保存后会在【结转汇兑损益】模块看到"记-56"凭证号,可以单击"查看凭证",查看具体凭证分录。

图 9-28 编辑外币界面

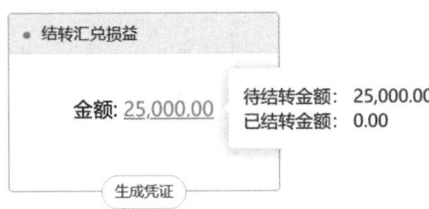

图 9-29 系统结转模板界面—结转汇兑损益

图 9-30 结转汇兑损益凭证界面

二维码 9-8
操作视频：
结转损益

【案例 9-12】 31 日，结转本月期间损益，分别生成结转收入凭证和结转支出凭证。

【操作步骤】

（1）单击【凭证】下的【期末结转】模块，进入【期末结转】界面。

（2）在【系统结转模板】下查找到【结转损益】模板，把鼠标放在显示的金额上，会出现一个模板说明，显示"待结转收入""待结转费用"和"已结转金额"，如图 9-31 所示。把鼠标放在【生成凭证】按钮上，显示"收入费用合并结转""结转收入"和"结转费用"，如图 9-32 所示。单击"结转收入"生成结转收入凭证，单击【保存】按钮，如图 9-33 所示。单击"结转费用"生成结转费用凭证，单击【保存】按钮。

图 9-31 系统结转模板界面—结转损益—模板说明

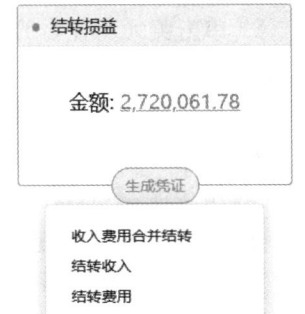

图 9-32 系统结转模板界面—结转损益—生成凭证

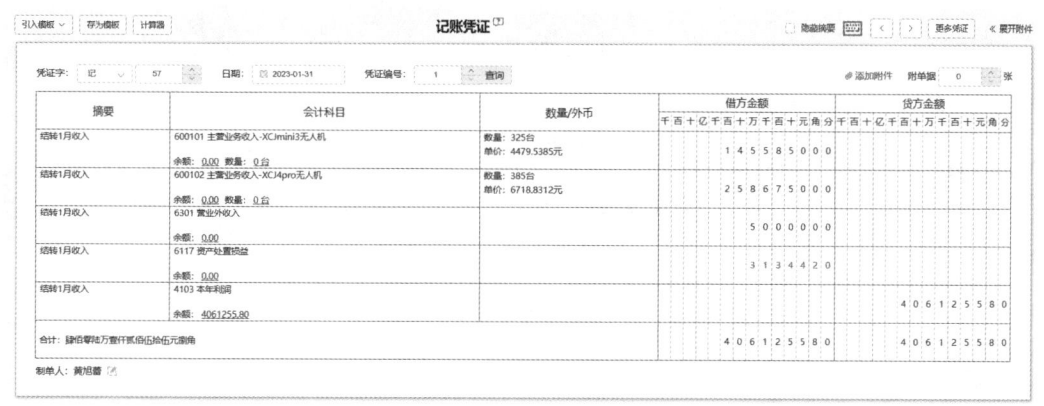

图 9-33　结转收入凭证界面

(3) 保存凭证后会在【结转损益】模块看到"记-57""记-58"凭证号,可以单击"查看凭证",查看具体凭证分录。

【案例 9-13】　31 日,计提所得税费用。

【操作步骤】

(1) 单击【结账】下的【期末结转】模块,进入【期末结转】界面。

(2) 在【自定义结转模板】下查找到【计提所得税费用】模板,单击【生成凭证】按钮。系统会根据本期的业务凭证自动计算结转金额,生成计提所得税费用的凭证,单击【保存】按钮即可保存当前记账凭证,如图 9-34 所示。

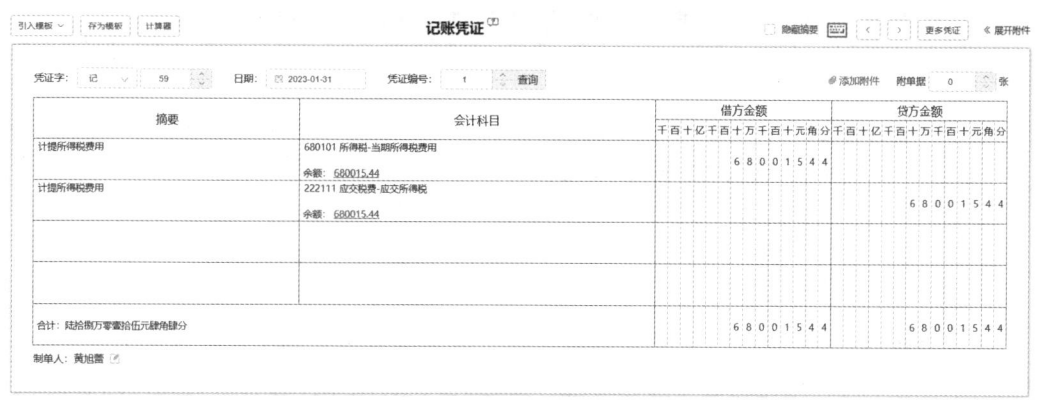

图 9-34　计提所得税费用凭证界面

二维码 9-9 结转费用记账凭证参考答案

二维码 9-10 拓展阅读:"利润"为负还要计提所得税吗

二维码 9-11 操作视频:计提所得税

(3) 保存凭证后会在【计提所得税费用】模块看到"记-59"凭证号,可以单击"查看凭证",查看具体凭证分录。

【案例 9-14】　31 日,将所得税转入本年利润。

(1) 单击【凭证】下的【期末结转】模块,进入【期末结转】界面。

(2) 在【系统结转模板】下查找到【结转损益】模板。把鼠标放在【生成凭证】按钮上,单击"结转费用",生成结转所得税费用凭证,单击【保存】按钮,如图 9-35 所示。

(3) 保存凭证后会在【结转损益】模块看到"记-60"凭证号,可以单击"查看凭证",查看具体凭证分录。

二维码 9-12 操作视频:结转所得税费用

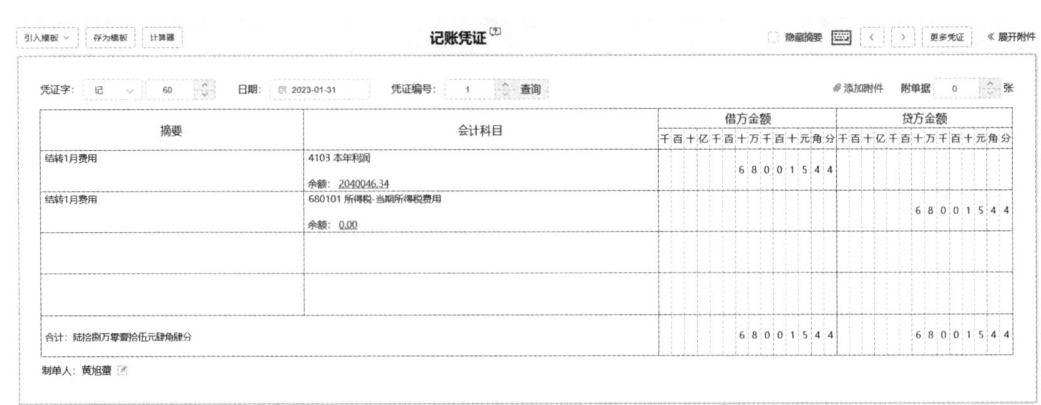

图 9-35　结转所得税费用凭证界面

相关思考 9-3

如何使用系统结转模板生成年结凭证

（1）单击【凭证】下的【期末结转】模块,进入【期末结转】界面。

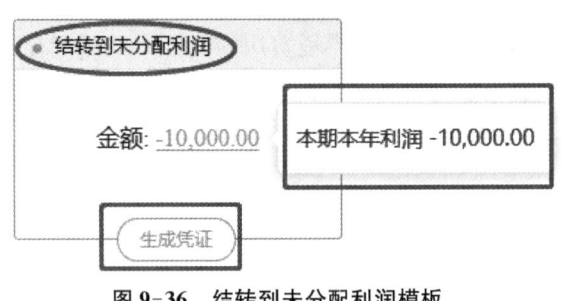

图 9-36　结转到未分配利润模板

（2）在【系统结转模板】下查找到【结转到未分配利润】模板,如图 9-36 所示,把鼠标放在显示的金额上,会出现一个说明,显示"本期本年利润"的金额,单击"生成凭证",保存即可。

（3）保存凭证后,在【结转到未分配利润】模块可看到"记-＊＊"凭证号,单击"查看凭证",查看具体凭证分录。

注:只有在年底需要年结时,才会有【结转到未分配利润】模板。

二、期末结账

期末结账是指在会计期末计算结转各个账户的本期发生额和期末余额至下月,形成下月期初余额。期末结账标志着本月会计业务处理的终结,结账月份将不再允许进行经济业务处理,结账后当期的数据不能修改。进行期末结账前,必须确保本月已完成所有经济业务的处理。如果存在未完成的经济业务,系统禁止进行结账处理。结账工作必须逐月连续进行,上月未结账,则本月不能结账。

浪潮云会计信息系统【结账】模块实现账务的结算,将会计期末各账户余额结清或结转到下期,包括【结账/反结账】和【立即检查】两部分,实现在结账前对账目资产类科目余额、期末结转、其他异常的管理。

【案例 9-15】　月末结账。

【操作步骤】

（1）单击【结账】下的【结账】模块,进入【结账】界面,如图 9-37 所示。

二维码 9-13
操作视频:
月末结账

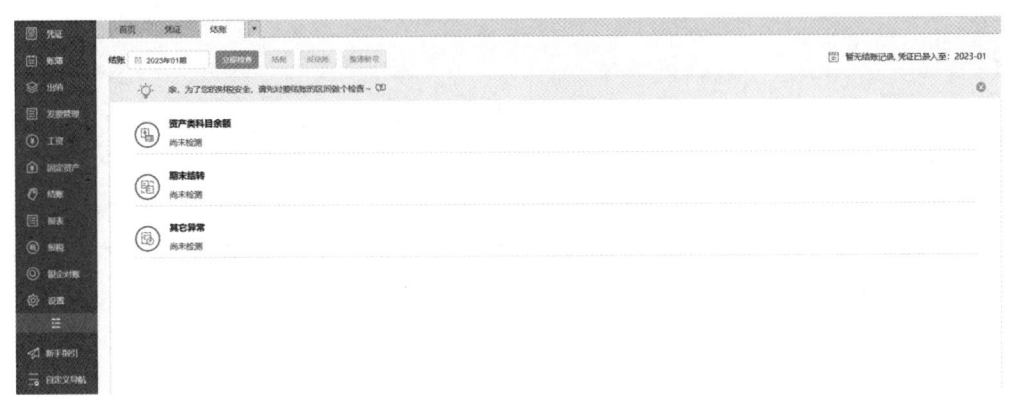

图 9-37 结账界面

(2)进行结账前的监测。选择会计期间为"2023 年 01 期",单击【立即检查】按钮,软件会自动对账套中的"资产类科目余额""期末结转""其他异常"进行检测,符合条件的会显示 ✓ 图标,不符合条件的显示 ❶ 图标。若检查出有的项目不符合结账要求,则重新修改,再回到【结账】界面,单击【重新检查】按钮,进行重新检测。结账检查界面如图 9-38 所示。

图 9-38 结账检查界面

(3)进行结账。当系统检测无误后,会出现【结账】按钮,单击【结账】按钮进行结账。系统提示"结账后将关闭所有窗口跳到首页,是否继续?",单击【确定】按钮,界面跳转至首页,完成结账,检查合格后的结账界面如图 9-39 所示。

图 9-39 检查合格后的结账界面

延伸阅读9-1

期末结账失败原因汇总

1. 资产类科目余额

若库存现金、银行存款、原材料、库存商品、长期待摊费用这5项科目余额中的任意一项有赤字,则无法结账;若固定资产的余额减去累计折旧的余额小于0,则无法结账;若无形资产的余额减去累计摊销的余额小于0,则无法结账。

2. 期末结转

以下7项中的任意一项未结转则无法结账。

(1) 销售成本;

(2) 计提工资;

(3) 计提折旧;

(4) 摊销待摊费用;

(5) 计提税金;

(6) 结转未交增值税;

(7) 结转损益。

3. 其他异常

(1) 期初余额不平衡;

(2) 固定资产、累计折旧期末余额与清单不符;

(3) 资产负债表年初不平衡,期末不平衡;

(4) 记账凭证有断号;

(5) 记账凭证未审核。

相关思考9-4

如何进行反结账

(1) 单击【结账】下的【结账】模块,进入【结账】界面。

(2) 选择需要反结账的期间,【反结账】按钮会由灰色变为绿色,单击【反结账】按钮进行反结账,如图9-40所示。系统提示"反结账后将关闭所有窗口跳到首页,是否继续?",单击【确定】按钮,界面跳转至首页,完成反结账。

图9-40 反结账界面

延伸阅读9-2

"取消审核、取消记账、反结账"存在的弊端

随着"取消审核、取消记账、反结账"功能的广泛使用,其弊端也日益显现,主要表现在以下3个方面:

1. 与现行会计法规相违背

《会计核算软件基本功能规范》第18条、第19条明确规定"发现已经输入并已审核通过或者登账的记账凭证有错的,可以采用红字冲销法或者补充更正法进行更正,记账凭证输入时可用'—'号或者其他标记表示";"在已经输入的原始凭证审核通过或者相应记账凭证审核通过或者登账后,原始凭证确需修改,会计核算软件在留有痕迹的前提下,可以提供修改和对修改后的机内原始凭证与相应的记账凭证是否相符进行校验的功能"。使用"反审核、反记账、反结账"功能更正会计工作差错,不仅违背了上述有关会计差错更正方法的规定,而且在原始凭证、记账凭证、会计账簿等方面,大多数的会计软件没有或很少提供必要的痕迹记录。

2. 为做假账、提供虚假会计信息及经济违法犯罪打开了方便之门

由于"取消审核、取消记账、反结账"功能的使用,会计人员为同一单位做几套账、编制几套会计报表变得轻而易举。以前手工账由多人分别编制凭证、记载账簿等,如果发生会计造假,通过墨迹或笔迹可以较容易地识别和鉴定。而目前大多数会计软件对更改的会计事项没有提供完整的、真正意义上的痕迹记录。有的会计软件根本不提供这类逆向会计操作的痕迹记录,有的也只是在操作日志中记录了何人何时使用过这些逆向操作功能,至于更正和补充了何种会计事项,其目的和来龙去脉如何则无从得知。现在,会计凭证、报表、账簿都可以通过计算机打印出来,如果单位缺乏严格周密的会计电算化内部牵制机制,别有用心的人就会在会计业务发生时蓄意留下伏笔,经过一段时间后,神不知鬼不觉地篡改部分会计凭证、报表和账册,这样就使得会计做假、造假和经济违法犯罪变得更加隐蔽,给会计、审计监督工作和防范违法犯罪增加了技术难度。

3. 如果软件功能使用不当,可能会导致账务混乱

在使用"取消审核、取消记账、反结账"功能时,由于财会人员会计电算化业务水平不足以及对软件功能理解的偏差,特别是在运用跨年度反结账功能时,不同年份会计科目的体系可能发生了变化,如果误操作,很可能产生账务混乱,甚至可能导致整个账务系统的瘫痪,造成不应有的损失。

二维码9-14
拓展阅读:
区块链技术
分布式记账

本 章 小 结

本章主要学习了期末转账的主要内容;自定义结转模板的操作方法,使用自定义结转模板生成凭证及使用系统结转模板生成凭证的操作方法;期末结账的操作方法。

本 章 重 要 概 念

期末处理 期末结账 转账生成 自定义转账

本 章 练 习

一、单项选择题

1. 在【自定义结转模板】下找到要修改的结转模板,单击模板右上角的(   ),进入编辑自定义结转模板界面。
   A. ✎   B. 🗑   C. ＋   D. ？

2. 【结账】界面下不包括(   )功能。

A. 立即检查　　　　B. 结账　　　　　　C. 反结账　　　　　D. 查询

3. 如何进入新增自定义结转模板界面(　　)。

　　A. 结账—期末结转—自定义结转模板　　B. 结账—期末结转—系统结转模板

　　C. 结账—结账—自定义结转模板　　　　D. 账簿—期末结转—自定义结转模板

4. 在期末结转模块的以下模板中,最后结转(　　)模板。

　　A. 结转制造费用　　　　　　　　　　　B. 结转生产成本

　　C. 结转汇兑损益　　　　　　　　　　　D. 结转损益

5. 单击【结账】界面下的【立即检查】按钮,软件不会自动对账套中的(　　)进行检测。

　　A. 资产类科目余额　　　　　　　　　　B. 期末结转

　　C. 负债类科目余额　　　　　　　　　　D. 其他异常

二、多项选择题

1. 下列情况下,不能结账的有(　　)。

　　A. 会计科目有赤字

　　B. 期初金额不平衡,累计发生不平衡

　　C. 未期末结转

　　D. 固定资产、累计折旧期末余额与清单不符

2. 浪潮云会计平台中的期末结转功能可以实现(　　)操作。

　　A. 结转销售成本　　　　　　　　　　　B. 计提借款利息

　　C. 计提税金　　　　　　　　　　　　　D. 结转未交增值税

3. 浪潮云会计期末结转模块中的【结转损益】模板,可以实现(　　)操作。

　　A. 收入费用合并结转　　　　　　　　　B. 结转收入

　　C. 结转费用　　　　　　　　　　　　　D. 结转制造费用

4. 在编辑自定义结转模板界面时,可以修改的项目包括(　　)。

　　A. 模板编码　　　　B. 模板名称　　　C. 会计科目　　　　D. 方向

5. 在计提税金模板中,进行计提税金设置时,可以设置(　　)。

　　A. 按月计提　　　　B. 按季计提　　　C. 借方比率　　　　D. 贷方比率

三、判断题

1. 期末结转模块中的【结转损益】模板,收入费用只能分开结转。　　　　　　(　　)

2. 期末结转凭证既可以自己新增凭证填写,也可以通过期末结转的功能生成。(　　)

3. 在期末结转模块中,只能使用系统结转模板,不能自定义结转模板。　　　　(　　)

4. 期末结转模块只有在年底需要年结时才会有【结转到未分配利润】模板。　(　　)

5. 结账工作必须逐月连续进行,上月未结账,则本月不能结账。　　　　　　　(　　)

四、思考题

1. 如何使用系统结转模板生成计提税金的凭证?

2. 如何进行反结账?

第十章 云会计账簿、报表管理与可视化分析

- 内容提要
- 重点难点
- 学习目标
- 知识框架
- 思政育人
- 第一节 账簿管理
- 第二节 报表管理
- 第三节 可视化分析
- 本章小结
- 本章重要概念
- 本章练习

内容提要

本章主要讲解了云会计信息系统中,账簿管理模块的含义;账簿管理模块的主要功能;账簿管理的方法;报表生成,包括资产负债表、利润表、现金流量表等的生成;云会计平台可视化分析。

重点难点

本章重点是运用账簿管理模块的相关功能,实现对账簿的管理工作,并利用报表管理模块的不同功能,完成对不同类型报表的财务分析。难点是正确运用云会计信息系统中针对账簿管理与报表管理模块的相关功能操作流程。

学习目标

通过本章学习,学生应掌握账簿管理模块的含义,账簿管理模块的主要功能,账簿管理的查询方法,报表管理模块的含义,报表管理模块的主要功能,以及报表生成方法。

知识框架

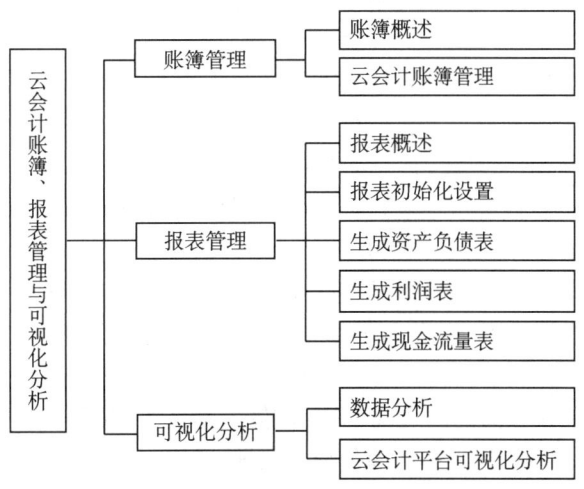

思政育人　会计从业人员继续教育及十六字核心价值观建设

2018年财政部、人力资源社会保障部发布关于印发《会计专业技术人员继续教育规定》的通知,通知中明确规定:"为了规范会计专业技术人员继续教育,保障会计专业技术人员合法权益,不断提高会计专业技术人员素质,根据《中华人民共和国会计法》和《专业技术人员继续教育规定》(人力资源社会保障部令第25号),我们制定了《会计专业技术人员继续教育规定》。现予印发,请遵照执行。"

这充分体现出会计从业人员继续教育的重要性。立足会计从业人员的职业道德,以及"诚信为本,操守为重,坚持原则,不做假账"十六字核心价值观,应贯穿报表编制及管理的整个过程。不能为了吸引投资者目光等不良目的,对报表及账簿胡编乱造,疏于管理。

资料来源:财政部,人力资源社会保障部.关于印发《会计专业技术人员继续教育规定》的通知[EB/OL].(2018-05-19)[2023-03-20].http://www.gov.cn/zhengce/zhengceku/2018-12/31/Content_5439417.html.

【思政寄语】

树立会计从业人员的职业道德,利用云会计信息系统,完成信息化时代的会计飞跃。

财务人牢记五要五不要:

(1) 要道德操守,不要失去道德底线;

(2) 要懂法守法,不要知法犯法抗法;

(3) 要尊重事实,不要编造经营假象;

(4) 要真实记账,不要做假账两套账;

(5) 要依法申报,不要偷税骗税虚开。

第一节　账　簿　管　理

一、账簿概述

二维码10-1
拓展阅读:
不依法设置会计账簿、私设会计账簿等违法行为的处罚

会计账簿,简称账簿,是指由一定格式的账页组成的,以经过审核的会计凭证为依据,全面、系统、连续地记录各项经济业务的簿籍。会计账簿可以按照用途、账页格式、外形特征等进行分类。

按照不同用途,账簿主要分为以下几种:

(1) 序时账簿,又称日记账,是按照经济业务发生或完成时间的先后顺序逐日逐笔进行登记的账簿。

(2) 分类账簿是对全部经济业务事项按照会计要素的具体类别而设置的分类账户进行登记的账簿。分类账簿按其核算指标的详细程度不同,又分为总分类账和明细分类账。

(3) 备查账簿,又称辅助账簿,是对某些在序时账簿和分类账簿等主要账簿中都不予登记或登记不够详细的经济业务事项进行补充登记时使用的账簿。

按照账页格式,账簿主要分为以下几种:

(1) 两栏式账簿只有借方和贷方,普通日记账通常采用此种格式。

(2) 三栏式账簿设有借方、贷方和余额,适用于只进行金额核算的资本、债权和债务明细账。

(3) 多栏式账簿是在账簿的两个基本栏目(借方和贷方)按照需要分设若干个专栏的账簿,适用于收入、成本、费用、利润和利润分配明细账。

(4) 数量金额式账簿,这种账簿的借方、贷方和余额三个栏目内,都分设数量、单价和金额三小栏,以反映财产物资的实物数量和价值。

延伸阅读 10-1

《会计法》规定:"各单位按照国家统一的会计制度的规定设置会计科目和会计账簿。"账簿管理是指账簿经管人既要负责记账、对账、结账等工作,又要负责保证账簿安全。会计账簿未经领导和会计负责人或有关人员批准,非经管人员不能随意翻阅查看会计账簿。会计账簿除需要与外单位核对外,一般不能携带外出,对携带外出的账簿,一般应由经管人员或会计主管指定专人负责。会计账簿不能随意交与其他人员管理,以保证账簿安全。

《中华人民共和国会计法》第四十二条 违反本法规定,有下列行为之一的,由县级以上人民政府财政部门责令限期改正,可以对单位并处三千元以上五万元以下的罚款;对其直接负责的主管人员和其他直接责任人员,可以处二千元以上二万元以下的罚款;属于国家工作人员的,还应当由其所在单位或者有关单位依法给予行政处分:

（一）不依法设置会计账簿的;
（二）私设会计账簿的;
（三）未按照规定填制、取得原始凭证或者填制、取得的原始凭证不符合规定的;
（四）以未经审核的会计凭证为依据登记会计账簿或者登记会计账簿不符合规定的;
（五）随意变更会计处理方法的;
（六）向不同的会计资料使用者提供的财务会计报告编制依据不一致的;
（七）未按照规定使用会计记录文字或者记账本位币的;
（八）未按照规定保管会计资料,致使会计资料毁损、灭失的;
（九）未按照规定建立并实施单位内部会计监督制度或者拒绝依法实施的监督或者不如实提供有关会计资料及有关情况的;
（十）任用会计人员不符合本法规定的。

有前款所列行为之一,构成犯罪的,依法追究刑事责任。

会计人员有第一款所列行为之一,情节严重的,五年内不得从事会计工作。

有关法律对第一款所列行为的处罚另有规定的,依照有关法律的规定办理。

二维码 10-2
拓展阅读:
会计档案保管期限

二、云会计账簿管理

录入凭证后可以查询各种账簿和报表。浪潮云会计平台账簿模块可以对账目进行余额、明细等查询,其中包括"余额表""总账""明细账""科目汇总表""数量外币余额表""数量外币明细账""多栏账""核算项目余额表""核算项目明细表"和"序时账"等账目表,账簿模块如图10-1所示。

（一）余额表

余额表是对查询期范围内所有发生业务的科目金额进行汇总,包括此期间范围内的期初余额、本期发生额、本期累计发生额和期末余额,以及每类科目的一个小计汇总。

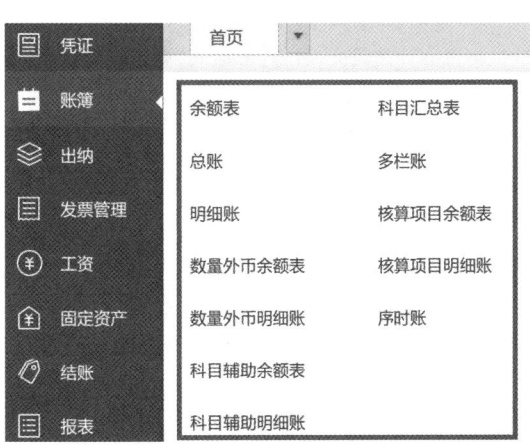

图 10-1　账簿模块

【案例10-1】 查询余额表,联查"2204 合同负债"明细账。

【操作步骤】

(1) 执行【账簿】|【余额表】命令,进入"余额表"界面,如图10-2所示。

科目编号	科目名称	期初余额		本期发生额		期末余额	
		借方	贷方	借方	贷方	借方	贷方
1001	库存现金	4,352.70		13,658.53	11,540.00	6,471.23	
1002	银行存款	1,326,500.89		4,522,812.50	346,574.30	5,502,739.09	
1121	应收票据	1,162,318.00				1,162,318.00	
1122	应收账款	100,601.64		596,357.50	6,500.00	690,459.14	
1231	坏账准备				1,380.92		1,380.92
1403	原材料	179,533.00		1,004,700.00	204,986.00	979,247.00	
1405	库存商品	982,742.00		276,140.93	1,138,497.22	120,385.71	
1601	固定资产	2,389,990.00		35,085.00	61,738.00	2,363,337.00	
1602	累计折旧		158,340.12	10,619.80	8,572.08		156,292.40
1701	无形资产			50,000.00		50,000.00	
资产小计		4,983,720.23	158,340.12	7,726,810.76	1,834,906.72	10,874,957.17	157,673.32

图10-2 余额表部分界面

(2) 双击"2204 合同负债",即可联查"2204 合同负债"明细账,如图10-3所示。

科目:2204合同负债

日期	凭证字号	摘要	借方	贷方	方向	余额
2023-01		年初余额			平	
2023-01-21	记-13	预收合同款		384,200.00	贷	384,200.00
2023-01		本期合计		384,200.00	贷	384,200.00
2023-01		本年累计		384,200.00	贷	384,200.00

图10-3 "合同负债"明细账

延伸阅读10-2

查询余额表设置要点

在"余额表"界面中,设置查询条件。

单击会计期间处,打开"余额表"查询设置界面,如图10-4所示。

图10-4 "余额表"查询设置界面

(1) 期间的设置:设置查询的开始会计期间和结束会计期间后,单击【查询】按钮可查询相应期间的余额。

(2) 科目级数的设置:设置要查询的科目级数。注意科目级数若设置为2级及以后,则不可同时勾选"只显示一级科目"。

(3) 显示辅助核算:勾选该项,则在查询余额表时可以显示科目及其辅助核算项的余额。

(4) 科目的设置:单击界面上的【切换科目】按钮,设置查询的特定科目,默认为空,即查询所有科目的余额。

(5) 显示项目的选择:单击界面上方的"隐藏本年累计"前面的□图标,余额表会隐藏"本年累计"的发生额,取消选择,余额表会自动显示本年累计发生额,包括"借方"和"贷方"。

(6) 余额显示的选择:单击界面上方的"隐藏余额为 0"前面的□图标,余额表会隐藏"期末余额为 0"的科目,取消选择,余额表会自动显示包括余额为 0 在内的所有有发生额的科目。

(7) 科目级次的设置:单击界面上方的"只显示一级科目"前面的□图标,余额表只显示一级科目的余额,如果取消选择,余额表会显示全部科目级次的余额。

(8) 双击余额表中的科目,可联查该科目的明细账。

(二) 总账

总账是指按总账科目开设的账户,对总账科目的经济内容进行总括的核算。在"总账"模块,可以对所选科目在不同期间的余额和发生额进行统计显示,并提供联查到明细账的功能。

【案例 10-2】 查询"其他应收款"总分类账。

【操作步骤】

(1) 执行【账簿】|【总账】命令,进入"总账"界面。

(2) 单击 切换科目▲ 图标,选择"1221 其他应收款",即可查询"其他应收款"总分类账,如图 10-5 所示。

科目编号	科目名称	期间	摘要	借方	贷方	方向	余额
		202301	年初余额			平	
1221	其他应收款	202301	本期合计	3,000.00	3,000.00	平	
		202301	本年累计	3,000.00	3,000.00	平	
		202301	年初余额			平	
122101	个人	202301	本期合计	3,000.00	3,000.00	平	
		202301	本年累计	3,000.00	3,000.00	平	

图 10-5 "其他应收款"总分类账

注意:勾选"只显示一级科目",总账只显示"1221 其他应收款"的余额。

延伸阅读 10-3

查询总账设置要点

在"总账"界面中,设置查询条件。

(1) 期间的设置:将鼠标单击界面上显示的会计期间处,设置查询的开始会计期间和结束会计期间。单击【查询】按钮可查询相应期间的总账。

(2) 科目的设置:单击界面上的【切换科目】按钮,设置查询的特定科目,默认为空,即查询所有科目的总账。

(3) 科目级次的设置:单击界面上方的"只显示一级科目"前面的图标,则总账只显示一级科目的余额,如果取消选择,总账会显示全部科目级次的金额。

(4) 单击总账中相应的科目,然后单击【总账】界面上方的【联查明细账】按钮,可查询此科目相应的明细账。

(三) 明细账

明细账是指明细科目开设的账户,对经济内容进行明细分类核算。在"明细账"模块能查询到每一科目在不同期间的余额和发生额。

1. 查询三栏式明细账

【案例10-3】 查询"税金及附加"明细账。

【操作步骤】

(1) 执行【账簿】|【明细账】命令,进入"明细账"界面。

(2) 在"明细账"界面中,设置查询条件。

① 设置查询的开始会计期间和结束会计期间。

② 科目的设置:单击【切换科目】按钮,选择"税金及附加",即可查询"税金及附加"的明细账,如图10-6所示。

科目:6403税金及附加

日期	凭证字号	摘要	借方	贷方	方向	余额
2023-01		年初余额			平	
2023-01-31	记-54	计提1月税金	46,804.90		借	46,804.90
2023-01-31	记-58	结转1月费用		46,804.90	平	
2023-01		本期合计	46,804.90	46,804.90	平	
2023-01		本年累计	46,804.90	46,804.90	平	

图10-6 "税金及附加"明细账

注意:单击界面上方的 图标,可以向前或向后查看当前科目的相邻科目的明细账。

【案例10-4】 查询"应收账款——山东大和科技发展有限公司"明细账。

【操作步骤】

方法一:

(1) 执行【账簿】|【科目辅助明细账】命令,进入"科目辅助明细账"界面。注意:在"科目辅助明细账"界面默认显示的是"应收账款"科目相关的明细账。

二维码10-3 操作视频:查询应收账款——山东大和科技发展有限公司明细账

(2) 在"客户"处选择"山东大和科技发展有限公司",即可查询"应收账款——山东大和科技发展有限公司"明细账,如图10-7所示。

客户:山东大和科技发展有限公司
科目:1122 应收账款

辅助核算编码	辅助核算名称	日期	凭证号	摘要	借方	贷方	方向	科目余额
0001	山东大和科技发展有限公司	2023-01		年初余额			借	65,000.84
0001	山东大和科技发展有限公司	2023-01-06	记-7	收到前欠货款		65,000.84	平	
0001	山东大和科技发展有限公司	2023-01-31	记-21	【冲销20230106记5】收到前欠货款		-65,000.84	借	65,000.84
0001	山东大和科技发展有限公司	2023-01-31	记-22	收到前欠货款		6,500.00	借	58,500.84
0001	山东大和科技发展有限公司	2023-01		本期合计		6,500.00	借	58,500.84
0001	山东大和科技发展有限公司	2023-01		本年累计		6,500.00	借	58,500.84

图10-7 "应收账款——山东大和科技发展有限公司"明细账

方法二:

(1) 执行【账簿】|【核算项目明细账】命令,进入"核算项目明细账"界面。

(2) 在"核算项目明细账"界面,选择"客户"辅助项,如图10-8所示。

图10-8 设置辅助项界面—客户

(3) 单击【切换辅助项】按钮,如图10-9所示,选择"山东大和科技发展有限公司"。

图10-9 "切换辅助项"界面

(4) 单击【切换科目】按钮,选择"应收账款",即可打开"应收账款——山东大和科技发展有限公司"明细账,如图10-10所示。

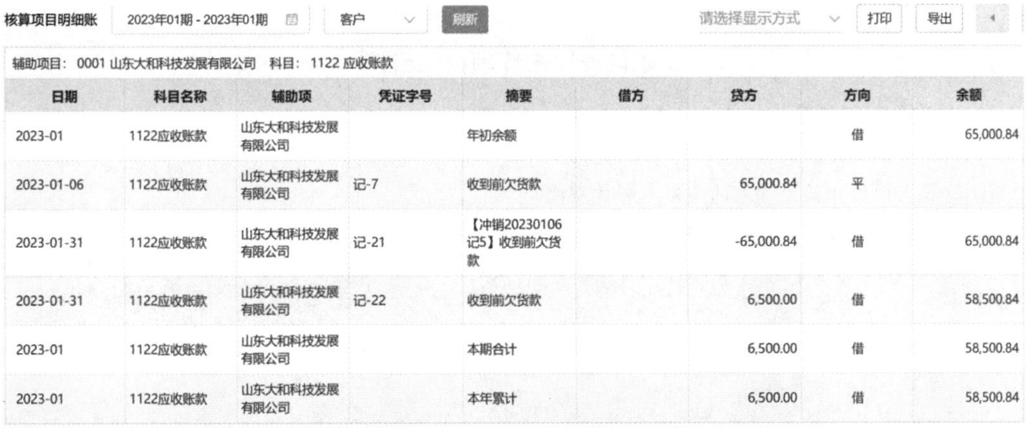

日期	科目名称	辅助项	凭证字号	摘要	借方	贷方	方向	余额
2023-01	1122应收账款	山东大和科技发展有限公司		年初余额			借	65,000.84
2023-01-06	1122应收账款	山东大和科技发展有限公司	记-7	收到前欠货款		65,000.84	平	
2023-01-31	1122应收账款	山东大和科技发展有限公司	记-21	【冲销20230106记5】收到前欠货款		-65,000.84	借	65,000.84
2023-01-31	1122应收账款	山东大和科技发展有限公司	记-22	收到前欠货款		6,500.00	借	58,500.84
2023-01	1122应收账款	山东大和科技发展有限公司		本期合计		6,500.00	借	58,500.84
2023-01	1122应收账款	山东大和科技发展有限公司		本年累计		6,500.00	借	58,500.84

图10-10 "应收账款——山东大和科技发展有限公司"明细账

【案例10-5】 查询"应付账款——北京晶丹科技有限公司"明细账。
【操作步骤】
方法一:
(1) 执行【账簿】|【科目辅助明细账】命令,进入"科目辅助明细账"界面。
(2) 单击右上角 · 图标,跳转到"应付账款"界面,在"供应商"处选择"北京晶丹科技有限公司",即可打开"应付账款——北京晶丹科技有限公司"明细账,如图10-11所示。
方法二:
(1) 执行【账簿】|【核算项目明细账】命令,进入"核算项目明细账"界面。
(2) 在"核算项目明细账"界面,选择"供应商"辅助项,如图10-12所示。

二维码10-4
操作视频:
查询应付账款——北京晶丹科技有限公司明细账

图 10-11 "应付账款——北京晶丹科技有限公司"明细账

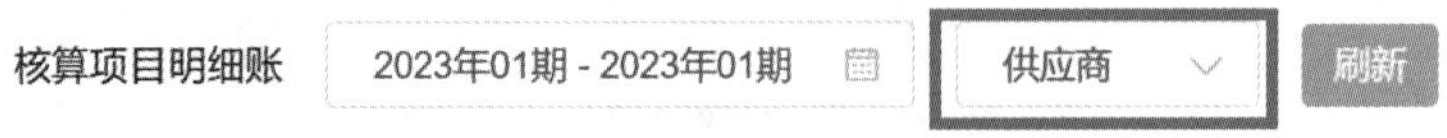

图 10-12 设置辅助项界面—供应商

（3）单击【切换辅助项】按钮，选择"北京晶丹科技有限公司"。

（4）单击【切换科目】按钮，选择"应付账款"，即可打开"应付账款——北京晶丹科技有限公司"明细账。

相关思考 10-1

如何查询核算项目余额表

（1）执行【账簿】|【核算项目余额表】命令，进入"核算项目余额表"界面。

（2）在"核算项目余额表"界面中，设置查询条件。

① 设置查询的开始会计期间和结束会计期间。

② 辅助项的设置：在界面左上方，单击关于辅助类别的下拉框，选择相应的辅助类别。

③ 是否显示数量、外币：单击选择显示方式，可以选择是否显示辅助项的数量、外币或同时显示数量和外币等。

④ 辅助项明细内容的选择：单击界面上的【切换辅助项】按钮，选择相应明细项目，可以查询该辅助类别下特定明细项目的余额表。

⑤ 显示项目的选择：单击界面上方的"隐藏本年累计"前面的图标，项目余额表会隐藏"本年累计"的发生额，取消选择，项目余额表会自动显示"本年累计发生额"，包括"借方"和"贷方"。

⑥ 科目级次的设置：单击界面上方的"只显示一级科目"前面的图标，项目余额表只显示辅助项的余额，如果取消选择，项目余额表会显示该辅助项下对应的科目的余额表。

⑦ 联查核算项目明细账：单击核算项目余额表上的特定项目，可以联查该项目的明细账。

2. 查询数量金额式明细账

【案例 10-6】 查询"原材料——PA6＋玻纤浆片"数量金额式明细账。

【操作步骤】

（1）执行【账簿】|【数量外币明细账】命令，进入"数量外币明细账"界面。

（2）单击【切换科目】按钮，选择"140301 原材料——PA6＋玻纤浆片"，即可打开"140301 原材料——PA6＋玻纤浆片"数量金额式明细账，如图 10-13 所示。

二维码 10-5
操作视频：
查询原材料
——PA6＋
玻纤浆片明
细账

科目: 140301 原材料-PA6+玻纤浆片											
日期	凭证字号	摘要	借方			贷方			方向	余额		
			数量	单价	金额	数量	单价	金额		数量	单价	余额
2023-01		年初余额							借	386.00	80.0000	30,880.00
2023-01-06	记-4	购买原材料	200.00	58.0000	11,600.00				借	586.00	72.4915	42,480.00
2023-01-21	记-12	生产领料				486.00	75.4733	36,680.00	借	100.00	58.0000	5,800.00
2023-01-31	记-24	购买原材料	10,000.00	63.0000	630,000.00				借	10,100.00	62.9505	635,800.00
2023-01		本期合计	10,200.00	62.9020	641,600.00	486.00	75.4733	36,680.00				635,800.00
2023-01		本年累计	10,200.00	62.9020	641,600.00	486.00	75.4733	36,680.00				635,800.00

图 10-13 "原材料——PA6＋玻纤浆片"数量金额式明细账

注意:数量外币明细账界面上方有【显示数量金额】【显示外币金额】以及【显示数量外币】三个选项。单击【显示数量金额】前方的□图标,界面会显示数量明细账;单击【显示外币金额】前方的□图标,界面会显示外币明细账。

相关思考 10-2

如何查询数量外币余额表

(1) 执行【账簿】|【数量外币余额表】,进入"数量外币余额表"界面。
(2) 在"数量外币余额表"界面中,设置查询条件。
① 设置查询的开始会计期间和结束会计期间。
② 科目的设置:单击界面上的【切换科目】按钮,选择相应科目,可以查询特定科目的数量外币余额表。
③ 数量外币余额表界面上方有【显示数量金额】【显示外币金额】【显示数量外币】以及【隐藏余额为0】四个选项。单击【显示数量金额】前方的图标,界面会显示数量余额表;单击【显示外币金额】前方的图标,界面会显示外币余额表等。
④ 双击数量外币余额表上的某一科目,可以联查该科目的数量外币明细账。

3. 查询多栏式明细账

【案例 10-7】 查询"管理费用"多栏式明细账。

【操作步骤】

(1) 执行【账簿】|【多栏式】命令,进入"多栏式"界面。
(2) 单击【切换科目】按钮,选择"管理费用",即可打开"管理费用"多栏式明细账,如图 10-14 所示。

科目: 6602 管理费用							借方						
日期	凭证字号	摘要	借方	贷方	方向	余额	办公费	水电费	差旅费	职工薪酬	工会经费	咨询费	折旧费	税控设备维护费
2023-01		年初余额			平									
2023-01-06	记-6	支付个人劳务费	8,000.00		借	8,000.00						8,000.00		
2023-01-19	记-10	支付水电费	484.09		借	8,484.09		484.09						
2023-01-19	记-10	支付水电费	266.79		借	8,750.88		266.79						
2023-01-21	记-11	报销差旅费	2,009.09		借	10,759.97			2,009.09					
2023-01-21	记-16	购买税控设备	280.00		借	11,039.97								280.00
2023-01-21	记-17	按规定抵减的增值税应纳税额	-280.00		借	10,759.97								-280.00

图 10-14 "管理费用"多栏式明细账

(四) 科目汇总表

浪潮云会计平台提供科目汇总的功能,对所有一级科目的本期发生额进行合计,生成科目汇总表,显示科目编号、科目名称、借方金额、贷方金额,并统计凭证张数、附件张数。

【案例 10-8】 查询 2023 年 1 月份科目汇总表。

【操作步骤】

执行【账簿】|【科目汇总表】命令,进入"科目汇总表"界面,打开山东大朋鸟科技制造有限公司 1 月份科目汇总表,如图 10-15 所示。

图 10-15　科目汇总表部分界面

延伸阅读 10-4

科目汇总表与余额表的区别

1. 表格不同

(1) 科目汇总表。科目汇总表(亦称记账凭证汇总表、账户汇总表)是根据一定时期内所有的记账凭证定期加以汇总而重新编制的记账凭证,其目的是简化总分类账的登记手续。它也是定期对全部记账凭证进行汇总,按各个会计科目列示其借方发生额和贷方发生额的一种汇总凭证。依据借贷记账法的基本原理,科目汇总表中各个会计科目的借方发生额合计与贷方发生额合计应该相等。因此,科目汇总表具有试算平衡的作用。科目汇总表是科目汇总表核算形式下总分类账登记的依据。

(2) 科目余额表。科目余额表是基本会计做账表格,列示各个科目的余额,一般包括上期余额、本期发生额和期末余额。做科目余额表主要是为了方便做财务报表。在科目余额表中,期末借方余额和期末贷方余额分别遵循下列公式。

资产类科目:

期末借方余额＝期初借方余额＋本期借方发生额－本期贷方发生额

负债及所有者权益类科目:

期末贷方余额＝期初贷方余额＋本期贷方发生额－本期借方发生额

2. 作用不同

(1) 科目汇总表。科目汇总表可以显示一个会计期间的整个财务状况和经营成果。

(2) 科目余额表。科目余额表是为了做报表用的,本月凭证全部结转处理结束后才可以编制。

3. 编制方法不同

(1) 科目汇总表。首先,根据分录凭证编制 T 型账户,将本期各会计科目的发生额一一记入有关 T 型账户;然后计算各个账户的本期借方发生额与贷方发生额合计数;最后将此发生额合计数填入科目汇总表中与有关科目相对应的本期发生额栏,并将所有会计科目的本期借方发生额与贷方发生额进行合计,借贷相等则一般说明无误,可用以登记总账。

(2) 科目余额表。①所有已制单的单据(凭证)的余额,原理为期初余额＋(或－)本期发生额(包括借方发生额和贷方发生额)＝期末余额。②只是在选项时有无包括已记账凭证,就是范围,一般应选择包括未记账的凭证。③做科目余额表的目的主要是方便做财务报表。

第二节 报表管理

一、报表概述

报表是指在日常会计核算资料的基础上,按照规定的格式、内容和方法定期编制的,综合反映企业某一特定日期财务状况和某一会计期间经营成果、现金流量状况的书面文件。报表管理是指企业管理人员为提供科学的经营决策,而编制的分析评价报告表,也是企业相关管理信息的总结。同时,企业管理层可以根据报表了解企业的经营状况。

财务报表包括资产负债表、利润表、现金流量表、所有者权益变动表和附注。在传统的会计中,报表的编制是最复杂的一项工作。在浪潮云会计平台中,各种报表数据的计算公式等工作已经内置好,在月末编制报表时,只需操作员设置相应的参数,系统便自动根据公式迅速生成报表,初步实现了会计工作的自动化、智能化。目前云会计还不支持自定义个性化报表功能。

浪潮云会计平台支持生成资产负债表、利润表、现金流量表、利润表季报和现金流量季报。

二、报表初始化设置

资产负债表的生成有重分类和不重分类之分,所谓重分类调整是指在编制财务报表时,根据业务性质和会计科目余额将某个报表项目调整至其他报表项目中列示的过程。重分类调整只需调整财务报表项目,无需进行账务调整,即"调表不调账"。

在浪潮云会计平台,重分类主要是指将往来科目的负数进行调整,不用做分录调整,只是编制财务报表的时候,重新归类计算填写数据。报表中涉及重分类的科目如下:

(1)"应收账款"=应收账款所属明细科目的借方余额合计数+预收账款所属明细科目借方余额合计数-计提的相应的坏账准备计算填列;

(2)"预收款项"=应收账款所属明细科目贷方余额合计数+预收账款所属明细科目贷方余额合计数计算填列;

(3)"应付账款"=应付账款所属明细科目贷方余额合计数+预付账款所属明细科目贷方余额合计数计算填列;

(4)"预付款项"=根据应付账款所属明细科目借方余额合计数+预付账款所属明细科目借方余额合计数计算填列;

(5)"其他应收款"=根据其他应收款明细科目借方余额合计数+其他应付款明细科目借方余额合计数-计提的相应的坏账准备计算填列;

(6)"其他应付款"=根据其他应收款明细科目贷方余额合计数+其他应付款明细科目贷方余额合计数计算填列。

【案例 10-9】 设置参数,设置资产负债表分类方法为重分类。
【操作步骤】
单击【设置】|【系统设置】|【参数设置】按钮,将"资产负债表默认分类方法"设置为"重分类",如图 10-16 所示。

资产负债表默认分类方法 ○ 非重分类 ◉ 重分类

图 10-16 参数设置

相关思考 10-3

若将“资产负债表默认分类方法”设置为非重分类，那么非重分类公式应如何设置

非重分类公式设置如下：

(1)“应收账款”=应收账款余额；

(2)“预收款项”=预收账款余额；

(3)“应付账款”=应付账款余额；

(4)“预付款项”=预付账款余额；

(5)“其他应收款”=其他应收账款余额；

(6)“其他应付款”=其他应付款余额。

三、生成资产负债表

资产负债表是反映企业在某一特定日期财务状况的报表，它反映企业在某一特定日期所拥有或控制的经济资源、所承担的现时义务和所有者对净资产的要求权。我国资产负债表采用账户式结构，报表分左右两方：左方列示资产各项目，反映全部资产的分布及存在形态；右方列示负债及所有者权益各项目，反映全部负债和所有者权益的内容及构成情况。资产负债表左右双方平衡，即“资产=负债+所有者权益”。

【案例 10-10】 生成 1 月份资产负债表。

【操作步骤】

单击【报表】|【资产负债表】按钮，选择查询期间，即可查看不同时间的资产负债表，如图 10-17 所示。

资产负债表 刷新　　如何编辑公式 开启重分类 打印 导出

2023年01期　2月 3月 4月 5月 6月 7月 8月 9月 10月 11月 12月 2023 1月

资产	行次	期末余额	年初余额	负债和所有者权益	行次	期末余额	年初余额
流动资产:				流动负债:			
货币资金	1	5,509,210.32	1,330,853.59	短期借款	35	300,000.00	300,000.00
交易性金融资产	2			交易性金融负债	36		
衍生金融资产	3			衍生金融负债	37		
应收票据	4	1,162,318.00		应付票据	38	109,158.00	
应收账款	5	689,078.22	100,601.64	应付账款	39	1,119,982.00	180,109.00
应收款项融资	6			预收款项	40		
预付款项	7			合同负债	41	384,200.00	
其他应收款	8			应付职工薪酬	42	126,276.00	126,770.30
存货	9	1,099,632.71	1,162,275.00	应交税费	43	1,240,764.09	122,622.89
合同资产	10			其他应付款	44	979.50	
持有待售资产	11			持有待售负债	45		
一年内到期的非流动资产	12			一年内到期的非流动负债	46		
其他流动资产	13			其他流动负债	47		
流动资产合计	14	8,460,239.25	2,593,730.23	流动负债合计	48	3,281,359.59	729,502.19

图 10-17 资产负债表界面

浪潮云会计平台设置了资产负债表基础公式,如果仍需修改,可选中要修改的报表项目,单击 编辑公式图标,进行具体公式的修改。

【案例 10-11】 修改资产负债表"固定资产"的公式,将减去"1608 固定资产清理",修改为加上"1608 固定资产清理"。

【操作步骤】

（1）单击【报表】|【资产负债表】按钮,打开资产负债表。

（2）选择"固定资产",单击 编辑公式图标,打开"编辑公式—固定资产"界面,系统默认"固定资产"项目的公式如图 10-18 所示。

二维码 10-6
操作视频:
修改报表公式

图 10-18 系统默认"固定资产"项目的公式

（3）在"编辑公式—固定资产"界面,选择"1608 固定资产清理",单击【删除】按钮。

（4）选择科目"1608 固定资产清理",取数规则为"余额",运算符号为"＋",单击【添加】按钮,将资产负债表"固定资产"项目的公式修改完成,如图 10-19 所示,单击【保存并关闭】按钮。

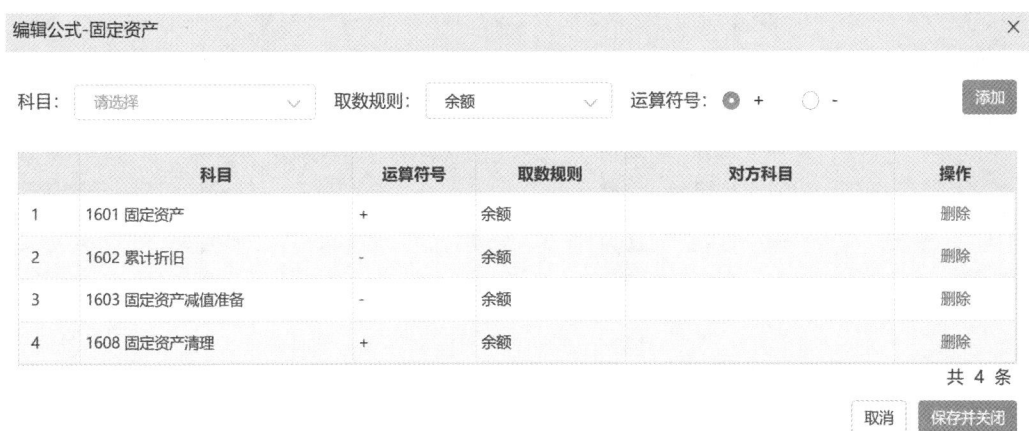

图 10-19 修改后的"固定资产"项目的公式

延伸阅读 10-5

编 辑 公 式

在资产负债表界面，编辑资产负债表的公式：

(1) 在资产负债表界面，用鼠标单击科目后的编辑图标，打开“编辑公式”的界面。

(2) 在资产负债表“编辑公式”的界面中，单击“科目名称”后的下拉框，选择合适的科目；选择合适的运算符号(+或—)；单击“取数规则”后的下拉框，选择合适的取数规则(余额、借方明细余额、贷方明细余额、借方余额、贷方余额、贷方辅助项余额、借方辅助项余额)；单击“添加”，可以将选定的科目添加到资产负债表中该项目下；最后单击“保存并关闭”，资产负债表自动更新成新的数据。

延伸阅读 10-6

报表项目与记账凭证的关系

在云会计平台下，记账凭证一经保存就自动登记了相应的明细账、总分类账，并自动生成了报表数据。在浪潮云会计平台，双击报表中的金额，如图 10-20 所示，可联查该报表项目对应科目的总账，如图 10-21 所示。总账可以再联查明细账，最后明细账还可以联查凭证，使用户全面了解账务的来龙去脉。

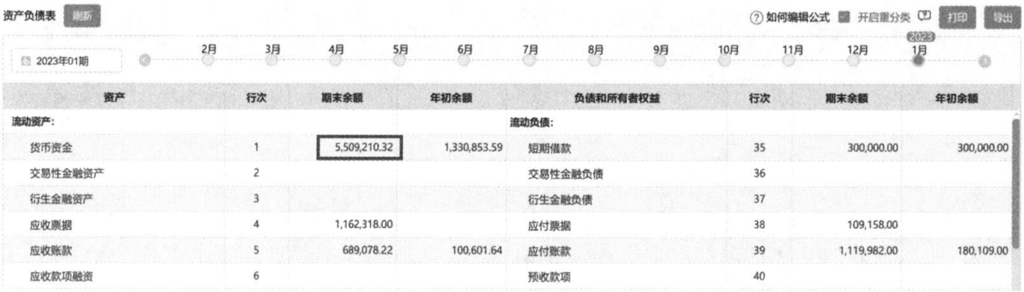

资产	行次	期末余额	年初余额	负债和所有者权益	行次	期末余额	年初余额
流动资产:				流动负债:			
货币资金	1	5,509,210.32	1,330,853.59	短期借款	35	300,000.00	300,000.00
交易性金融资产	2			交易性金融负债	36		
衍生金融资产	3			衍生金融负债	37		
应收票据	4	1,162,318.00		应付票据	38	109,158.00	
应收账款	5	689,078.22	100,601.64	应付账款	39	1,119,982.00	180,109.00
应收款项融资	6			预收款项	40		

图 10-20　资产负债表部分项目

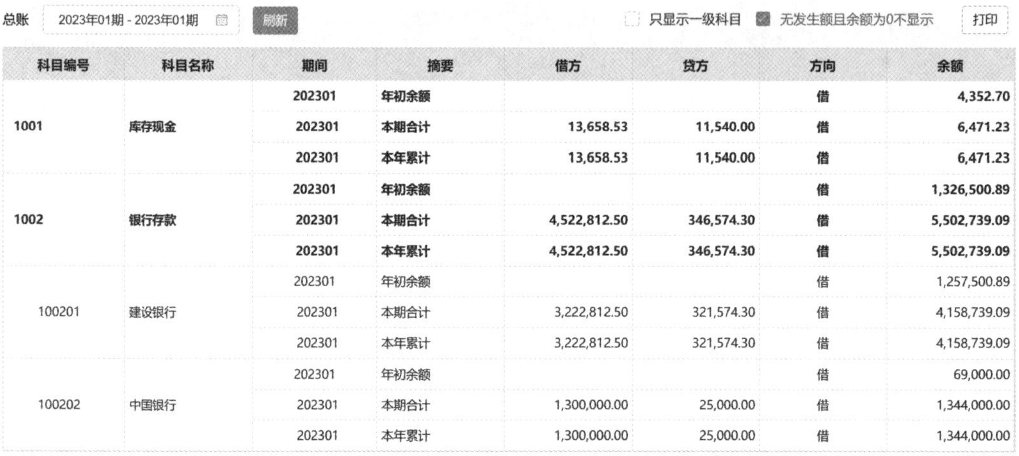

科目编号	科目名称	期间	摘要	借方	贷方	方向	余额
1001	库存现金	202301	年初余额			借	4,352.70
		202301	本期合计	13,658.53	11,540.00	借	6,471.23
		202301	本年累计	13,658.53	11,540.00	借	6,471.23
1002	银行存款	202301	年初余额			借	1,326,500.89
		202301	本期合计	4,522,812.50	346,574.30	借	5,502,739.09
		202301	本年累计	4,522,812.50	346,574.30	借	5,502,739.09
100201	建设银行	202301	年初余额			借	1,257,500.89
		202301	本期合计	3,222,812.50	321,574.30	借	4,158,739.09
		202301	本年累计	3,222,812.50	321,574.30	借	4,158,739.09
100202	中国银行	202301	年初余额			借	69,000.00
		202301	本期合计	1,300,000.00	25,000.00	借	1,344,000.00
		202301	本年累计	1,300,000.00	25,000.00	借	1,344,000.00

图 10-21　联查货币资金项目对应科目的总账界面

❓ 相关思考 10-4

资产负债表不平衡的原因

资产负债表恒等式：

资产＝负债＋所有者权益

资产负债表不平衡的原因包括以下几种。

（1）未结转损益：进入结账模块，完成结转损益生成凭证即可。

（2）有新增的一级科目未设置入报表公式。浪潮云会计平台设置了基于系统的科目体系定义的各报表数据的计算公式，若新增了一级总账科目，则不会自动修改报表公式。因此，未将新增的一级科目设置入报表公式，会造成资产负债表不平衡。

（3）报表公式错误，如浪潮云会计平台"固定资产"项目公式出错。

注：系统会自动检查是否结转损益及新增一级科目是否设置入报表公式。

四、生成利润表

利润表是反映企业在一定时期利润（或亏损）的实际形成情况的会计报表，该表按照各项收入、费用以及构成利润的各个项目分类分项编制而成。利润表公式是系统设置好的，用户录入凭证后，系统会自动生成利润表。

【案例 10-12】 生成 1 月份利润表。

【操作步骤】

单击【报表】|【利润表】按钮，选择查询期间，即可查看不同时间的利润表，如图 10-22 所示。

二维码 10-7
操作视频：
生成利润表

图 10-22 利润表

📖 延伸阅读 10-7

月度利润表与季度利润表的区别

浪潮云会计平台除了提供月度利润表，还提供利润表季报功能，其操作与月度利润表类似。

月度利润表与季度利润表的区别：

（1）月度利润表界面显示"本年累计金额"和"本月金额"。而在"利润表季报"界面中，"本季数"是指一个季度（三个月）的合计数。

（2）月度利润表可以修改公式，季度利润表不可以修改公式。

延伸阅读 10-8

资产负债表与利润表的关系

资产负债表与利润表之间的联系在于本年利润。用公式来表达就是：
(1) 资产负债表"未分配利润"项目期末数－期初数＝利润表"净利润"项目累计数；
(2) 利润表"净利润"项目＋年初未分配利润－本期分配利润－计提的盈余公积＝资产负债表期末"未分配利润"期末数。

五、生成现金流量表

现金流量表是综合反映企业一定会计期间内现金来源、运用及增减变动情况的报表，反映企业的一定时期内现金和现金等价物流入和流出的信息，是以现金收付实现制为基础编制的。浪潮云会计平台将现金类凭证的非现金科目按照不同会计制度预设的现金流量项目自动生成现金流量表。此外，浪潮云会计平台除了提供月度现金流量表，还提供现金流量表季报功能，操作与月度现金流量表类似。

延伸阅读 10-9

现金类和非现金类会计科目

会计科目可分为现金类和非现金类两类。现金类科目包括库存现金、银行存款、其他货币资金、备用金和短期有价证券(现金等价物)。非现金类科目指会计科目表中除上述现金类科目以外的全部会计科目。

【案例 10-13】 生成 1 月份现金流量表。
【操作步骤】
单击【报表】|【现金流量表】按钮，选择查询期间，单击【重算】按钮，即可查看不同时间的现金流量表，如图 10-23 所示。
注意：进入现金流量表界面，若现金流量表数据是空的，需要单击右上角的 按钮，即可获得数据。

二维码 10-8
拓展阅读：
现金流量表
编制说明

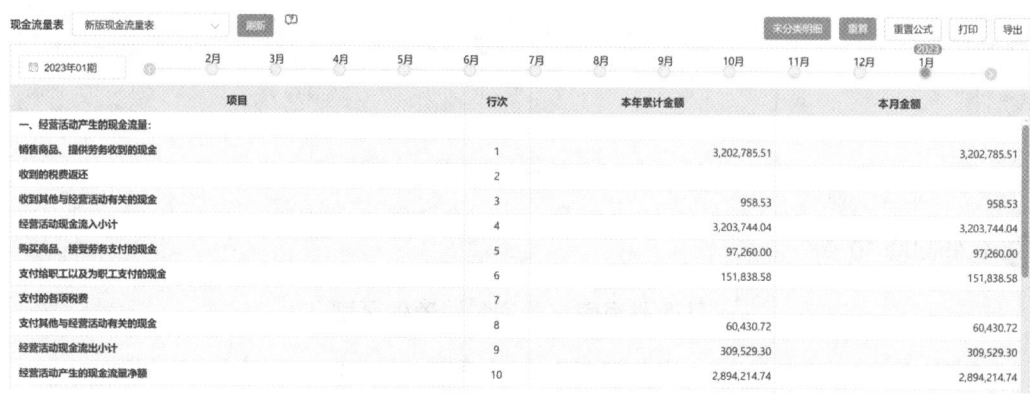

图 10-23 现金流量表

在现金流量表编制过程中，若需要调整现金流量项目，单击 图标，打开"编辑公式"界面查看凭证明细，现金流量项目修改界面如图 10-24 所示，在"编辑公式"弹窗界面，单击某科目对应的"现金流量项目"后的图标,进入"选择现金流量项目"弹窗界面,如图10-25所示。若需要将该科目移动到别的现金流量表项目下,选择相应选项即可;若不需要将该项目计入现金流量表,选择最上方"不计入现金流量表"即可。最后单击【保存】按钮,"现金流量调整表"自动更新成新的数据。

摘要	科目	借方金额	贷方金额	现金流量项目
记-3 日期:2023-01-04				
销售商品	600101-XCJmini3无人机		450,000.00	销售商品、提供劳务收到的现金
销售商品	22210107-销项税额		163,800.00	销售商品、提供劳务收到的现金
销售商品	600102-XCJ4pro无人机		810,000.00	销售商品、提供劳务收到的现金

图 10-24 现金流量项目修改界面

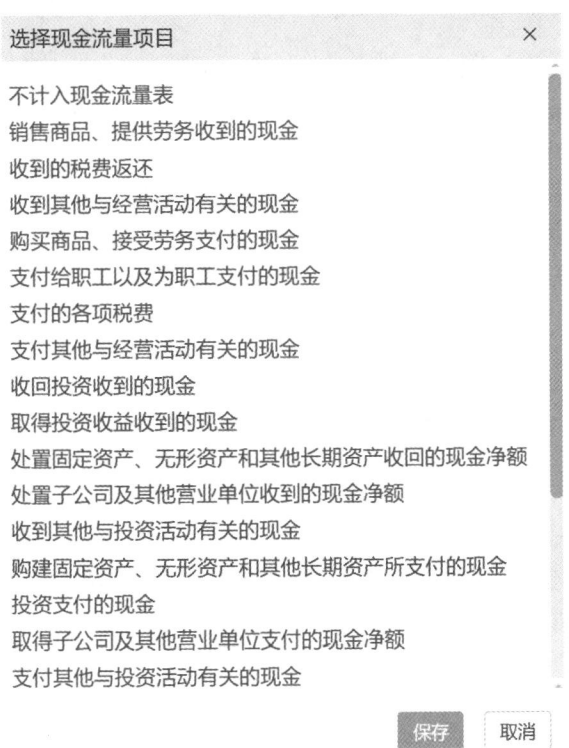

图 10-25 现金流量项目选择界面

相关思考 10-5

现金流量项目的修改方法有哪些

对于需要调整的现金流量项目,除了可以在"现金流量表"生成界面,单击图标,打开"编辑公式",在"编辑公式"弹窗界面修改,也可以在填制记账凭证时,选择正确的现金流量项目进行修改,具体参照本书的第四章。

相关思考 10-6

报表的格式可以编辑和修改吗

由于资产负债表和利润表是严格按财政部统一制定的报表格式设置的,系统预设的报表格式是不能更改和调整的。不同会计制度、准则对应的报表格式有差异,请在启用时先选择适合自己的会计制度。

温馨提示:只能修改报表公式,不能修改报表格式。

延伸阅读 10-10

云会计审计风险评价指标

1. COBIT5.0 标准

COBIT 是目前国际上通用的信息系统审计标准,是以来自商务、AIS、风险、安全和鉴证团体的众多企业和用户对 COBIT 超过 15 年的实际使用和应用为依据而构建的,COBIT 5.0 提供了一种全面的框架,以支持企业实现 AIS 治理和管理的目标。简而言之,COBIT 帮助企业通过维持实现利益、优化风险等级及资源利用之间的平衡,从而创造源自 AIS 的最佳价值。

2. AIS 审计风险评价

AIS 审计风险是伴随着 AIS 审计发展而产生的,AIS 审计风险是针对信息系统审计而产生的风险,具有审计风险所固有的概念和内涵,同时也具有信息系统这一特定审计对象的固有性质。通过对 AIS 审计的相关概念进行概括,可以将 AIS 审计风险概念确定为在信息系统应用环境下,信息系统的安全性、可靠性、有效性等难以得到保证,经审计人员审计之后发表不恰当审计意见可能为被审计单位带来损失。

AIS 审计风险在评价过程中一般包括风险辨识、风险分析和风险具体评价三个步骤,风险辨识和风险分析是风险评价的基础,为 AIS 审计风险的后续控制提供了相应的指导。从被审计单位自身情况来看,可以将 AIS 审计风险评价的重点聚焦于系统自身风险、信息系统控制风险和其他风险三个方面,从而较为全面地对 AIS 审计风险中存在的问题进行讨论和评价。从审计系统风险来看,COBIT 5.0 中强调 AIS 资源主要包括与人、应用系统、技术、设施及数据在内的信息相关的资源,这是 AIS 治理过程的主要对象。在 AIS 审计风险评价指标中,审计人员的影响同样十分重要。云会计环境下整个 AIS 审计风险评价指标的设计要能够从 AIS 系统和被审计单位两个方面分析审计风险,从审计过程中的关注维度入手,结合云会计自身特点,构建"互联网+"背景下的 AIS 审计风险指标体系。

资料来源:王晓江."互联网+"背景下云会计审计风险评价指标研究[EB/OL]. (2021-09-30)[2023-04-14]. https://kns.cnki.net/kcms2/article/abstract?v=3uoqIhG8C44YLTlOAiTRKibYlV5Vjs7iJTKGjg9uTdeTsOI_ra5_XfWJstvGkipukwTqbRBCIufBJoARvfemezqdLjo5PDK6&uniplatform=NZKPT.

第三节 可视化分析

随着大数据时代的到来,各企业在经营管理活动中所积累的数据越来越多,如何实现数据价值的最大化是很多企业思考的问题。对于企业而言,有效的财务报表分析能够将财务数据完整有效地进行分解和整合,能够将看似复杂的数据有效地进行采集和整理,并且能够进行合理化的呈现,进而保证企业数据管理有效运转。

进行报表分析,不仅是将数据进行简单的整理,还包括很多关于利用报表开发而将数据进行进一步细化的相关问题,企业管理者可以根据报表数据的辅助分析对企业风险及存在问题进行有效的解决,作出更加科学、理性的决策。

一、数据分析

数据分析是一种系统性的方法,通过收集、清洗、转换和解释数据,发现其中的模式、关联、趋势和洞察力的过程,用于理解和解释数据,以支持决策制定、问题解决和业务优化。

数据可视化(data visualisation)是研究利用图形展现数据中隐含关系的信息并发掘其中规律的学科。财务数据可视化主要指通过相关数据系统软件,利用图形、表格等方式将较为繁杂的企业财务数据信息呈现出来,也就是将隐藏的财务数据信息通过软件系统转化成便于理解的图形或线条等展现在人们面前,使数据变得更加直观、简明、易懂、易掌握。目前财务人员实现财务可视化所使用的主流工具主要是商务智能(business intelligence,BI)工具,如 Power BI、Tableau 等。使用 BI 工具进行公司盈利能力分析、营运能力分析、偿债能力分析和成长能力分析时,企业财务人员几乎不需要编写任何程序代码,只需聚焦于数据本身的特点、数据之间的关系、数据分析的目标,就能非常方便地进行财务数据分析和可视化制作。

数据分析通常包括以下几个步骤。

(1) 数据收集:数据分析的第一步是收集相关的数据。这可以包括从各种来源获取的数据,如数据库、日志文件、传感器、调查问卷等。

(2) 数据清洗:在进行数据分析之前,需要对数据进行清洗和预处理。这包括去除重复值、处理缺失数据、纠正错误数据等,以确保数据的准确性和完整性。

(3) 数据转换:在数据分析过程中,可能需要对数据进行转换和整理,以便更好地进行分析。这可以包括数据的聚合、计算衍生指标、进行数据透视等。

(4) 数据分析方法:根据具体的问题和目标,选择合适的数据分析方法。常见的数据分析方法包括统计分析、机器学习、数据挖掘、可视化等。

(5) 解释和洞察:通过分析数据,发现其中的模式、关联、趋势和洞察力。这可以通过统计指标、可视化图表、模型预测等方式来呈现和解释。

(6) 决策和行动:数据分析的最终目标是将数据分析的结果转化为实际的决策和行动。数据分析可以为决策制定者提供有关业务问题的见解和建议,以支持更明智的决策和行动。

二、云会计平台可视化分析

(一) 经营数据

浪潮云会计平台在"首页"提供了可视化看板,如图 10-26 所示。

通过"首页"可视化看板,将抽象的数据转化为直观的图表和图形,帮助用户更好地理解数据、提高洞察力、支持决策制定,并促进团队合作和业绩监控。通过可视化分析,企业可以快速抓住数据的关键信息,发现数据中的模式、趋势和异常情况,从而得出更深入的洞察和见解。这种直观的数据呈现也有助于决策者更全面、准确地了解经营状况、市场趋势和客户行为等关键信息,从而做出更明智的决策和战略规划。同时,可视化分析还促进团队成员之间更好地沟通和共享数据,通过共享见解和发现,促进团队合作和决策的一致性。最后,通过实时的可视化仪表板,企业可以追踪关键指标、监测业务运营情况,并及时采取行动来改进业绩。

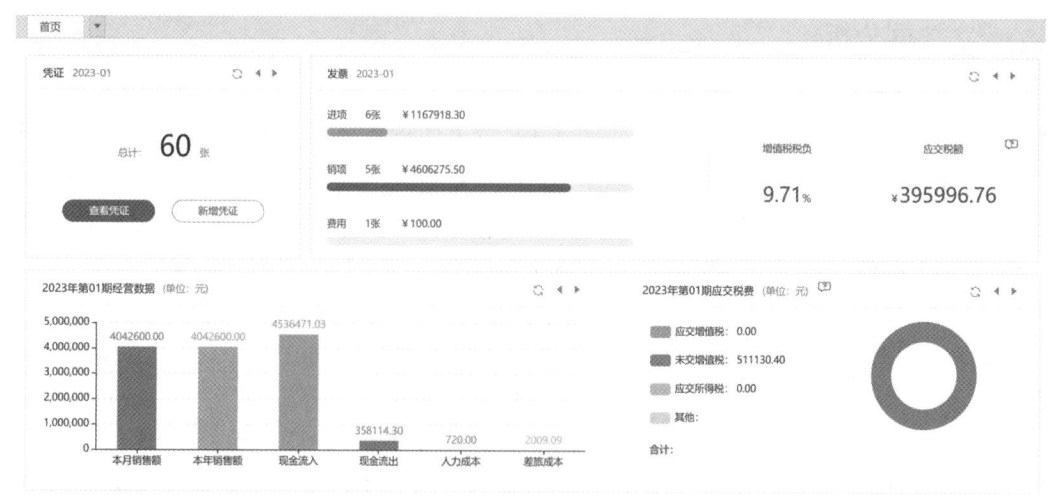

图 10-26 可视化看板

(二)税务预警

二维码 10-9
知识点讲解：
税务预警

资料来源：浪潮云会计之家.【深度案例】浪潮云会计如何助力企业快速发展？[EB/OL].(2020-01-15)[2023-08-20].http://www.gov.cn/zhengce/zhengceku/2018-12/31/Content_5439417.html.

浪潮云会计平台"税务预警"模块用于排查企业的涉税风险，企业可针对增值税、企业所得税、隐瞒收入风险、虚增成本费用、往来核算 6 大类涉税风险进行测算，实现多维度风险监测，一键智能出具风险分析报告，帮助企业规避税务风险，并提供【健康测评报告】pdf。

税检专家可在财务月结、申报前针对企业财税数据进行涉税疑点检测与分析，出具健康评测报告，使疑点一目了然，并提供应对方法，从而帮助企业降低涉税风险。

本 章 小 结

本章主要学习了账簿的概念，账簿管理的概念，余额表、总账、三栏式明细账、数量金额式明细账、多栏式明细账等的查询，报表的概念，资产负债表、利润表、现金流量表的生成和数据可视化分析。

本 章 重 要 概 念

账簿　账簿管理　余额表　总账　明细账　科目汇总表　报表　重分类调整　资产负债表　利润表　现金流量表　数据分析

本 章 练 习

一、单项选择题

1. 对所管辖的账套来说，(　　)是级别最高的，拥有所有模块的操作权限。

A. 系统主管　　　　　B. 账套主管　　　　　C. 操作员　　　　　D. 单位领导

2. 对于总账系统凭证记账功能,下列说法不正确的是(　　)。

　　A. 如果有不平衡凭证时不能记账

　　B. 记完账后不能整理凭证断号

　　C. 未审核凭证和作为凭证不能记账

　　D. 第一次记账时,如果期初余额试算不平衡,不能记账

3. 云会计信息系统中账簿的特征是(　　)。

　　A. 没有具体格式,由用户自己来决定

　　B. 采用科目汇总表核算格式

　　C. 采用平行登记方式来登记

　　D. 严格划分为总账,明细账

二、多项选择题

1. 按照不同用途,账簿主要分为以下几种(　　)。

　　A. 序时账簿　　　　　　　　　　　B. 分类账簿

　　C. 备查账簿　　　　　　　　　　　D. 数量金额式账簿

2. 关于设置年度账套备份计划和年度账套输出两项功能,以下说法正确的有(　　)。

　　A. 设置年度账备份计划一次可以输出多个账套的多个年度账

　　B. 设置年度账备份计划一次可以输出一个账套的多个年度账

　　C. 设置年度账备份计划可以实现定时输出功能

　　D. 设置年度账备份计划一次可以输出一个账套的一个年度账

3. 关于总账系统结账功能,下列说法中正确的有(　　)。

　　A. 结账前,一般应进行数据备份

　　B. 已结账月份不能再填制记账凭证

　　C. 结账功能每月可根据需要多次进行

　　D. 结账操作只能由会计主管进行

三、判断题

1. 凭证的审核人和制单人不能为同一个人。　　　　　　　　　　　　　　　(　　)
2. 若期初余额试算不平衡,则不能填制凭证。　　　　　　　　　　　　　　(　　)
3. 若上月未结账,则本月无法结账。　　　　　　　　　　　　　　　　　　(　　)

四、思考题

1. 进行账簿管理及报表管理的意义分别是什么?
2. 资产负债表、利润表、现金流量表分别具有什么功能?